Prüfungstraining zum Bankfachwirt

Weitere Bände in der Reihe http://www.springer.com/series/12638

Olaf Fischer
(Hrsg.)

Torben Mothes
(Autor)

Abschlussprüfungen

Allgemeine Bankbetriebswirtschaft,
Betriebswirtschaft, Volkswirtschaft, Recht

5. Auflage

Hrsg.
Olaf Fischer
Heinersdorf, Deutschland

Autor
Torben Mothes
Ascheberg, Deutschland

OnlinePLUS Material zu diesem Buch finden Sie auf
http://www.springer-gabler.de/978-3-658-32525-1

ISSN 2627-2660   ISSN 2627-2679   (electronic)
Prüfungstraining zum Bankfachwirt
ISBN 978-3-658-32525-1   ISBN 978-3-658-32526-8   (eBook)
https://doi.org/10.1007/978-3-658-32526-8

Die Deutsche Nationalbibliothek verzeichnet diese Publikation in der Deutschen Nationalbibliografie;
detaillierte bibliografische Daten sind im Internet über http://dnb.d-nb.de abrufbar.

Planung/Lektorat: Guido Notthoff
Springer Gabler ist ein Imprint der eingetragenen Gesellschaft Springer Fachmedien Wiesbaden GmbH und ist
ein Teil von Springer Nature.
Die Anschrift der Gesellschaft ist: Abraham-Lincoln-Str. 46, 65189 Wiesbaden, Germany

Vorwort

Liebe Leserinnen und Leser,

Ihnen liegt nun das fünfte Buch aus der Reihe „Prüfungstraining zum Bankfachwirt" in der 5. Auflage vor. Anders als bei den bisherigen Büchern handelt es sich um eine Aufgabensammlung, die Ihnen abschlussprüfungsrelevante Aufgaben zu den einzelnen Hauptfächern präsentiert. Insgesamt finden Sie 5 Prüfungssätze inklusive umfassender Lösungshinweise. Bitte beachten Sie, dass es sich um Lösungs**hinweise** handelt und diese trotz aller Bemühungen hinsichtlich des Umfanges ein abschließendes Lehrwerk nicht ersetzen können und auch nicht sollen. Dieses Buch soll als Ergänzung zu den bisherigen Prüfungsbüchern dienen, um Ihnen eine noch zielgerichtetere Vorbereitung auf die Prüfung zu ermöglichen. Mögliche Wissenslücken pro Fach, die Sie beim Durcharbeiten der Aufgaben entdecken, können Sie dann mit den anderen Büchern fachspezifisch schließen.

Die Aufgaben in der Allgemeinen Bankbetriebswirtschaft zu den Eigenmitteln, Liquidität und Großkrediten entsprechen der aktuellen Rechtslage. (CRR, SolvV, GroMiKV).

Die Aufgaben je Prüfungssatz sind so konzipiert, dass sie vom Gewicht her 100 Punkte je Klausur pro Fach ergeben. Auf eine differenzierte Aufteilung der Punkte wurde verzichtet, da eine „gerechte" Zuweisung von Punkten durchaus schwierig und teilweise willkürlich ist. Auf der Internetseite zum Buch finden Sie Prüfungssätze zu den speziellen Qualifikationen Privatkundengeschäft, Immobiliengeschäft und Firmenkundengeschäft. Aufgaben zum Zahlungsverkehr sowie weitere aktuelle Informationen runden diesen Bereich ab. Diesen Onlineservice finden Sie auf der Website zum Buch unter www.springer.com.

Sollten Sie Fehler finden oder der Meinung sein, den einen oder anderen Aspekt besser darstellen zu können, so bitten wir um entsprechende Information. Wir werden Anregungen gerne berücksichtigen. Sie erreichen uns unter der E-Mail-Adresse: abschlussprüfungen@iwvm-bb.de.

Nun wünschen wir Ihnen viel Erfolg bei Ihrer Prüfungsvorbereitung und stehen Ihnen gerne mit Rat und Tat zur Seite.

Herzlichst

Ihr	Ihr
Olaf Fischer	Torben Mothes
Herausgeber	Autor
Berlin, Sommer 2021	Ascheberg, im Sommer 2021

Inhaltsverzeichnis

Prüfungssatz I

1 Allgemeine Bankbetriebswirtschaft

Bearbeitungszeit 120 min, 100 Punkte

1.1 Eigenmittel und Kapitalquoten nach CRR

Ermitteln Sie anhand der nachstehenden Angaben per 15.08.2020 bei der Westbank AG die relevanten Kapitalquoten nach der CRR und beurteilen Sie das Ergebnis hinsichtlich eines möglichen Wachstums im Aktivgeschäft. Beziehen Sie hierbei die Kapitalpuffer-anforderungen nach § 10c KWG mit ein.

	Mio. EUR
Gezeichnetes Kapital inkl. kumulative Vorzugsaktien	3.800,0
Rücklagen	585,0
Einlagen stiller Gesellschafter nach Art. 28 CRR	675,0
Einlagen stiller Gesellschafter nach Art. 52 CRR	625,0
Sonderposten nach § 340g HGB	15,0
Immaterielle Vermögenswerte	210,0
Kumulative Vorzugsaktien (mit Nachzahlungsverpflichtung) nach Art. 63 CRR	225,0
Vorsorgereserven nach § 340f HGB	90,0
Nicht realisierte Reserven bei Immobilien; seit 2010 als Ergänzungskapital angerechnet	750,0
Genussrechtskapital nach Art. 63 CRR; emittiert am 01.01.2015; Laufzeit 6 Jahre	1.365,0
Längerfristige Nachrangverbindlichkeiten nach Art. 63 CRR	790,0
Risikogewichteter Positionsbetrag für das Kreditrisiko	52.500,0
Eigenmittelanforderung für operationelle Risiken	165,0
Eigenmittelanforderung für Marktrisiken	450,0

© Springer Fachmedien Wiesbaden GmbH, ein Teil von Springer Nature 2021
T. Mothes, *Abschlussprüfungen*, Prüfungstraining zum Bankfachwirt,
https://doi.org/10.1007/978-3-658-32526-8_1

1.2 Bankpolitik/Marketing

Banken stehen im Mittelpunkt des Geldkreislaufes und sind Veränderungsprozessen am Markt ausgesetzt. Durch die aktive Gestaltung von Veränderungsprozessen soll u. a. eine Effizienz- und Ertragsverbesserung sowie eine Kostensenkung erreicht werden, um im Wettbewerb dauerhaft bestehen zu können.

Erläutern Sie fünf Ursachen, die zu Veränderungsprozessen und einem Strukturwandel bei Banken geführt haben.

1.3 Liquidität (LCR)

Die Westbank AG muss als Kreditinstitut eine ausreichende Zahlungsbereitschaft aufweisen.

a) Das Liquiditätsrisiko hat verschiedene Ausprägungen. Beschreiben Sie drei Arten des Liquiditätsrisikos.

b) Erläutern Sie die Zielsetzung der Liquidity Coverage Ratio (LCR). Gehen Sie hierbei auf mindestens zwei Aspekte ein.

c) Der Westbank AG liegen folgende Daten zur Ermittlung der Liquidity Coverage Ratio (LCR) vor:
Bestand an hochliquiden Level-1-Aktiva: 180 Mio. EUR
Bestand an hochliquiden Level-2-Aktiva: 150 Mio. EUR (davon 10 Mio. EUR Level 2 B)

Zahlungsmittelabflüsse (in den nächsten 30 Tagen unter Stress): 300 Mio. EUR
Zahlungsmittelzuflüsse (in den nächsten 30 Tagen unter Stress): 330 Mio. EUR

Berechnen Sie die Liquidity Coverage Ratio und bewerten Sie das Ergebnis.

1.4 ROI/ROE – Schema

Die Leitung der Westbank eG bittet Sie um Hilfe bei der Auswertung der beigefügten Gewinn- und Verlustrechnung.

Ermitteln Sie anhand der gegebenen Daten folgende Kennziffern:

1. Bruttozinsspanne
2. Provisionsspanne
3. Bruttobedarfsspanne
4. Bruttoertragsspanne

5. Teilbetriebsergebnisspanne
6. Betriebsergebnisspanne
7. Reingewinnspanne vor Steuern

Aufwendungen	Angaben in Mio. EUR
Zinsaufwand	400,0
Provisionsaufwand	15,0
Personalkosten	98,0
Sachkosten	13,0
Abschreibungen auf Sachanlagen	8,0
Bewertungsergebnis	32,0
Abschreibungen auf Beteiligungen	5,0
Sonstige Steuern	7,0
Steuern vom Einkommen und Ertrag	10,0

Erträge	
Zinserträge aus dem Kreditgeschäft	560,0
Zinserträge aus festverzinslichen Wertpapieren	45,0
Provisionsertrag	81,0
Nettoertrag des Handelsbestands	16,0
Sonstige betriebliche Erträge	7,0

Durchschnittliches Geschäftsvolumen	13.000,0

1.5 Bewertung von Forderungen

Kreditforderungen lassen sich hinsichtlich der Forderungsqualität in zwei Kategorien einteilen.

a) Nennen Sie diese zwei Kategorien und erläutern Sie die grundsätzliche Bewertung der Forderungen in der jeweiligen Kategorie.
b) Erläutern Sie, wie die Risikovorsorge betrieben wird, wenn ein direktes Ausfall- risiko für die Bank zu erkennen ist. Zeigen Sie in diesem Zusammenhang auch den Ermessensspielraum bei der Bewertung auf.

1.6 Barwertberechnung und Zinsänderungsrisiken

Aufgrund mehrerer Nachteile der herkömmlichen Marktzinsmethode gehen immer mehr Banken dazu über, Neugeschäfte nach dem Barwertprinzip zu kalkulieren und zu bewerten.

a) Ermitteln Sie rechnerisch den Barwert für das Darlehen über 150.000,00 EUR. (Die Zwischenergebnisse und das Endergebnis sind kaufmännisch auf volle Euro zu runden.)

Darlehensbetrag	150.000,00
Darlehenszins	1,80 %
Auszahlung	98,00 %
Tilgung	75.000,00 je Jahr
Opportunitätszinssätze	0,75 % p.a. für ein Jahr
	1,25 % p.a. für zwei Jahre

b) Neben den Adressenausfallrisiken hat eine Bank auch Marktrisiken zu berück-sichtigen. Zu dieser Risikogruppe zählt u. a. auch das Zinsänderungsrisiko. Erläutern Sie, was unter dem Zinsänderungsrisiko zu verstehen ist und welche zwei Kategorien man grundsätzlich unterscheiden kann.

2 Betriebswirtschaft

Bearbeitungszeit 120 min, 100 Punkte

2.1 Kommunikation

a) Erläutern Sie die vier Seiten einer Nachricht nach dem Kommunikationsmodell nach „Schulz von Thun" unter Darstellung des Nachrichtenquadrates und geben Sie jeweils ein Beispiel an.

b) Nennen Sie im ersten Schritt allgemeine Störfaktoren der Kommunikation und im zweiten Schritt Maßnahmen zur Beseitigung von Kommunikationsstörungen.

2.2 Arbeitsrecht – Kündigung und Abmahnung

Vor einer wirksamen Kündigung muss der Arbeitgeber den betroffenen Arbeitnehmer abmahnen.

a) Nennen Sie acht Gründe, die zu einer wirksamen Abmahnung führen.

b) Beschreiben Sie den Inhalt und die Form einer Abmahnung.

2.3 Kostenrechnung

Eine Fertigungskostenstelle hat bei einer Planbeschäftigung von 1800 h Plankosten von insgesamt 108.000,00 EUR. Davon sind 63.000,00 EUR variable Plankosten. Im Monat Mai beträgt die Istbeschäftigung 1440 h. Die Ist-Kosten werden mit 102.000,00 EUR ermittelt.

© Springer Fachmedien Wiesbaden GmbH, ein Teil von Springer Nature 2021
T. Mothes, *Abschlussprüfungen,* Prüfungstraining zum Bankfachwirt,
https://doi.org/10.1007/978-3-658-32526-8_2

a) Berechnen Sie den Plankostenverrechnungssatz.

b) Errechnen Sie die Sollkosten für die Istbeschäftigung.

c) Berechnen Sie die Beschäftigungsabweichung.

d) Erläutern Sie das bei c) ermittelte Ergebnis.

e) Berechnen Sie die Verbrauchsabweichung und erklären Sie das Ergebnis.

f) Bestimmen Sie die Gesamtabweichung.

2.4 Investitionsrechnung

Die Ehlers-GmbH stellt weltweit Kosmetika her. Um ein neues Shampoo herstellen zu können, muss in eine neue Produktionsanlage investiert werden. Die Geschäftsführer können bei dem Erwerb zwischen zwei Maschinen wählen.

	Maschine A	Maschine B
Kaufpreis der Anlage:	232.400,00 EUR	180.000,00 EUR
Nutzungsdauer in Jahren:	10	9
kalkulatorischer Zinssatz:	8,00 %	8,00 %
max. Herstellungskapazität in Stück:	16.000	16.000
Fixkosten p.a.:	2.968,00 EUR	2.544,00 EUR
Lohnkosten p.a.:	35.406,00 EUR	41.640,00 EUR
Material für die Fertigung p.a.:	10.080,00 EUR	8.640,00 EUR
Energiekosten p.a.:	2.250,00 EUR	1.800,00 EUR

▶ **Hinweis** Die Wiederbeschaffungswerte entsprechen den in der Aufgabe genannten Kaufpreisen.

a) Die Geschäftsführer bitten Sie, eine Kostenvergleichsrechnung anhand der oben genannten Daten zu erstellen.

b) Das Shampoo kann aufgrund unterschiedlicher Fertigungsarten der Maschinen A und B zu unterschiedlichen Preisen abgesetzt werden. Die Maschine B lässt die Verarbeitung von zusätzlichen kosmetischen Bestandteilen zu.

Preise für das Shampoo:

Hergestellt mit der Maschine A	6,40 EUR
Hergestellt mit der Maschine B:	6,10 EUR

Treffen Sie anhand der Gewinnvergleichsrechnung eine Investitionsentscheidung.

c) Erläutern Sie drei Vorteile und auch drei Nachteile der statischen Investitions-rechnung.

2.5 Produktionsplanung

Die Stahl-Fabrik GmbH stellt große Feuerkörbe für Campingplätze her.

Im Jahr 2020 lag die Produktion bei:	200.000 Stück
Der Verkaufspreis beträgt:	30,00 EUR

Die vorhandenen Produktionsanlagen ermöglichen eine max. Kapazität von 220.000 Stück.

Die Produktion für 200.000 Stück verursacht folgende Kosten:

Materialkosten:	2.100.000,00 EUR
Fertigungskosten:	1.536.000,00 EUR
Gehälter:	1.140.000,00 EUR
sonstige Fixkosten:	630.000,00 EUR

a) Berechnen Sie das Betriebsergebnis der Stahl-Fabrik GmbH.

b) Berechnen Sie
   - die Break-Even-Menge,
   - den Break-Even-Umsatz und
   - den Sicherheitsabstand.

c) Die neuen Tarifverhandlungen ergeben, dass Lohnerhöhungen von 15 % bevorstehen. Die Stahl-Fabrik GmbH versucht, diese Lohnerhöhungen durch einen Mehrverkauf kompensieren zu können. Berechnen Sie, wie viele weitere Blumenkübel verkauft werden müssen, sodass der ursprüngliche Betriebserfolg erzielt werden kann.

d) In der Folgeperiode könnten weitere 10.000 Stück verkauft werden. Hierzu ist aber eine besondere Werbemaßnahme bei den Groß- und Einzelhändlern nötig. Ziel ist es, den Gewinn trotz zusätzlicher Werbekosten konstant zu halten. Wie hoch dürfen die zusätzlichen Kosten höchstens sein? (Gehen Sie von der Ursprungssituation aus)

2.6 Leverage-Effekt

Die Töpfer-GmbH möchte aufgrund ausgelasteter Kapazitäten die Produktionskapazitäten erweitern. Im Rahmen dieses Prozesses wird auch der Leverage-Effekt mit berücksichtigt.

a) Errechnen Sie für die unterschiedlichen Finanzierungsmöglichkeiten den Leverage-Effekt (Werte in Mio. EUR).

	1	2	3	4
Eigenkapital	20.000,00	14.000,00	12.000,00	3.000,00
Fremdkapital	0,00	6.000,00	8.000,00	17.000,00
Gesamtkapital	20.000,00	20.000,00	20.000,00	20.000,00

Gesamtkapitalrentabilität:	14,00 %
Fremdkapitalzinssatz:	9,00 %

b) Erklären Sie, was unter dem Leverage-Effekt zu verstehen ist.
c) Der Leverage-Effekt bringt aber auch gewisse Nachteile (Grenzen) mit sich. Erläutern Sie diese.

3 Volkswirtschaft

Bearbeitungszeit 120 min, 100 Punkte

3.1 Geldmarkt

In früheren Zeiten wurden Waren und Dienstleistungen direkt zwischen den Vertragsparteien getauscht. Zur Vereinfachung haben sich im Laufe der Zeit verschiedene Tauschmittel entwickelt.

a) Erläutern Sie drei Funktionen, die das Geld übernimmt.
b) Die Geldnachfrage wird durch das Transaktionsmotiv (Transaktionskasse) und durch das Spekulationsmotiv (Spekulationskasse) bestimmt. Erläutern Sie die genannten Faktoren (Bestimmungsgründe) der Geldnachfrage.
c) In Phasen eines niedrigen Zinsniveaus kann unter Umständen beobachtet werden, dass sich das Zinsniveau trotz einer Geldmengenerhöhung nicht verändert. Das ursprünglich verfolgte Ziel der konjunkturellen Stärkung wird nicht erreicht. Beschreiben Sie einerseits verbal und andererseits mithilfe einer Grafik die Liquiditätsfalle.

3.2 Sozialleistungen

Die Finanz- und Wirtschaftskrise hat nicht nur Auswirkungen auf die Kapitalmärkte, sondern auch auf die Sozialausgaben der Bundesrepublik Deutschland.

a) Erläutern Sie, wie derzeit die Finanzierung des gesetzlichen Rentensystems in Deutschland vorgenommen wird.
b) Zeigen Sie anhand frei gewählter Beispiele auf, mit welchen Problemen die Rentenversicherung und die Krankenversicherung konfrontiert werden.

© Springer Fachmedien Wiesbaden GmbH, ein Teil von Springer Nature 2021
T. Mothes, *Abschlussprüfungen,* Prüfungstraining zum Bankfachwirt,
https://doi.org/10.1007/978-3-658-32526-8_3

c) Stellen Sie vier Möglichkeiten bzw. Maßnahmen dar, mit denen eine Senkung des gesetzlichen Rentenniveaus verhindert werden kann.

3.3 Wirtschaftsordnung

Die Wirtschaftspolitik umfasst alle Maßnahmen zur Beeinflussung der Wirtschaft mit der Absicht, bestimmte Ziele zu erreichen.

a) Nennen und beschreiben Sie die drei Grundprobleme jeder Wirtschaftsgesellschaft.
b) Zur Lösung der drei Grundprobleme (siehe Aufgabenteil a) gibt das Wirtschaftssystem bzw. die Wirtschaftsordnung Antwort.
   Unterscheiden Sie die sozialistische Zentralverwaltungswirtschaft und die kapitalistische Marktwirtschaft in folgenden Punkten:
   – Merkmal
   – Allokation/Koordination
   – Ziele
   – Einfluss bzw. Aufgabe des Staates.

3.4 Außenhandel

Durch den Außenhandel erfolgt ein grenzüberschreitender Austausch von Gütern, Dienstleistungen und Kapital.

a) Nennen und beschreiben Sie zwei Ursachen des Außenhandels.
b) Nennen Sie insgesamt vier Argumente, die für einen Freihandel sprechen.
c) Trotz der Vorteile eines Freihandels wird oftmals über die Erhebung eines Importzolls diskutiert. Beschreiben Sie die Ziele und drei Auswirkungen einer solchen Zollerhebung (Mengenzoll).

3.5 Güter

Die Nachfrage nach Gütern ist u. a. vom verfügbaren Einkommen abhängig. Steigt das Einkommen (Y), so kann der Konsum etwas steigen und dann stehen bleiben, steigen oder sinken. Dies hängt davon ab, um welches Gut es sich handelt.

a) Beschreiben Sie, wie sich Einkommenserhöhungen
   – bei Sättigungsgütern,
   – bei superioren Gütern und

– bei inferioren Gütern auswirken.

Unterlegen sie Ihre Aussage jeweils mit einer Grafik.

b) Neben der „normalen" Nachfragereaktion treten auch „anormale" Nachfragereaktionen auf. Hierzu gehören z. B. die sogenannten Giffen-Güter. Beschreiben Sie die Merkmale von Giffen-Gütern.

3.6 Wettbewerb

a) Ein funktionierender Wettbewerb führt zur bestmöglichen Güterversorgung in einer Volkswirtschaft, vorausgesetzt es gibt keine Marktmacht. Nennen Sie insgesamt fünf Funktionen des Wettbewerbs und beschreiben Sie diese.

b) Beschreiben Sie, nach welchem Muster der Wettbewerb in der Bundesrepublik Deutschland abläuft.

4 Recht

Bearbeitungszeit 120 min, 100 Punkte

4.1 Sachenrecht (mobil) – Eigentum

Herr Koch, ein leidenschaftlicher Film-Liebhaber, hat seinem Freund (Herrn Peters) seinen DVD-Player geliehen. Herr Peters möchte den DVD-Player veräußern, da er dringend Geld benötigt. Da Herr Peters den DVD-Player nicht selber veräußern möchte, beauftragt und ermächtigt er Herrn Nieder zum Verkauf des Gerätes. In diesem Zusammenhang erwähnt Herr Peters, dass ihm der DVD-Player gehöre. Frau Anders, die von dem Verkauf gehört hat, interessiert sich für das Gerät. Sie kennt aber auch den Herrn Koch und erkennt, dass es sich bei dem DVD-Player um das Gerät des Herrn Koch handelt. Herr Nieder schildert Frau Anders glaubhaft, dass er von Herrn Koch zum Verkauf ermächtigt worden ist. Frau Anders glaubt ihm. Herr Nieder und Frau Anders einigen sich über den Eigentumsübergang und Herr Nieder übergibt ihr den DVD-Player.

Ist Frau Anders Eigentümerin des DVD-Players geworden?

4.2 Erbrecht – Testament und Erbengemeinschaft

Im Juli 2020 ist Herr Hoffmann verstorben. Er hinterlässt ein Testament, welches er am 08.10.2017 geschrieben hatte. Herr Hoffmann möchte, dass seine beiden Schwestern, Inge und Marie, seine Erben werden. Ferner schreibt Herr Hoffmann in seinem Testament:

> „Das Sparguthaben des Kontos Nr. 123 bei der Landbank eG soll mein Neffe Peter, Sohn der Inge, erhalten".

Bei der Landbank besteht neben dem Sparguthaben noch ein Wertpapierdepot. Dieses weist einen Wert in Höhe von 15.000,00 EUR auf.

© Springer Fachmedien Wiesbaden GmbH, ein Teil von Springer Nature 2021
T. Mothes, *Abschlussprüfungen,* Prüfungstraining zum Bankfachwirt,
https://doi.org/10.1007/978-3-658-32526-8_4

a) Peter erscheint nach dem Tode des Herrn Hoffmann bei der Landbank eG und verlangt, dass ihm das Sparguthaben ausgezahlt wird. Erläutern Sie, ob die Bank dem Auszahlungswunsch nachkommen muss.

b) Abwandlung:

Inge war schon vier Monate vor dem Tod ihres Bruders verstorben. Herr Hoffmann hatte sein Testament bezüglich der Erbeinsetzung von Inge nicht mehr geändert. Neben den bekannten Personen bestehen keine Verwandten. Peter wünscht nun, dass die Landbank eG die Wertpapiere aus dem Depot verkauft. Darf die Bank seinem Wunsch nachkommen?

4.3 Kreditsicherheit – Bürgschaft

Herr Schnack beantragt bei der Dortmunder-Privatbank einen Kredit für seine Existenzgründung. Bei der Privatbank ist es bei Existenzgründungsfinanzierungen üblich, dass sich der Ehepartner für die Kredite verbürgt. Bei Herrn Schnack fordert die Bank eine Bürgschaft in Höhe von 210.000,00 EUR von Frau Schnack. Frau Schnack ist nicht berufstätig. Sie versorgt den Haushalt und die drei Kinder und hat keinerlei Vermögen. Die Existenzgründung von Herrn Schnack verläuft nicht positiv. Schon bereits nach einem Jahr muss er die Insolvenz anmelden. Die Privatbank möchte nach Abschluss des Insolvenzverfahrens die Ehefrau aus der Bürgschaft in Anspruch nehmen.

Zu Recht?

4.4 Grundstücksrecht

Frau Möller ist Eigentümerin eines Seegrundstücks. In Abteilung I des zum Grundstück gehörenden Grundbuchs ist sie als Eigentümerin eingetragen. Am 11.06.2020 hat sich Frau Möller dazu entschlossen, das Grundstück an Herrn Beyer zu verkaufen. Die Auflassung erfolgt ebenfalls. Herr Beyer wird als neuer Eigentümer in Abteilung I des Grundbuchs eingetragen. Bei Auflassung war Herr Beyer jedoch unerkannt geisteskrank. Nachdem seine Erkrankung geheilt ist, verkauft Herr Beyer das Grundstück an Herrn Först und lässt es auch an ihn auf. Herr Först wird als neuer Eigentümer im Grundbuch eingetragen.

Erläutern Sie, ob Herr Först Eigentümer geworden ist.

4.5 Darlehensvertrag

Sie als Kundenberater der Nordostbank AG haben mit dem Kunden Beyer einen Darlehensvertrag in Höhe von 15.000,00 EUR abgeschlossen. Über den nominellen Zinssatz in Höhe von 9,0 % p.a. haben Sie sich mit dem Kunden geeinigt. Der Kreditbetrag wurde in der Zwischenzeit auch ausgezahlt. Im schriftlichen Kreditvertrag hatten Sie jedoch vergessen, den effektiven Jahreszins einzutragen. Diesen hatten Sie Herrn Beyer im Beratungsgespräch mit 10,33 % p.a. mitgeteilt.

Erklären Sie, ob ein wirksamer Darlehensvertrag geschlossen worden ist. Sollte dies der Fall sein, so erläutern Sie, welchen Zinssatz Herr Beyer zu zahlen hat.

4.6 Zwangsvollstreckung

Der Schuldner S begleicht seine Forderungen gegenüber mehreren Gläubigern nicht. Der Gläubiger G erwirkt aufgrund eines Vollstreckungsbescheides einen vollstreckbaren Titel für seine Forderung in Höhe von 1.500,00 EUR. Mit dem vollstreckbaren Titel beantragt er bei dem zuständigen Vollstreckungsorgan (Vollstreckungsgericht) einen Pfändungs- und Überweisungsbeschluss und lässt damit das Girokonto des S bei der Sparkasse pfänden. Der Pfändungs- und Überweisungsbeschluss wird der Sparkasse formgerecht zugestellt. Herr S führt bei der Sparkasse nur ein Konto. Kontoinhaber ist er zusammen mit seiner Ehefrau (Oder-Konto). Am Tage der Zustellung weist das Girokonto ein Guthaben in Höhe von 2.100,00 EUR auf. Die Sparkasse überweist dem G den gepfändeten Betrag in Höhe von 1.500,00 EUR. Die Ehefrau des Herr S legt am darauffolgenden Tag Widerspruch bei der Sparkasse ein und verlangt die Wiedergutschrift der 1.500,00 EUR. Sie argumentiert damit, dass der Pfändungs- und Überweisungsbeschluss nur gegen ihren Mann gerichtet war.

Ist die Sparkasse zur Wiedergutschrift verpflichtet?

Lösungshinweise Prüfungssatz I

1 Allgemeine Bankbetriebswirtschaft

1.1 Eigenmittel und Kapitalquoten nach CRR

	Hartes Kernkapital nach Art. 26 CRR	
	Gezeichnetes Kapital ex. Vorzugsaktien	3.575,0
+	Rücklagen	585,0
+	Einlagen stiller Gesellschafter	675,0
+	Sonderposten nach § 340g HGB	15,0
−	*Abzugsposten nach Art. 36 ff CRR* Immaterielle Vermögenswerte	210,0
=	**Hartes Kernkapital**	**4.640,0**
+	**Zusätzliches Kernkapital nach Art. 51 CRR**	
	Einlagen stiller Gesellschafter	625
=	**Kernkapital**	**5.265,0**

© Springer Fachmedien Wiesbaden GmbH, ein Teil von Springer Nature 2021
T. Mothes, *Abschlussprüfungen,* Prüfungstraining zum Bankfachwirt,
https://doi.org/10.1007/978-3-658-32526-8_5

	Ergänzungskapital nach Art. 62 CRR	
	Längerfristige Nachrangverbindlichkeiten	790,0
+	Neubewertungsreserven	150,0
	750,0 * 20 % = 150,0 (Übergangsregelung nach Art. 484, 486 CRR i. V. m. § 31 SolvV)	
+	Vorsorgereserven nach § 340f HGB (Obergrenze 1,25 % vom risikogewichteten Positionsbetrag für Kreditrisiken nicht überschritten)	90,0
+	Vorzugsaktien	225,0
+	Genussrechtskapital *(Restlaufzeitanpassung gem. Art. 64 CRR; verbleibende Tage bis zur Fälligkeit 139; Anzahl der Kalendertage der 5 Jahresperiode 1827; Achtung: 2016 und 2020 sind Schaltjahre mit jeweils 366 Tagen. 1.365,0 * 139 Tage : 1827 Tage = 103,9)*	103,9
+ =	**Ergänzungskapital**	**1.358,9**
=	**Eigenmittel**	**6.623,9**

Die relevanten Kapitalquoten ermitteln sich wie folgt:

Gesamtrisikobetrag:

Risikogewichteter Positionsbetrag für das Kreditrisiko	52.500,0
12,5 * Eigenmittelanforderung für operationelle Risiken	2.062,5
12,5 * Eigenmittelanforderung für Marktrisiken	5.625,0
=	60.187,5

Harte Kernkapitalquote = 7,71 %

$$\frac{\textit{Hartes Kernkapital } (4.640,0) * 100}{\textit{Gesamtrisikobetrag } (60.187,5)}$$

Kernkapitalquote = 8,75 %

$$\frac{\textit{Kernkapital } (5.265,0) * 100}{\textit{Gesamtrisikobetrag } (60.187,5)}$$

Gesamtkapitalquote = 11,01 %

$$\frac{\textit{Eigenmittel } (6.623,9) * 100}{\textit{Gesamtrisikobetrag } (60.187,5)}$$

Die Mindestkapitalquoten für 2020 sind erreicht worden.

Sie betragen für die harte Kernkapitalquote 7,0 %, für die Kernkapitalquote 8,5 % und für die Gesamtkapitalquote 10,5 % (jeweils inkl. Kapitalerhaltungspuffer (2,5 %) nach § 10c KWG). Jedoch ist ein Wachstum im Aktivgeschäft nur bedingt möglich. Insofern sind entsprechende Kapitalmaßnahmen nötig, um ein entsprechendes Wachstum darstellen zu können.

1.2 Bankpolitik/Marketing

Veränderte und gestiegene Kundenbedürfnisse

Die Kundenbedürfnisse haben sich im Laufe der Zeit verändert. Die Kundenerwartungen sind gestiegen. Kunden erwarten von „ihrer Bank" individuelle und maßgeschneiderte Problemlösungen. Durch die Flexibilisierung der Märkte hat die Kundenloyalität abgenommen. Die Kunden sind preisbewusster geworden und die Technikakzeptanz ist gestiegen.

Technologischer Fortschritt

Die Abwicklung der Bankgeschäfte und deren Vertrieb wird durch die Technik beeinflusst. Die Technik

- entlastet Mitarbeiter von Routinearbeiten,
- unterstützt Mitarbeiter bei Beratungstätigkeiten,
- verringert die Personalintensität und
- ermöglicht das Angebot von elektronischen Bankdienstleistungen.

Die technische Weiterentwicklung führt zu einer noch größeren Markttransparenz.

Veränderte Märkte

Der technische Fortschritt und die hohe Markttransparenz sorgen für eine Deregulierung der Märkte. Die traditionellen Kreditfinanzierungen gehen zurück. Diese erfolgen mehr und mehr über Kapitalmärkte (=Disintermediation, d. h. die Vermittlungsfunktion zwischen Anlegern und Kreditnachfragern geht zurück). Der Wettbewerb zwischen den Banken hat zugenommen.

Hoher Wettbewerb

Der hohe Wettbewerb zwischen den Banken sorgt für einen immer größeren Margenverfall. Marketingaktionen haben verstärkt zugenommen, sodass in diesem Bereich hohe Kostensteigerungen zu verzeichnen sind.

Verändertes Mitarbeiterverhalten

Die Einstellung des einzelnen Mitarbeiters zur „Arbeit" hat sich verändert. Mitarbeiter wollen in die Prozesse mit eingebunden werden und fordern eine kooperative Mitarbeiterführung.

Die Einführung variabler Arbeitszeiten und leistungsabhängige Vergütungssysteme führen ebenfalls zu Veränderungsprozessen in der Bankenlandschaft.

1.3 Liquidität (LCR)

a)

Abrufrisiko
Es ist die Gefahr, dass Kreditzusagen unerwartet in Anspruch genommen und Einlagen unerwartet abgezogen werden.

Refinanzierungsrisiko
Hierbei handelt es sich um die Gefahr, dass eine Anschlussfinanzierung bei positiver Fristentransformation nicht jederzeit sichergestellt werden kann.

Terminrisiko
Gefahr einer vertragsinkonformen und somit unplanmäßigen Verlängerung der Kapital-bindungsdauer bei Aktivgeschäften

Derivative Liquiditätsrisiken
Gefahr ansteigender Zahlungsverpflichtungen bzw. sinkender Zahlungsmittel aufgrund eintretender Erfolgsrisiken.

b)
Zielsetzungen der LCR sind z. B.
- Förderung und Stärkung der Widerstandskraft des Liquiditätsprofils der Institute (Art. 412 CRR) gegenüber potenziellen Liquiditätsstörungen innerhalb von 30 Tagen und somit Sicherstellung, dass die Institute auch in Stresssituationen über ausreichend liquide Aktiva verfügen.
- Die Institute sollen einen breit gestreuten Puffer liquider Aktiva vorhalten. Hiermit ist bei kurzfristig angespannter Liquiditätslage der Liquiditätsbedarf zu decken.
- Institute haben einen Mindestbestand hochliquider Aktiva bereitzustellen, der mindestens den kumulierten Netto-Zahlungsmittelabfluss der nächsten 30 Tage unter schweren Stressbedingungen abdeckt (die Kennzahl soll einen Mindestwert von 1 bzw. 100 % haben).

c)

Bestand an hochliquiden Level-1-Aktiva:	180 Mio. EUR
Bestand an hochliquiden Level-2-Aktiva:	150 Mio. EUR
>davon anrechenbar max. 40 % des Puffers:	120 Mio. EUR
	(Level 2 A und B – entsprechende Zuordnung liegt im Ermessen der Bank!)
hochliquide Aktiva insgesamt:	**300 Mio. EUR**

Zahlungsmittelabflüsse (in den nächsten 30 Tagen unter Stress):	300 Mio. EUR
Zahlungsmittelzuflüsse (in den nächsten 30 Tagen unter Stress):	330 Mio. EUR
>diese limitiert auf 75 % der Abflüsse:	225 Mio. EUR
Netto-Zahlungsmittelabflüsse:	75 Mio. EUR

$$\text{LCR} = \frac{\text{hochliquide Aktiva mit 300 Mio. EUR}}{\text{Netto-Zahlungsabflüsse mit 75 Mio. EUR}} = 4{,}0$$

Bewertung:
Die Höhe der LCR der Westbank AG (400 %) übersteigt die vorgeschriebene Mindesthöhe von 1 bzw. 100 %.

1.4 ROI/ROE – Schema

Bruttozinsspanne

	Zinserträge	560,0
+	lfd. Erträge aus festverzinslichen Wertpapieren	45,0
−	Zinsaufwand	400,0
=	Bruttozinsspanne	205,0 (=1,577 %)

Provisionsspanne

	Provisionsertrag	81,0
−	Provisionsaufwand	15,0
=	Provisionsspanne	66,0 (=0,508 %)

Bruttobedarfsspanne

	Personalkosten	98,0
+	Sachkosten	13,0
+	Abschreibungen auf Sachanlagen	8,0
+	sonstige Steuern	7,0
=	Bruttobedarfsspanne	126,0 (=0,969 %)

Bruttoertragsspanne

	Bruttozinsspanne	205,0 (=1,577 %)
+	Provisionsspanne	66,0 (=0,508 %)
=	Bruttoertragsspanne	271,0 (=2,085 %)

Teilbetriebsergebnisspanne

	Bruttoertragsspanne	271,0 (=2,085 %)
−	Bruttobedarfsspanne	126,0 (=0,969 %)
=	Teilbetriebsergebnisspanne	145,0 (=1,115 %)

Betriebsergebnisspanne

	Teilbetriebsergebnisspanne	145,0 (=1,115 %)
+	Nettofinanzgeschäftsspanne	16,0 (=0,123 %)
−	Bewertungsspanne	32,0 (=0,246 %)
+	sonstige Erfolgsspanne	7,0 (=0,054 %)
=	Betriebsergebnisspanne	136,0 (=1,046 %)

Reingewinnspanne vor Steuern vom Einkommen und Ertrag

	Betriebsergebnisspanne	136,0 (=1,046 %)
−	a.o. Spanne	5,0 (=0,038 %)
=	Reingewinnspanne vor Steuern vom Einkommen und Ertrag	131,0 (=1,008 %)

Die schematische Abbildung im Rahmen des ROI/ROE – Schemas ist im Nachfolgenden dargestellt. Beachten Sie bitte, dass dieses Beispiel noch mit der bilanziellen Eigenkapitalquote ergänzt und somit die Eigenkapitalrendite vor und nach Steuern vom Einkommen und Ertrag dargestellt werden kann. Insofern finden Sie diese Größen und ihre Ermittlung optional – ohne Angabe von Werten – abgebildet. Im Rentabilitätsmanagement von Banken dient die Eigenkapitalrendite als zentrales Steuerungsinstrument. Siehe hierzu – Fischer, Allgemeine Bankbetriebswirtschaft, aktuelle Auflage.

DAS ROI-SCHEMA IST WIE FOLGT AUFGEBAUT:

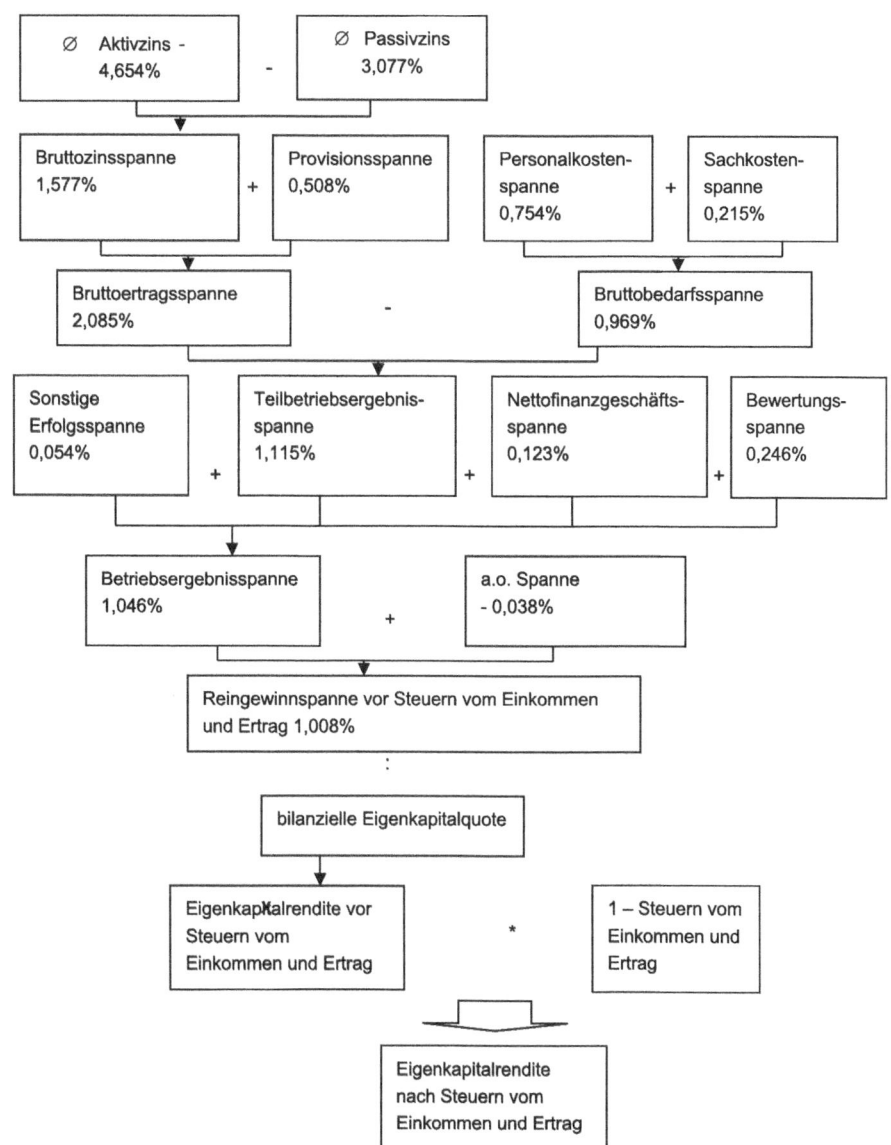

1.5 Bewertung von Forderungen

a)

Kreditforderungen lassen sich nach risikofreien und risikobehafteten Forderungen unterscheiden. Bei den risikofreien Forderungen ist keine Risikovorsorge erforderlich. Sie werden zum Nominalwert bilanziert (z. B. Kommunaldarlehen). Bei den risikobehafteten Forderungen erfolgt noch eine genauere Einteilung in drei Kategorien.

anmerkungsbedürftige, aber intakte Forderungen	notleidende (zweifelhafte) Forderungen	uneinbringliche Forderungen
• kein direktes Ausfallrisiko erkennbar (=latentes Risiko)	• direktes Ausfallrisiko vorhanden	• Ausfall tritt ein oder ist eingetreten
Merkmale		
• keine Auffälligkeiten • keine negativen Erkenntnisse • positive bzw. konstante Entwicklung bei dem Kreditnehmer	• Nichteinhaltung von Zins- und Tilgungsleistungen • Verschlechterung der wirtschaftlichen Verhältnisse • Scheck- oder Wechselproteste • negative Auskünfte (Schufa, Creditreform) • Kontopfändung	• daerhafte Zahlungseinstellung • ergebnislose Zwangsvollstreckung • Einstellung des Insolvenzverfahrens mangels Masse

b)

Sofern ein direktes Ausfallrisiko des Kreditnehmers für die Bank ersichtlich ist, muss sie Risikovorsorge in Form von Einzelwertberichtigungen (EWB) bilden.

	Höhe der derzeitigen Forderung
–	Teilbetrag, der unzweifelhaft eingehen wird
–	Wert der gestellten Sicherheiten
	Höhe der Einzelwertberichtigung

Bei der Bildung der Einzelwertberichtigung hat die Bank grundsätzlich einen Ermessensspielraum, der von der Ertragslage (Ergebnis vor Bewertung) abhängig ist. Ist das vorläufig erzielte Ergebnis schlechter als erwartet, so ist die Bank bestrebt, keine weiteren Einzelwertberichtigungen bilden zu müssen.

Ist dagegen das vorläufige Ergebnis besser als geplant, so versucht die Bank durch die Bildung von weiteren Einzelwertberichtigungen das geplante Ergebnis zu erreichen.

Ermessensspielraum bei der EWB-Bildung

1. Ermessensspielraum bei der Bewertung der gestellten Sicherheiten:
   Je höher der Sicherheitenwert ist, desto weniger EWB müssen gebildet werden.
2. Zeitpunkt der Bildung:
   Der Zeitpunkt lässt sich nicht einheitlich beantworten und wird erheblich von der Ertragslage des Instituts abhängen.
3. Bestimmung des Teilbetrages, der sicher eingehen wird.

1.6 Barwertberechnung und Zinsänderungsrisiken

a)

Jahre	0	1	2	Abzinsungsfaktor
Auszahlung	−147.000,00	77.700,00	76.350,00	
Jahr 2	75.407,00	−943,00	−76.350,00	:1,0125
		76.757,00	0,00	
Jahr 1	76.186,00	−76.757,00		:1,0075
Barwert	4.593,00	0,00		

b)

Ein Zinsänderungsrisiko im engeren Sinne – auch Zinsspannenrisiko genannt – drückt die Gefahr aus, dass sich durch Zinsänderungen am Geldmarkt die Zinsmarge des Institutes verringert.

Das Zinsänderungsrisiko kann noch – hier vereinfacht dargestellt – auf festverzinsliche Wertpapiere im Bestand ausgeweitet werden. Dann spricht man vom Marktwertrisiko. Das Marktwertrisiko entspricht dem Zinsänderungsrisiko im weiteren Sinne. Es drückt die Gefahr aus, dass sich durch Zinsänderungen insbesondere die Kurse von festverzinslichen Papieren nach unten bewegen. Dies kann aufgrund allgemeiner Marktveränderungen sowie anhand bonitätsbezogener Faktoren geschehen.

Insoweit können Zinsänderungsrisiken wie folgt dargestellt werden

Aktivisches Zinsänderungsrisiko:	Passivfestzinsüberhang – Gefahr, dass die Zinsen für den variablen Teil sinken. Somit verringern sich die Erträge aus dem Aktivgeschäft und die Zinsspanne sinkt.
Passivisches Zinsänderungsrisiko:	Aktivfestzinsüberhang – Gefahr, dass die Zinsen für den variablen Teil steigen. Somit verteuert sich die Refinanzierung und die Zinsspanne sinkt.

Variables Zinsänderungsrisiko:	Gefahr, dass bei Zinsänderungen im variablen Bereich die Zinsänderungen nicht vollumfänglich an die Kunden weitergegeben werden können und sich somit die Zinsspanne reduziert. Dies ist hauptsächlich dadurch begründet, dass die variablen Aktiva und Passiva unterschiedliche Elastizitäten aufweisen können.
Marktwertrisiko:	Gefahr, dass sich durch emittentenbezogene oder marktbezogene Zinsveränderungen u. a. der Kurs eines festverzinslichen Wertpapiers nach unten entwickelt.

2 Betriebswirtschaft

2.1 Kommunikation

a)

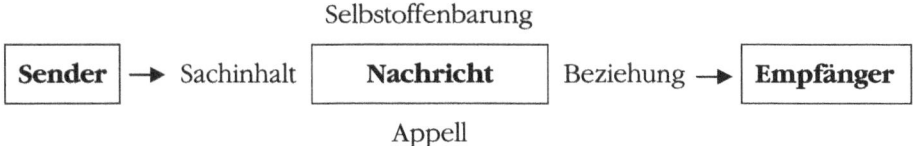

1. Sachinhalt

Sachverhalte werden dargestellt:

- sachlicher Bestandteil der Nachricht
- objektive und wenig interpretierende Darstellung

▶ **Beispiel** Frau, das Bier und die Chips sind alle.

2. Selbstoffenbarung

Der Sender sagt.

- etwas über sich selber,
- wie es ihm gerade geht oder
- was ihm wichtig/unwichtig ist.

© Springer Fachmedien Wiesbaden GmbH, ein Teil von Springer Nature 2021   31
T. Mothes, *Abschlussprüfungen,* Prüfungstraining zum Bankfachwirt,
https://doi.org/10.1007/978-3-658-32526-8_6

Die Selbstoffenbarung spiegelt die „eigene Befindlichkeit" wider und ist ein selbstmitteilender Bestandteil der Nachricht. Die Selbstoffenbarung erfolgt bewusst oder unbewusst.

= Ich-Botschaft des Senders (eigene Einstellung/eigene Meinung).

▶ **Beispiel**

- Ich habe noch Durst und Hunger.
- Ich bin zu faul aufzustehen.

3. Beziehung
Die Beziehung/die Stellung zwischen Sender und Empfänger wird beschrieben:

- Es handelt sich um subjektive Äußerungen des Senders.
- Was hält der Sender vom Empfänger?
- Wie steht der Sender zum Empfänger?
- Beziehung wird gesteuert über:
  - Formulierung
  - Tonfall

▶ **Beispiel** „Ich" bin der Mann und habe was zu sagen. (Der Mann hält die Frau als Dienstbotin.)

4. Appell
Es ist die Aufforderung, etwas zu tun:
- „Wozu ich dich veranlassen möchte."

▶ **Beispiel** Frau, geh los und hol mir ein neues Bier und neue Chips.

b)

1. Allgemeine Probleme bei der Kommunikation
- Affektlage
- Annahmen
- Deutungen
- Erwartungen
- Sprachstile
- Unterstellungen
- Vorurteile

2. Störungen können auftreten, da die Beziehungsebene oft wichtiger ist als die Sachebene

3. Unterschiede zwischen Sender und Empfänger:

- Darstellungsweise:
  - Sender ist sich über die Darstellungsweise nicht im Klaren
- Codieren beim Sender:
  - Fehler bei der Umsetzung der Gefühle in Worte und Gesten
  - „fehlende Worte"
  - zu abstrakte Darstellung, Fremdwörter
  - Entschlüsseln beim Empfänger:
  - Hörfehler
  - falsches Lesen
  - Ablenkungen durch andere Ereignisse
- unterschiedliches Sprach- und Bildungsniveau

4. Maßnahmen zur Beseitigung von Kommunikationsstörungen
- Definition von verbindlichen Gesprächsregeln
- Definition von Inhalt und Ablauf
- keine Unterbrechungen
- Verhalten wird beschrieben aber nicht bewertet
- Nachfragen bei Verständnisproblemen
- zeitnahes Feedback
- Verwendung von Ich-Botschaften

2.2 Arbeitsrecht – Kündigung und Abmahnung

a)
- Nach Ablauf des Urlaubs fehlt der Mitarbeiter unentschuldigt
- Arbeitsverweigerung
- unbefugtes Verlassen des Arbeitsplatzes
- Verspätetes Erscheinen am Arbeitsplatz
- Sexuelle Belästigung am Arbeitsplatz
- Spesenbetrug
- Nichteinhaltung des Alkoholverbotes am Arbeitsplatz
- Nichtbeachtung von Arbeitsanweisungen
- Verletzung des Bankgeheimnisses

b)

Die Abmahnung ist die Aufforderung an den Arbeitnehmer, ein vertragswidriges Verhalten, das sowohl im Leistungsbereich als auch im persönlichen Vertrauensbereich liegen kann, abzustellen. Es erfolgt eine Androhung von weiteren Rechtsfolgen (z. B. Kündigung) im Wiederholungsfall.

Funktionen der Abmahnung
- Dokumentationsfunktion: Sie hält das Fehlverhalten fest.
- Hinweisfunktion: Sie weist den Arbeitnehmer auf die Vertragswidrigkeit seines Verhaltens hin.
- Warnfunktion: Sie warnt den Arbeitnehmer, dass sein Verhalten im Wiederholungsfalle den Bestand des Arbeitsverhältnisses gefährdet.

Die Abmahnung bedarf nicht der Schriftform. Aufgrund der Funktionen der Abmahnung ist es zu empfehlen, die Abmahnung schriftlich auszusprechen.

2.3 Kostenrechnung

a) Plankostenverrechnungssatz
- gesamte Plankosten bei Planbeschäftigung: Planbeschäftigung
- 108.000,00 EUR: 1800 h = 60,00 EUR

b) Sollkosten
- Plan-Fixkosten + (variable Plankosten * Istbeschäftigung): Planbeschäftigung
- 45.000,00 EUR + (63.000,00 EUR * 1440 Std.): 1800 Std. = 95.400,00 EUR

c) Beschäftigungsabweichung
- Sollkosten – verrechnete Plankosten bei Istbeschäftigung
- 95.400,00 EUR – (60,00 EUR * 1440 Std.) = 9.000,00 EUR

d) Es liegt eine Ergebnisverschlechterung vor.
Die positive Beschäftigungsabweichung sagt aus, dass zu wenig Fixkosten verrechnet wurden, da die Ist-Beschäftigung geringer ist als die Plan-Beschäftigung.

e) Verbrauchsabweichung
- Ist-Kosten zu Planpreisen – Sollkosten
- 102.000,00 EUR – 95.400,00 EUR = 6.600,00 EUR

Auch hier liegt eine Ergebnisverschlechterung vor. Eine positive Verbrauchsabweichung sagt aus, dass ein Mehrverbrauch an Produktionsfaktoren vorliegt.

f) 9.000,00 EUR + 6.600,00 EUR = 15.600,00 EUR Gesamtabweichung

2.4 Investitionsrechnung

a)

	Maschine A	Maschine B
kalkulatorische Abschreibung	23.240,00 EUR	20.000,00 EUR
kalkulatorische Zinsen	9.296,00 EUR	7.200,00 EUR
Fixkosten	2.968,00 EUR	2.544,00 EUR
Lohnkosten	35.406,00 EUR	41.640,00 EUR
Fertigungskosten	10.080,00 EUR	8.640,00 EUR
Energiekosten	2.250,00 EUR	1.800,00 EUR
	83.240,00 EUR	81.824,00 EUR

Die Ehlers-GmbH sollte Maschine B wählen.

b)

Erlöse Maschine A:	102.400,00 EUR
abzgl. Kosten A:	83.240,00 EUR
Gewinn:	19.160,00 EUR

Erlöse Maschine B:	97.600,00 EUR
abzgl. Kosten B:	81.824,00 EUR
Gewinn:	15.776,00 EUR

Die Ehlers-GmbH sollte Maschine A wählen.

c)

Vorteile

- Der Informationsbedarf, der für eine Investitionsentscheidung benötigt wird, ist relativ gering. Somit ist auch der Aufwand geringer als bei den dynamischen Investitionsverfahren.
- Die statische Investitionsrechnung ist leicht zu handhaben und setzt keine hohen mathematischen Kenntnisse voraus.
- Die statische Investitionsrechnung ist eine kostengünstige Methode.

Nachteile

- Zahlungen, die nicht zum gleichen Zeitpunkt realisiert werden, sind unterschiedlich viel wert. Der Zinseszinseffekt wird bei der statischen Investitionsrechnung nicht berücksichtigt.

- Die Bildung von Durchschnittswerten kann zu Verzerrungen führen.
- Bei der statischen Investitionsrechnung erfolgt eine stichtagsbezogene Betrachtung, d. h. Zeiträume bleiben unberücksichtigt. Es wird somit unterstellt, dass die ermittelten Aspekte für die gesamte Nutzungsdauer gelten.

2.5 Produktionsplanung

a)

Erlöse:	6.000.000,00 EUR
abzgl. Materialkosten:	2.100.000,00 EUR
abzgl. Fertigungskosten:	1.536.000,00 EUR
abzgl. Gehälter:	1.140.000,00 EUR
abzgl. sonstige Fixkosten:	630.000,00 EUR
Betriebsergebnis:	594.000,00 EUR

b)
Erlöse = Kosten
$$30,00 \text{ EUR} * x = 18,18 \text{ EUR} * x + (1.140.000,00 \text{ EUR} + 630.000,00 \text{ EUR})$$
$$11,82 \text{ EUR} * x = 1.770.000,00 \text{ EUR}$$
$$x = 149.746,19$$

Die Break-Even-Menge liegt bei 149.747 Stück

▶ **Hinweis** variable Stückkosten

$$= (2.100.000,00 \text{ EUR} + 1.536.000,00 \text{ EUR}) / (200.000 \text{ Stück})$$
$$= 18,18 \text{ EUR}$$

149.747 Stück $*$ 30,00 EUR $=$ 4.492.410,00 EUR

(200.000 Stück $-$ 149.747 Stück) / (200.000 Stück) $*$ 100
$$= 25,13\%$$

c)
Lohnerhöhungen
15 % von 1.536.000,00 EUR = 230.400,00 EUR

neue variable Stückkosten:

$$= (2.100.000,00\,EUR + 1.536.000,00\,EUR + 230.400,00\,EUR)$$
$$/(200.000\,Stück) = 19,332\,EUR$$

▶ **Hinweis** Hinweis Im Folgenden wird mit dem genauen Wert der variablen Stückkosten weitergerechnet.

Gewinn = Erlöse − Kosten
Gewinn = Menge * Preis − (Fixkosten + variable Kosten)

594.000,00 EUR = x * 30,00 EUR − (1.770.000,00 EUR + 19,332 EUR * x)

594.000,00 EUR = 30,00 EUR * x − 1.770.000,00 EUR − 19,332 EUR * x

2.364.000,00 EUR = 10,668 EUR * x

x = 221.597,30 Stück

221.597,30 Stück abzgl. bestehende Produktion (200.000 Stück) = 21.597,30 Stück

Die Kapazitätsgrenze liegt jedoch bei 220.000 Stück. Eine vollständige Kompensation der Lohnerhöhungen ist somit nicht möglich.

d)
Gewinn = Erlöse − Kosten

594.000,00 EUR = 30,00 EUR * 210.000 − (18,18 EUR * 210.000 + KFix)

594.000,00 EUR = 6.300.000,00 − 3.817.800,00 − KFix

KFix = 1.888.200,00 EUR (gesamte Fixkosten)

Bei bestehenden Fixkosten von 1.770.000,00 EUR können max. 118.200,00 EUR weitere Fixkosten entstehen.

2.6 Leverage-Effekt

a)

Eigenkapitalrentabilität

$$r\_EK = r + (r - r\_FK) * FK/EK$$

r_{EK} = Eigenkapitalrentabilität

r = Gesamtkapitalrentabilität

FK:EK = Verschuldungsgrad

1. 14,00 %
2. 16,14 %
3. 17,33 %
4. 42,33 %

b)

Der Leverage-Effekt stellt eine Hebelwirkung dar

Es ist eine Hebelwirkung der Fremdkapitalkosten auf die Eigenkapitalverzinsung/ EK-Rentabilität.

Grund Fremdkapital verursacht Zinsaufwand und Fremdkapital trägt gleichzeitig dazu bei, dass zusätzliche Erträge erzielt werden können.

Die Eigenkapitalrentabilität (rEK) steigt mit einem zunehmenden Verschuldungsgrad an, sofern die Gesamtkapitalrentabilität (r) größer ist als der Fremdkapitalzins (rFK).

Der positive Leverage-Effekt ist umso stärker

- je höher der Verschuldungsgrad ist und
- je größer die Differenz zwischen der Gesamtkapitalrentabilität und dem Fremdkapitalzinssatz ist.

Ein positiver Leverage-Effekt tritt ein, wenn die Rentabilität des Gesamtkapitals größer ist als der Fremdkapitalzins.

c)

Bei dem Leverage-Effekt werden verschiedene Annahmen unterstellt. Es wird davon ausgegangen, dass der Fremdkapitalzins unabhängig vom Verschuldungsgrad ist und dass das Fremdkapital erfolgsunabhängig zu bedienen ist.

In Wirklichkeit ist der Fremdkapitalzins nicht unabhängig vom Verschuldungsgrad.

Je höher die Kreditaufnahme eines Unternehmens ist, desto geringer ist der Eigen-
kapitalanteil und desto geringer die Haftungsbasis. Die Kreditvergabe an das Unternehmen sinkt oder die Kreditvergabe erfolgt nur zu einem höheren Zinssatz.

Es ist auch zu bedenken, dass die Reduzierung des Eigenkapitals nur eingeschränkt
möglich ist. Auch die Annahme einer konstanten Gesamtkapitalrentabilität ist
unrealistisch. Insgesamt ergibt sich bei einer zusätzlichen Verschuldung eine Verschlechterung der Kapitalstrukturkennziffern.

3 Volkswirtschaft

3.1 Geldmarkt

a)
Zahlungsbemessungsfunktion

Das Geld stellt ein Zahlungsmittel dar. Das Geld wird beim Kauf und Verkauf von Waren und Dienstleistungen eingesetzt. Ein Gütertausch wäre schwer durchsetzbar und vom Handling nicht problemlos. Da das Geld beliebig teilbar ist, kommt es bei den Zahlungsvorgängen zu keinen Tauschverlusten.

Wertaufbewahrungsfunktion

Das Geld ist ein Mittel der Vermögensbildung. Durch das Sparen von Geld können zu späterer Zeit Anschaffungen vorgenommen werden. Die Kaufkraft des Geldes wird somit gelagert.

Recheneinheit

Das Geld ist eine Recheneinheit für Preise, d. h. ein Wertmaßstab aller Güter. Die Güter und Dienstleistungen werden mit Geld gemessen.

Wertübertragungsfunktion

Neben der Wertaufbewahrung können mit Geld auch Werte übertragen werden. Die Werte werden z. B. durch Erbschaft, Lohnzahlung und Schenkung übertragen.

© Springer Fachmedien Wiesbaden GmbH, ein Teil von Springer Nature 2021   41
T. Mothes, *Abschlussprüfungen,* Prüfungstraining zum Bankfachwirt,
https://doi.org/10.1007/978-3-658-32526-8_7

b)

Transaktionsmotiv (Transaktionskasse)

Hierbei geht es um die Synchronisation von Ausgaben beim Kauf und Einnahmen beim Verkauf. Die Wirtschaftssubjekte brauchen Geld (=Liquidität), um zahlungsfähig zu sein. Die Transaktionskasse wird durch die Umlaufgeschwindigkeit des Geldes, dem Preisniveau und dem realen Bruttoinlandsprodukt bestimmt.

$$\text{Fishèrsche Verkehrsgleichung:} \quad M * V = Yr * P$$

Je höher das Bruttoinlandsprodukt bei gleichbleibender Umlaufgeschwindigkeit ist, desto höher ist die Geldnachfrage.

$$L_T = L_T(Y)$$

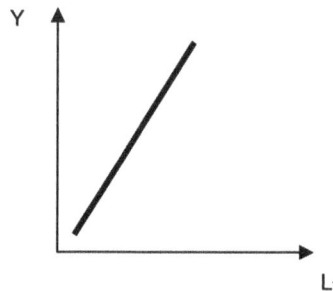

Spekulationsmotiv (Spekulationskasse)

Der zweite Bestimmungsgrund der Geldnachfrage ist die Spekulationskasse und das derzeitige Zinsniveau bzw. die Zinserwartungen.

Die Spekulationskasse ist abhängig vom Zinsniveau. Je höher der Zinssatz, desto geringer ist die Spekulationskasse und je niedriger der Zinssatz, desto höher ist die Spekulationskasse. In einem niedrigen Zinsniveau wollen sich die Wirtschaftssubjekte nicht langfristig binden, da sie von steigenden Zinsen ausgehen. Würden sie sich in einem niedrigen Zinsniveau langfristig binden und würde dann das Zinsniveau steigen, so würden sie einen Zinsverlust erleiden. Somit wird die Spekulationskasse vom Zinsniveau und den Anlagemotiven der Wirtschaftssubjekte bestimmt.

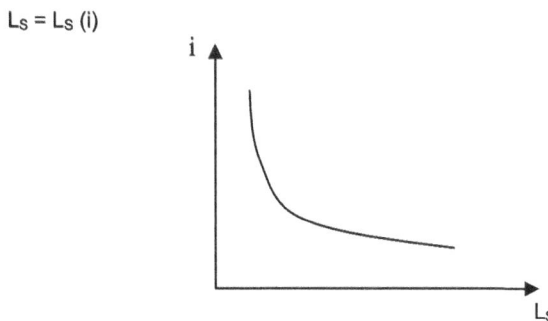

$L_S = L_S (i)$

c)
Die Liquiditätsfalle ist die Erscheinung, dass Geld bei sinkenden Zinsen nicht für
Investitionen verwendet wird. Voraussetzung ist, dass sich das Geldangebot im
horizontalen Bereich der Geldnachfragekurve bewegt (die Geldnachfrage ist voll-
kommen elastisch). Wenn das Geldangebot steigt, dann steigt auch die Geldnachfrage;
aber die Zinsen sinken nicht mehr (weiter), weil die Wirtschaftssubjekte das zusätzliche
Geldangebot aufnehmen und sofort als Liquidität halten.

Die Wirtschaftssubjekte rechnen mit steigenden Zinsen und wollen sich daher bei
einem niedrigen Zinsniveau nicht langfristig binden. Ziel ist die Vermeidung von Kurs-
verlusten; denn würden sich die Wirtschaftssubjekte bei einem niedrigen Zinsniveau
langfristig binden und würde sich danach das Zinsniveau erhöhen, so entstehen Kursver-
luste.

Fazit
Die Geldpolitik ist wirkungslos. Wären Investitionen zinsabhängig, so würden sie trotz
des niedrigen Zinsniveaus nicht durchgeführt werden.

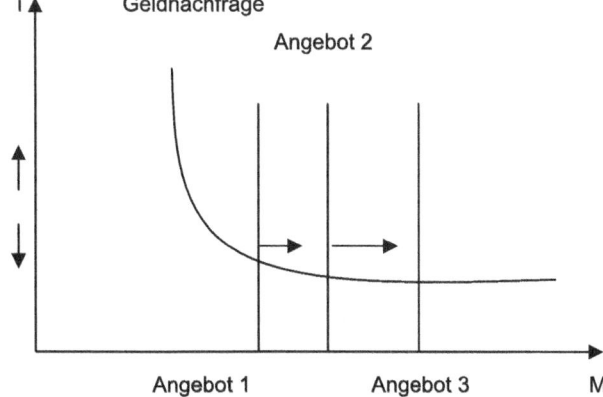

3.2 Sozialleistungen

a)

Das gesetzliche Rentensystem in Deutschland ist nach dem Generationenvertrag aufgebaut. Die gesetzliche Rente ist eine umlagefinanzierte Rente; d. h. die laufenden Renten werden durch Beiträge der aktiven sozialversicherungspflichtigen Arbeitnehmer finanziert (=Umlageverfahren durch die Rentenversicherungsbeiträge).

Die geleisteten Beiträge werden durch den Arbeitgeber- und Arbeitnehmeranteil je zur Hälfte bis zur Beitragsbemessungsgrenze bezahlt.

Mit den heute einzuzahlenden Beiträgen finanziert die Rentenkasse die Ansprüche der heutigen Rentner. Die Einzahlenden bauen sich dafür im Gegenzug Ansprüche auf, nach denen sich ihre eigene Rente später bemisst.

Die Beiträge reichen jedoch nicht zur vollen Deckung der Rentenansprüche aus. Aus diesem Grund fließen Bundeszuschüsse in die Finanzierung des Rentensystems mit ein.

b)
Rentenversicherung
- Demografische Veränderungen:
  - Durch demographische Veränderungen erhöht sich die demographische Last.
  - längere Lebenserwartung und somit längere Rentenbezugsdauer
  - Überalterung der Bevölkerung
  - die zukünftige Generation schrumpft
  - sinkendes Renteneintrittsalter belastet die Rentenversicherung
  - Die geburtenstarken Jahrgänge, die selbst nur wenige Kinder haben, werden ab ca. 2030 selbst im Renteneintrittsalter sein. Die Folge ist, dass der Anteil der Rentenbezieher in Relation zu den aktiven sozialversicherungspflichtigen Arbeitnehmern stark ansteigen wird.
  - Der Zeitraum der möglichen Beitragsjahre sinkt: junge Berufstätige steigen später in den Arbeitsmarkt ein (Ursachen: Ausbildung, Zweit-Ausbildung, Studium) und beabsichtigen die Erwerbstätigkeit bei ca. 60 Jahren zu beenden.
- ungünstige Wirtschaftsentwicklung
  - Rezessionen und Arbeitslosigkeit
  - bei Arbeitslosigkeit sinken die Einnahmen der Rentenversicherungsträger

Krankenversicherung
Auch die Krankenversicherungen sind von den demografischen Veränderungen betroffen. Es werden immer weniger Beitragszahler, obwohl die Nachfrage nach Gesundheitsleistungen steigt. Der technische Fortschritt erhöht die Kosten im Gesundheitswesen. Ärzte haben sich einen „Maschinenpark" geschaffen, der finanziert werden muss.

c)

Geburtenrate erhöhen
Hierdurch kann die Relation der Beitragszahler zu den Rentenempfängern verbessert werden. Konkrete Maßnahmen: Leistungen für Familien mit Kindern erhöhen; z. B. Entlastung in der Kinderbetreuung oder höheres Kindergeld.

Veränderung bei der Beitragsbemessungsgrenze
Wenn die Beitragsbemessungsgrenze abgeschafft oder heraufgesetzt wird, steigen die Einnahmen im gesetzlichen Rentensystem. Dabei ist jedoch zu bedenken, dass die Rentenansprüche der Einzahlenden steigen.

Rentenversicherungsbeiträge erhöhen
Eine Anhebung der Rentenversicherungsbeiträge führt zu höheren Lohnnebenkosten. Gefahr ist, dass dadurch eine steigende Arbeitslosigkeit hervorgerufen wird.

Erhöhung des Renteneintrittsalters
Eine Erhöhung wird als vertretbar angesehen, da die Lebenserwartung kontinuierlich angestiegen ist. Arbeitnehmer, die körperliche Arbeiten ausführen, werden bei dieser Maßnahme benachteiligt.

3.3 Wirtschaftsordnung

a)

Allokationsproblem
Das Problem besteht darin, die Güter nach der relativen Dringlichkeit der Bedürfnisse zu produzieren. Der Grundgedanke ist ein bedarfsgerechter und effizienter Einsatz der Ressourcen. Zur Allokation bzw. zum Allokationsproblem gehört die Frage, welche Güter wie und in welchen Mengen produziert werden sollen. Zu dem Allokationsproblem gehören auch das Informations- und Motivationsproblem. Hier stellt sich nämlich die Frage, wie das Wirtschaftssubjekt Informationen über Güter und Produktionsfaktoren erhält bzw. über welche Mittel Leistungen honoriert bzw. fehlende Leistungen sanktioniert werden.

Stabilisierungsproblem
Das Problem besteht darin, dass sich eine Volkswirtschaft nicht immer kontinuierlich und stabil entwickelt. Gesamtwirtschaftliche und strukturelle Krisen sind zu verhindern.

Distributionsproblem
Eine Marktwirtschaft wird nicht akzeptiert, wenn sie als „ungerecht" und „unsozial" empfunden wird. Ziel ist die Korrektur der Primärverteilung von Einkommen, Vermögen

und Gütern. Die Ergebnisse müssen gerecht verteilt werden und ein soziales Netz geschaffen werden.

Hierbei stellt sich die Frage, wer die Aufgabe der Verteilung übernimmt. Auch die Art der Verteilung muss betrachtet werden. Erfolgt die Verteilung nach der Leistung, nach Bedarf oder nach Gleichheit?

b)

	Sozialistische Zentralverwaltungswirtschaft	Kapitalistische Marktwirtschaft
Merkmal	• Kollektivismus Die Gesellschaft steht an erster Stelle. Sie dominiert über dem Einzelnen.	• Liberalismus Das Individuum steht im Vordergrund. Es dominiert über die Gesellschaft.
Allokation/ Koordination	Zentrale Planung und Entscheidung durch die Planungsbehörde, die einen zentralen Produktionsplan aufstellt. Sie bestimmt das Produktionssoll und überwacht die Planvorschriften. Die Koordination erfolgt durch Zuteilung.	Dezentrale Planung und Entscheidung durch Unternehmen und Haushalte, die unabhängig voneinander ihre Pläne aufstellen. Die Koordination erfolgt über den Markt mithilfe des Preises. Hier treffen Angebot und Nachfrage aufeinander.
Ziele	Planerfüllung	Gewinnmaximierung bzw. Nutzenmaximierung
Einfluss bzw. Aufgabe des Staates	Der Staat hat die Planungsfunktion für den Konsum und die Produktion. Der Staat ist die Planungsbehörde.	Der Staat setzt nur die Regeln. Die Aufgabe des Staates ist die Sicherung der Freiheit und der Individualität. Der Staat greift aber nicht in das Marktgeschehen ein (Nachtwächterstaat).

3.4 Außenhandel

a)
Unterschiedliche Produktionsmöglichkeiten
Unterschiedliche Produktionsmöglichkeiten der Länder führen zum Außenhandel. Hierbei sind zwei Unterkategorien zu unterscheiden:

- **unterschiedliche Kosten für Güter und Produktionsfaktoren**
  Aufgrund unterschiedlicher Produktionskosten werden Preisunterschiede hervorgerufen. Das ist auch der Grund, warum sich der Außenhandel lohnt.
  Durch den Außenhandel können Kostenvorteile genutzt werden. Hierbei ist zwischen den absoluten und komparativen Kostenvorteilen zu unterscheiden.
  - Absolute Kostenvorteile:
    Die absoluten Produktionskosten werden verglichen.
    Der Außenhandel ist vorteilhaft, wenn die absoluten Produktionskosten unterschiedlich sind.
    Jedes Land soll die Güter herstellen, die es billiger als andere Länder herstellen kann.
  - Komparative Kostenvorteile:
    Es werden die relativen Produktionskosten verglichen.
    Kostenvorteile entstehen durch unterschiedliche Arbeitsproduktivitäten.
- **unterschiedliche Verfügbarkeit von Gütern und Produktionsfaktoren**
  Die Verfügbarkeit der Güter wird durch folgende Faktoren bestimmt:
  - klimatische oder geologische Bedingungen,
  - Know-how und
  - Arbeitskräfte und Sachkapital.

Da bestimmte Güter nicht überall vorhanden sind, müssen diese gehandelt werden.

Unterschiedliche Nachfragepräferenzen
Handel entsteht durch unterschiedliche Nachfragepräferenzen und Nachfragestrukturen. Produktdifferenzierungen und verschiedene Produkteigenschaften führen dazu, dass ein Land alleine nicht mehr in der Lage ist, alle Konsumwünsche zu erfüllen.

b)
- Staatseingriffe verringern den internationalen Wettbewerb und die internationale Wettbewerbsfähigkeit.
- Staatseingriffe verringern den Wohlstand.
- Staatseingriffe führen zu einer ineffizienten Verwendung der Ressourcen, d. h. Freihandel sorgt für eine bessere Allokation der Produktionsfaktoren.
- Nicht mehr effiziente und wettbewerbsfähige Unternehmen werden durch Staatseingriffe künstlich „am Leben" gehalten.
- Für den Verbraucher bedeutet der Freihandel, dass ihm eine größere Angebotsvielfalt zu einem niedrigeren Preis geboten wird.

c)

Ziele

Durch die Erhebung eines Importzolls sollen die Importe gedrosselt werden. Zölle stellen Einnahmen für den Staat dar und sollen zur Erhaltung der Arbeitsplätze beitragen. Durch die Erhebung eines Importzolls werden Preiserhöhungsspielräume für die inländischen Anbieter geschaffen. Der Importzoll trägt zum Schutz der heimischen Anbieter bei. Das ausländische Angebot wird verteuert. Ein weiteres Ziel ist die Verbesserung einer defizitären Handelsbilanz.

Auswirkungen

- Allgemein:
  - Jede Mengeneinheit verteuert sich um einen bestimmten Zollbetrag.
  - Die Angebotskurve verschiebt sich nach links.
  - Die Angebotsmenge nimmt ab (=Mengeneffekt).
  - Der Preis steigt (=Preiseffekt).
- Einkommensumverteilung:
  - Im Inland kommt es zu einer Einkommensumverteilung.
  - Produzenten werden begünstigt.
  - Konsumenten werden benachteiligt, da sie nicht mehr auf die günstigeren Importe ausweichen können.
- Staatseinnahmen:
  - Zölle stellen eine Steuereinnahme des Staates dar.
  - Die Finanzierung erfolgt durch inländische Konsumenten und durch ausländische Anbieter, da diese geringere Gewinne erzielen.

3.5 Güter

a)

Sättigungsgüter

Die Nachfrage nimmt bei steigendem Einkommen absolut zu, aber der Anteil an den Gesamtausgaben nimmt ab.

C (Konsummenge)

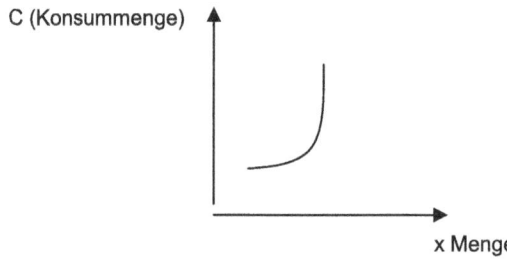

Superiore Güter

Superiore Güter sind Güter, bei denen die Nachfrage durch steigendes Einkommen überproportional zunimmt. Die Nachfrage nimmt absolut zu, und der Anteil an den Gesamtausgaben steigt.

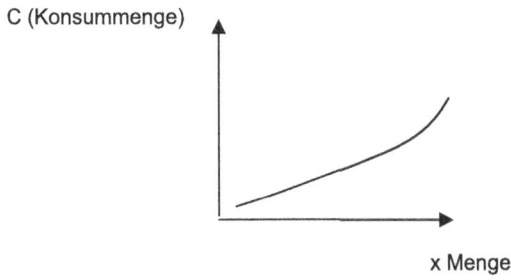

Inferiore Güter

Inferiore Güter sind Güter, bei denen die Nachfrage zugunsten höherwertigeren Gütern
abnimmt.

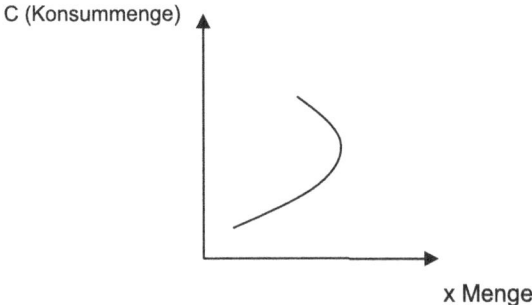

b)

Bei Giffen-Gütern führt eine Preiserhöhung zur Steigerung der Nachfrage. Zum Beispiel
steigt der Brotverbrauch bei armen Familien, wenn der Brotpreis steigt.

Höherwertige Güter werden zugunsten inferiorer Güter substituiert. Die Konsumenten können sich das superiore Gut nicht leisten, da es zu teuer ist. Sie weichen auf
das inferiore Gut aus, obwohl sich dies relativ stärker verteuert hat. Giffen-Güter müssen
absolut inferior sein, der Einkommenseffekt muss größer als der Substitutionseffekt sein
und es muss immer eine inverse Nachfragekurve vorliegen.

3.6 Wettbewerb

a)

Steuerungsfunktion
Sicherstellung, dass das Angebot den Bedürfnisseen der Nachfrager entspricht.

Allokationsfunktion
Ziel ist es, die Güter nach der relativen Dringlichkeit der Bedürfnisse herzustellen.

- Effizienter Einsatz der Produktionsfaktoren.
- Bedarfsgerechte Produktion, d. h. was der Markt braucht.
- Lenkung der Produktionsfaktoren (was, wie viel und wie).

Innovationsfunktion
Wer das Risiko eingeht um einen technischen Fortschritt zu bestreiten, wird oft mit Gewinnen belohnt.

Anpassungsfunktion
Unternehmen müssen sich schnell den Rahmenbedingungen anpassen.

Anreizfunktion
Bei Leistung winkt Gewinn, bei Nicht-Leistung drohen Verluste bzw. Marktausschluss.

Kontrollfunktion
Der Wettbewerb soll die wirtschaftliche Macht von Großunternehmen begrenzen.

Verteilungsfunktion
Wettbewerb sorgt für Verteilung der Einkommen entsprechend der Leistung der Marktteilnehmer.

b)
Der Wettbewerb läuft nach dem dynamischen Wettbewerbsprozess ab. Innovationen sorgen für Pioniergewinne mit zeitlich begrenzter Monopolstellung. Nach einer gewissen Zeit treten Imitatoren auf den Markt und bauen den Gewinn und die Monopolstellung des Pionierunternehmers ab. Dieser Prozess wiederholt sich permanent, sodass es zu einem Wechselspiel von Vorstoß und Nachstoß kommt. In der Marktform des weiten Oligopols funktioniert dieser Prozess am besten. Im Polypol fehlen Innovationsanreize und es fehlen die finanziellen Mittel.

4 Recht

4.1 Sachenrecht (mobil) – Eigentum

Es ist zu prüfen, ob Frau Anders Eigentümerin des DVD-Players geworden ist.

Ursprünglich war Herr Koch der Eigentümer des DVD-Players. Es könnte sein, dass er das Eigentum an Herrn Peters übertragen hat. Das ist nicht der Fall, denn zwischen Herrn Koch und Herrn Peters besteht ein Leihvertrag. Bei der Leihe ist Herr Peters nur unmittelbarer Besitzer geworden. Das Eigentum wurde nicht übertragen.

Es könnte aber sein, dass Herr Koch das Eigentum an Herrn Nieder übertragen hat. Zwischen Herrn Koch und Herrn Nieder besteht jedoch keine Einigung über den Eigentumsübergang. Auch Herr Peters hat kein Eigentum an Herrn Nieder übertragen. Dieser hat ihn nur ermächtigt, das Gerät zu verkaufen.

Es könnte jedoch sein, dass Frau Anders Eigentümerin geworden ist. Eine Einigung zwischen ihr und Herrn Koch liegt nicht vor. Eventuell ist die Eigentumsübertragung durch Herrn Nieder erfolgt. Eine Einigung und Übergabe nach § 929 Satz 1 BGB liegen vor. Jedoch handelte Herr Nieder nicht als Berechtigter, denn er ist nicht Eigentümer geworden und auch nicht von dem Eigentümer (Herrn Koch) ermächtigt worden (§ 185 Abs. 1 BGB). Somit könnte Frau Anders nur gutgläubig Eigentum erworben haben. Die entsprechenden Voraussetzungen hierfür sind zu prüfen.:

- Einigung und Übergabe nach § 929 Satz 1 BGB in Verbindung mit § 932 Abs. 1 Satz 1 BGB
- Nichtberechtigung des Herrn Nieder
- Guter Glaube nach § 932 Abs. 1 und Abs. 2 BGB.

© Springer Fachmedien Wiesbaden GmbH, ein Teil von Springer Nature 2021
T. Mothes, *Abschlussprüfungen*, Prüfungstraining zum Bankfachwirt,
https://doi.org/10.1007/978-3-658-32526-8_8

Die ersten beiden Voraussetzungen sind erfüllt. Frau Anders hält Herrn Nieder aber nicht für den Eigentümer. Nach dem BGB wird nur der Gute Glaube an das Eigentum geschützt.

Fazit

Da der Gute Glaube auf die Eigentümerstellung des Veräußerers nicht vorliegt, ist weiterhin Herr Koch Eigentümer des DVD-Players.

4.2 Erbrecht – Testament und Erbengemeinschaft

a)

Peter könnte einen Anspruch auf Auszahlung des Guthabens aus dem Sparvertrag (§ 952 BGB) aufgrund der Gesamtrechtsnachfolge (Gläubigerwechsel – Grundsatz der Universalsukzession) nach § 1922 BGB gegenüber der Landbank eG haben.

Voraussetzung ist, dass sein Anspruch entstanden ist. Hierzu müsste er Gläubiger, d. h. Erbe geworden sein. Es liegt eine gewillkürte Erbfolge vor, da ein Testament vorhanden ist. Das Testament ist formgerecht und nicht widerrufen worden.

Inhalt des Testaments: Nach § 1939 BGB in Verbindung mit § 2087 Abs. 2 BGB liegt ein Vermächtnis vor. Somit ist Peter nicht als Erbe anzusehen. Peter hat daher einen schuldrechtlichen Anspruch gegen die Erben nach § 2174 BGB.

Fazit

Peter hat keinen Anspruch auf Auszahlung des Guthabens aus dem Sparvertrag (§ 952 BGB). Er ist nicht Gläubiger (Erbe) geworden.

b)
Abwandlung

Peter könnte den Verkauf der Wertpapiere von der Landbank eG im Wege der Gesamtrechtsnachfolge nach § 1922 BGB verlangen. Voraussetzung ist, dass Peter Erbe geworden ist. Es liegt eine gewillkürte Erbfolge vor. Da Inge verstorben ist, tritt ihr Sohn (Peter) an ihre Stelle und ist somit zusammen mit Marie Erbe (§ 1924 Abs. 3 BGB).

Um den Verkaufsauftrag wirksam erteilen zu können, müsste er sich als Erbe legitimieren können. Vorausgesetzt er kann dies, z. B. durch den Erbschein, so hat er einen Anspruch gemäß § 1922 BGB auf den Verkauf der Wertpapiere im Wege der Gesamtrechtsnachfolge. Jedoch könnte Peter in seinem alleinigen Handeln eingeschränkt sein. Nach § 2032 Abs. 1 BGB bildet er zusammen mit Marie eine Erbengemeinschaft (Gesamthandgemeinschaft). Nach § 2040 BGB können die Erben über Nachlassgegenstände nur gemeinschaftlich verfügen.

Fazit

Da eine Erbengemeinschaft besteht hat Peter keinen alleinigen Anspruch auf den Verkauf der Wertpapiere.

4.3 Kreditsicherheit – Bürgschaft

Die Dortmunder-Privatbank könnte einen Anspruch gegen Frau Schnack auf Zahlung von 210.000,00 EUR aus der Bürgschaft nach § 765 Abs. 1 BGB haben.

Voraussetzung ist, dass der Anspruch der Bank entstanden ist. Zur Entstehung der Bürgschaft sind zwei übereinstimmende und rechtswirksame Willenserklärungen notwendig. Bei Abschluss des Bürgschaftsvertrages liegen zwei übereinstimmende Willenserklärungen vor. Neben der wirksamen Hauptschuld muss auch die Einigung über die Bürgschaft wirksam sein. Die notwendigen Formvorschriften nach § 766 BGB wurden eingehalten.

Es könnte aber sein, dass Frau Schnack Einwendungen aus der Bürgschaft geltend machen kann. Nach § 138 BGB ist die Bürgschaft von einkommens- und vermögenslosen Angehörigen sittenwidrig, wenn folgende Tatbestände vorliegen.

Es muss ein persönliches Näheverhältnis zum Bürgen bzw. Kreditnehmer bestehen und es muss ein verwerfliches Verhalten der Bank oder eine wirtschaftliche Sinnlosigkeit vorliegen. Das persönliche Näheverhältnis der Frau Schnack ist gegeben, denn sie ist die Ehefrau des Kreditnehmers. Es besteht daher die Vermutung, dass sie nicht objektiv handelt und sich von ihren Gefühlen leiten lässt. Ein verwerfliches Verhalten der Bank ist nicht zu erkennen.

Hierzu hätte die Bank Frau Schnack überrumpeln müssen (Haustürsituation), die Geschäftsunerfahrenheit oder eine seelische Zwangslage von ihr ausnutzen. Auch hat die Bank die Tragweite und den Umfang der Bürgschaft nicht verharmlost. Es könnte aber eine wirtschaftliche Sinnlosigkeit der Bürgschaft vorliegen. Die Sinnlosigkeit ist gegeben, wenn der Bürge bei Inanspruchnahme krass finanziell überfordert wird und in eine ausweglose Lage gerät (krasses Missverhältnis zwischen Bürgschaftshöhe und finanzieller Leistungsfähigkeit) und die Bank kein eigenes schutzwürdiges und berechtigtes Interesse an der Bürgschaft hat.

Die Sinnlosigkeit (krasse finanzielle Überforderung) wird vermutet, wenn der Bürge innerhalb der vertraglich festgelegten Kreditlaufzeit voraussichtlich nicht in der Lage ist, die laufenden Zinsen der verbürgten Hauptschuld aus dem pfändbaren Teil seines Einkommens und Vermögens dauerhaft zu zahlen. Für die wirtschaftliche Sinnlosigkeit kommt es nur auf den Zeitpunkt der Abgabe der Bürgschaftserklärung durch den Bürgen an.

Ein schutzwürdiges und berechtigtes Interesse der Bank könnte gegeben sein. Die Voraussetzungen in der Bürgschaftserklärung hätten dann jedoch als aufschiebende Bedingung vereinbart werden müssen (z. B. Aussicht auf einen Vermögenszuwachs durch eine Erbschaft; Verhinderung von Vermögensverschiebungen). Eine Inanspruchnahme des Bürgen wäre demnach nur möglich, wenn der Vermögenserwerb auch tatsächlich eingetreten wäre.

Da Frau Schnack kein eigenes Einkommen erzielt und auch kein Vermögen besitzt, ist der Tatbestand der wirtschaftlichen Sinnlosigkeit gegeben.

Fazit

Die Dortmunder-Privatbank hat keinen Anspruch gegen Frau Schnack auf Zahlung von 210.000,00 EUR aus § 765 Abs. 1 BGB. Die Bürgschaft ist nach § 138 BGB sittenwidrig und damit nichtig.

4.4 Grundstücksrecht

Ursprünglich war Frau Möller als Eigentümerin im Grundbuch eingetragen. Es ist zu prüfen, ob sie wirksam Eigentum an Herrn Beyer übertragen hat.

Die notwendige Einigung und Eintragung nach §§ 873, 925 BGB sind erfolgt. Ferner müsste Frau Möller die Berechtigte sein. Auch diese Voraussetzung ist erfüllt, denn Frau Möller ist als Eigentümerin im Grundbuch eingetragen.

Es könnte jedoch sein, dass die Einigung aufgrund der geistigen Krankheit des Herrn Beyer nichtig ist. Die Einigung nach § 925 Abs. 1 BGB ist nach § 105 Abs. 1 BGB nichtig, da sich Herr Beyer nach § 104 Nr. 2 BGB in einer Störung der Geistestätigkeit befindet. Da keine wirksame Einigung vorliegt, kann Herr Beyer nicht wirksam Eigentümer geworden sein.

Es ist zu prüfen, ob Herr Först Eigentum von Herrn Beyer erworben hat. Es wurde jedoch festgestellt, dass Herr Beyer kein Eigentum erworben hat. Somit kommt hier nur ein Eigentumserwerb von einem Nichtberechtigten infrage. Dies ist zu prüfen.

Folgende Voraussetzungen müssten hierzu erfüllt sein:

- Einigung über den Eigentumserwerb nach §§ 873, 925 BGB
- Eintragung in das Grundbuch
- Herr Beyer müsste als Nichtberechtigter handeln
- Es muss ein Verkehrsgeschäft vorliegen
- Das Grundbuch muss unrichtig sein (§ 892 BGB)
- Herr Först muss gutgläubig handeln (§ 892 BGB, d. h. er darf keine positive Kenntnis der Nichtberechtigung des Herrn Beyer haben)
- Im Grundbuch darf keine Widerspruchseintragung vorhanden sein (§ 892 BGB).

Fazit

Da alle Voraussetzungen erfüllt sind, hat Herr Först Eigentum von einem Nichtberechtigten gemäß §§ 892, 873, 925 BGB erworben.

4.5 Darlehensvertrag

Die Nordostbank AG könnte einen Anspruch auf Sollzinszahlung in Höhe von 9 % p.a.
von Herrn Beyer aus dem Darlehensvertrag gemäß § 488 Abs. 1 S. 2 BGB haben.

Voraussetzung ist, dass der Anspruch entstanden ist. Es liegen Antrag und Annahme
vor, so dass eine Einigung vorliegt. Somit ist ein Darlehensvertrag zwischen der Nordostbank AG und Herrn Beyer geschlossen worden. Es könnte aber sein, dass der Vertrag nichtig ist. Hierzu ist zu prüfen, ob es sich um ein Verbraucherdarlehen handelt.
Nach § 491 BGB liegt ein Verbraucherdarlehen vor. Dieser Vertrag bedarf nach § 492
Abs. 1 BGB der Schriftform und muss nach § 492 Abs. 2 BGB die für den Verbraucherdarlehensvertrag vorgeschriebenen Angaben nach Artikel 247 §§ 6–13 des Einführungsgesetzes zum Bürgerlichen Gesetzbuches (EGBGB) enthalten.

Es ist nun zu prüfen, ob der effektive Jahreszins eine erforderliche Angabe darstellt.

Nach Artikel 247 § 6 EGBGB muss der Verbraucherdarlehensvertrag u. a. die in
§ 3 Abs. 1 Nr. 1 – 14 EGBGB genannten Angaben enthalten. Der effektive Jahreszins
wird unter § 3 Abs. 1 Nr. 3 EGBGB aufgeführt. Somit stellt dieser eine erforderliche
Angabe dar. Nach § 494 Abs. 1 BGB ist der Verbraucherdarlehensvertrag nichtig, wenn
eine Angabe fehlt, die in Artikel 247 §§ 6 und 10–13 EGBGB vorgeschrieben ist. Da
der effektive Jahreszins eine vorgeschriebene Angabe ist, könnte angenommen werden,
dass der Vertrag nichtig ist. Es könnte jedoch sein, dass der Vertrag trotz der fehlenden
Angabe wirksam ist. Gemäß § 494 Abs. 2 BGB wird der Verbraucherdarlehensvertrag
gültig, wenn der Darlehensnehmer das Darlehen empfängt oder in Anspruch nimmt.
Da die Auszahlung bereits erfolgt ist, ist der Mangel (=fehlende Angabe des effektiven
Jahreszinses) geheilt. Somit liegt ein wirksamer Darlehensvertrag vor. Da jedoch die
Angabe des Effektivzinses fehlt, ermäßigt sich der dem Verbraucherdarlehensvertrag
zugrunde gelegte Sollzinssatz auf den gesetzlichen Zinssatz (§ 246 BGB) von 4 % p.a.

▶ **Hinweis § 492 Abs. 6 BGB** Hat das Fehlen von Angaben nach § 492 Abs.
2 BGB zu Änderungen der Vertragsbedingungen gem. § 494 Abs. 2 S. 2
BGB geführt (hierzu zählt Ermäßigung des Sollzinssatzes auf den gesetzlichen Zins), kann die Nachholung der Angaben nur dadurch erfolgen, dass
der Darlehensnehmer die nach § 494 Abs. 7 BGB erforderliche Abschrift des
Vertrags erhält.

Fazit

Es liegt ein rechtswirksamer Verbraucherdarlehensvertrag vor, der Herrn Beyer verpflichtet 4 % p.a. Zinsen zu zahlen.

4.6 Zwangsvollstreckung

Die Ehefrau S könnte einen Anspruch auf Wiedergutschrift gegenüber der Sparkasse aus dem Girovertrag haben.

Vorab ist zu prüfen, ob durch die Zahlung der Sparkasse an den G die Schuld der Sparkasse erloschen ist. Bei einem Gemeinschaftskonto mit Einzelverfügungsberechtigung hat jeder Kontoinhaber einen Anspruch auf Auszahlung des gesamten Guthabens. Dieses ist auch pfändbar. Die Kontoinhaber sind Gesamtgläubiger nach § 428 BGB. Der Pfandgläubiger tritt an die Stelle des „schuldenden" Kontoinhabers. Der Pfändungs- und Überweisungsbeschluss ist gemäß §§ 135, 136 BGB ein Verfügungsverbot zugunsten des Gläubigers. Somit hatte die Zahlung der Sparkasse eine befreiende Wirkung.

Fazit
Die Ehefrau S hat keinen Anspruch auf Wiedergutschrift gegenüber der Sparkasse aus dem Girovertrag.

Prüfungssatz II

1 Allgemeine Bankbetriebswirtschaft

Bearbeitungszeit 120 min, 100 Punkte

1.1 Eigenmittel und Kapitalquoten nach CRR

a)

Ermitteln Sie anhand der nachstehenden Angaben bei der Südbank AG die relevanten Kapitalquoten nach der CRR für das Jahr 2020.

	Mio. EUR
gezeichnetes Kapital inkl. kumulative Vorzugsaktien	126,0
Rücklagen	658,0
eigene Aktien im Bestand	2,1
Einlagen stiller Gesellschafter nach Art. 28 CRR	21,0
Einlagen stiller Gesellschafter nach Art. 51 CRR	42,0
Sonderposten nach § 340g HGB	28,0
immaterielle Vermögenswerte	70,0
kumulative Vorzugsaktien (mit Nachzahlungsverpflichtung) nach Art. 63 CRR	49,0
Vorsorgereserven nach § 340f HGB	35,0
Genussrechtskapital nach Art. 63 CRR	308,0
längerfristige Nachrangverbindlichkeiten nach Art. 63 CRR	336,0
Nachrangverbindlichkeiten mit einer Ursprungslaufzeit von 3 Jahren	147,0
Risikogewichteter Positionsbetrag für das Kreditrisiko	15.925,0
Eigenmittelanforderung für operationelle Risiken	70,0
Eigenmittelanforderung für Marktrisiken	210,0

© Springer Fachmedien Wiesbaden GmbH, ein Teil von Springer Nature 2021
T. Mothes, *Abschlussprüfungen*, Prüfungstraining zum Bankfachwirt,
https://doi.org/10.1007/978-3-658-32526-8_9

Beachten Sie noch folgende Hinweise

Die Südbank AG betreibt bei den Genussrechten und längerfristigen Nachrangverbindlichkeiten Marktpflege und hat folgende Volumen im Bestand:

- bei den Genussrechten 1,4 Mio. EUR und
- bei den längerfristigen Nachrangverbindlichkeiten 4,2 Mio. EUR.

b)

Zur Reduzierung der Risikopositionen plant die Südbank AG eine Asset-Backed-
Security-Transaktion (True-Sale) durchzuführen. Beschreiben Sie das Wesen einer
solchen Transaktion.

1.2 Bankpolitik und Bilanzpolitik

Die Bankpolitik umfasst alle Maßnahmen, um die gesetzten Ziele bei Beachtung von
internen und externen Beschränkungen zu erreichen. Ein Instrument der Bankpolitik
ist u. a. die Rentabilitätssteuerung. In diesem Zusammenhang lassen sich verschiedene
Kennzahlen ermitteln.

a) Erklären Sie folgende Begriffe:
   - Aufwandsrentabilität und
   - Cost-Income-Ratio.
b) Zur Messung des Aktienkursrisikos wird u. a. auch der „value-at-risk" herangezogen.
   Erläutern Sie, was der value-at-risk bedeutet und nennen Sie zwei Faktoren, die den
   value-at-risk beeinflussen.
c) Zeigen Sie auf, wie sich der value-at-risk jeweils verändert:
   - Die Volatilität der gehaltenen Aktie sinkt.
   - Die Haltedauer wird von 2 auf 8 Tage erhöht.
   - Das Rating der Bank, die die Aktien hält, hat sich verändert.
   - Das Konfidenzniveau wird von 95 auf 97 % erhöht.

1.3 Marktzinsmethode

Es werden Ihnen die Daten der Bilanz (Aktiv- und Passivseite) der Mittelholstein AG
vorgelegt.

a) Ermitteln Sie den Zinskonditionenbeitrag und Zinskonditionenmarge Aktiv und Passiv.

b) Ermitteln Sie den Fristentransformationsbeitrag (Strukturbeitrag).

c) Erläutern Sie das Grundkonzept der Marktzinsmethode.

d) Beschreiben Sie je vier Vor- und Nachteile der Marktzinsmethode.

Aktivseite der Bilanz

	Volumen in Mio. EUR	Zinssatz	Marktzins
liquide Mittel Forderungen an Kunden	250,0	0,00 %	
a) kurzfristig 3 Monate	450,0	5,50 %	
b) mittelfristig variabel 5 Jahre	700,0	7,50 %	
festverzinsliche Wertpapiere	600,0	4,50 %	
	2.000,0		

Passivseite der Bilanz

	Volumen in Mio. EUR	Zinssatz	Marktzins
Verbindlichkeiten KI (3 Monate)	500,0	4,10 %	
Sichteinlagen	200,0	0,50 %	
befristete Einlagen (5 Jahre)	700,0	4,30 %	
Spareinlagen	400,0	3,00 %	
Eigenkapital	200,0	0,00 %	
	2.000,0		

▶ **Hinweise** Die Zinsanpassung bei den mittelfristig variablen Kundenforderungen erfolgt alle 6 Monate.

Bei den festverzinslichen Wertpapieren und den Spareinlagen ist der Refinanzierungssatz von 5 Jahren zu wählen.

Marktkonditionen

• Tagesgeldsatz	4,70 %
• 3-Monats-Satz	4,60 %
• 6-Monats-Satz	4,50 %
• 1 Jahr	4,40 %
• 5 Jahre	5,10 %
• 10 Jahre	5,30 %

1.4 Bilanzierung und Bewertung von Finanzinnovationen

Finanzinstrumente wie z. B. Swaps, Termingeschäfte und Optionsgeschäfte gewinnen in der Bankenlandschaft immer mehr an Bedeutung. Einerseits dienen sie zur Absicherung gegen Wertverluste und andererseits werden sie aus spekulativen Zwecken gehalten. Auch die Südbank AG ist im Bereich Finanzinstrumente tätig.

Erläutern Sie dem Vorstand, wie die Bilanzierung und Bewertung von Finanzinstrumenten zu erfolgen hat. Betrachten Sie hierbei folgende Finanzinnovationen – gehen Sie hierbei davon aus, dass die nachfolgenden Instrumente nicht dem Handelsbuch zugeordnet werden sollen:

a) Swapgeschäfte
b) Termingeschäfte
c) Optionen

Unterscheiden Sie bei Ihrer Ausführung nach HGB und IFRS/IAS.

1.5 Operationelle Risiken

Operationelle Risiken sind nach der CRR ebenfalls mit Eigenmitteln zu unterlegen.

a) Erläutern Sie, was unter operationellen Risiken zu verstehen ist.
b) Für die Sachsen-Anhalt-Bank AG liegen folgende Werte aus der GuV-Rechnung vor:

GuV – relevante Größen Beträge in T€	2020	2019	2018
Zinserträge	163.074	165.080	163.120
Zinsaufwendungen	114.013	113.222	114.213
Provisionserträge	22.867	15.666	16.922
Provisionsaufwendungen	10.023	9.560	9.880
Nettoertrag des Handelsbestandes	457	150	200
sonstige betriebliche Erträge	5.830	4.380	2.350
Allgemeine Verwaltungsaufwendungen	42.591	41.558	40.250
Abschreibungen auf Sachanlagen	4.194	4.300	4.441
sonstige betriebliche Aufwendungen	404	350	320
Abschreibungen und Wertberichtigungen auf Forderungen und sonstige WP	17.162	18.662	20.520

Ermitteln Sie unter Anwendung des Basisindikatoransatzes den Betrag, den die Bank für das operationelle Risiko mit Eigenmitteln unterlegen muss.

1.6 Bewertung von Wertpapieren

Die Westbank AG hat am 31.12.2020 die nachstehenden Wertpapiere im Bestand.

a) Die Westbank AG möchte für das Geschäftsjahr 2020 einen hohen Gewinn ausweisen. Die Westbank AG bilanziert nach den HGB-Vorschriften. Ermitteln Sie die Kurse/ Kurswerte der einzelnen Wertpapiere unter Beachtung der genannten Kriterien. Mögliche Wertminderungen sollen nicht von Dauer sein. Ein möglicher Risikoabschlag bei Positionen des Handelsbestandes beträgt 5 %.

	Name	Nennwert in Mio. EUR/ Stück	Anschaffungs-kurs	Ansatz in der Bilanz 2019	Kurs am 31.12.2020
Anlagever-mögen	M-Anleihe	44,0	100 %	100 %	96 %
Handels-bestand	L-Anleihe	70,0	97 %	96 %	99 %
Handels-bestand	Nord AG Aktien	30.000	50,00 EUR	47,00 EUR	53,00 EUR

b) Wie sind die Wertpapiere, die die Westbank AG im Bestand hält, nach IAS/IFRS zu bewerten?

2 Betriebswirtschaft

Bearbeitungszeit 120 min, 100 Punkte

2.1 Personalauswahl – Assessment-Center

Die Personalauswahl erfolgte bei der Top-Bank AG immer über einen Bewerbertest mit einem anschließenden Vorstellungsgespräch des Bewerbers. In diesem Jahr hat sich die Bank dazu entschlossen, das „Assessment-Center" anzuwenden.

a) Erläutern Sie, was unter einem Assessment-Center-Verfahren zu verstehen ist.
b) Nennen Sie drei verschiedene Übungen innerhalb eines Assessment-Centers und die dabei zu erfassenden Kriterien bezüglich eines Anforderungsprofils.
c) Nennen Sie jeweils drei Vor- und Nachteile des Assessment-Center-Verfahrens.

2.2 Tarifrecht

Das Recht, Tarifverträge abzuschließen haben nur die Arbeitgeber- und Arbeitnehmerverbände.

a) Beschreiben Sie die Voraussetzungen der Tariffähigkeit im Sinne des Artikels 9 Abs. 3 GG (Grundgesetz).
b) Nennen und beschreiben Sie fünf Tarifgrundsätze.

2.3 Jahresabschlussanalyse – Cash-Flow

Im Rahmen der Jahresabschlussanalyse liegen Ihnen von der Kunert GmbH folgende Angaben zum 31.12.2020 vor:

© Springer Fachmedien Wiesbaden GmbH, ein Teil von Springer Nature 2021
T. Mothes, *Abschlussprüfungen,* Prüfungstraining zum Bankfachwirt,
https://doi.org/10.1007/978-3-658-32526-8_10

Bilanzgewinn	450.000,00 EUR
Rücklagen am 31.12.2019	676.000,00 EUR
Rücklagen am 31.12.2020	780.000,00 EUR
Abschreibungen auf Anlagevermögen	105.000,00 EUR
langfr. Rückstellungen am 31.12.2019	585.000,00 EUR
langfr. Rückstellungen am 31.12.2020	672.000,00 EUR
Steuererstattung aus den Vorjahren	12.500,00 EUR
Verlust bei einem Abgang einer Maschine	7.000,00 EUR
auszuschüttende Dividende für 2020	325.000,00 EUR

a) Erläutern Sie den Begriff „Cashflow".
b) Errechnen Sie den Brutto- und den Netto-Cashflow.
c) Beurteilen Sie kritisch die Aussagekraft der errechneten Kennzahl.

2.4 Firmenwert

Die Klein-GmbH wird von der Groß-GmbH käuflich erworben. Die Groß-GmbH zahlt hierfür 430 Mio. EUR. Vor der Übernahme durch die Groß-GmbH sieht die Bilanz der Klein-GmbH wie folgt aus (Angaben in Mio. EUR):

Bilanz der Klein-GmbH

Aktivseite		**Passivseite**	
Anlagevermögen	550	Eigenkapital	400
Umlaufvermögen	370	Fremdkapital	520
Bilanzsumme	920	**Bilanzsumme**	920

a) Berechnen Sie einen möglichen derivativen Firmenwert.
b) Erläutern Sie, wie ein derivativer Firmenwert
    a) handelsrechtlich nach dem HGB und
    b) steuerrechtlich zu bewerten ist.

2.5 Kostenrechnung

a) Die Kostenträgerstückrechnung ermittelt die Kosten eines Kostenträgers. In Abhängigkeit des Fertigungstyps können verschiedene Arten der Kostenträgerstückrechnung unterschieden werden. Bei der Massenfertigung wird das Divisionskalkulationsverfahren angewandt. Beschreiben Sie
   - die einstufige Divisionskalkulation,
   - die zweistufige Divisionskalkulation und
   - die mehrstufige Divisionskalkulation.

b) In der Teilkostenrechnung werden variable und fixe Kosten unterschieden. Zur Ermittlung der variablen und fixen Kosten wird eine Kostenaufspaltung (Kostenauflösung) vorgenommen. Beschreiben Sie die drei Ihnen bekannten Verfahren.

c) Die Kapazitäten eines Herstellers zur Produktion von Stühlen liegen bei 30.000 Stück. Bei einer Produktion von 24.000 Stück hat er Gesamtkosten in Höhe von 1.477.500,00 EUR. Die Gesamtkosten bei 26.250 Stück liegen bei 1.594.500,00 EUR. Der Stuhl wird zu einem Preis von 120,00 EUR angeboten.
   - Berechnen Sie die variablen Kosten je Stuhl.
   - Bestimmen Sie die monatlichen Fixkosten des Herstellers.
   - Bei welcher Produktions- und Absatzmenge erreicht der Hersteller die Gewinnschwelle?

d) Die Personalauswahl erfolgte bei der Top-Bank AG immer über einen Bewerbertest mit einem anschließenden Vorstellungsgespräch des Bewerbers. In diesem Jahr hat sich die Bank dazu entschlossen, das „Assessment-Center" anzuwenden.Erklären Sie im Rahmen der Kostenrechnung folgende Begriffe:
   - Fixkosten und variable Kosten
   - Einzelkosten und Gemeinkosten
   - Grundkosten und Zusatzkosten
   - Primäre und sekundäre Gemeinkosten

2.6 Finanzierung – Zinsberechnung

a) Ihnen wird eine Industrieanleihe mit folgenden Bedingungen angeboten.

Ausgabekurs	95 %
Nominalzins	8 %
Laufzeit (Jahre)	6
Rücknahmekurs	100 %

Berechnen Sie den Effektivzins der Industrieanleihe.

b) Ein Käufer hat eine Rechnung über 15.000,00 € zu begleichen. Die Zahlungs-
bedingungen des Lieferanten lauten: „Abzug von 2 % Skonto bei Zahlung innerhalb
von 10 Tagen, Zahlung netto nach 30 Tagen".

- Ist für den Käufer die Inanspruchnahme eines Kredits zu 9 % p.a. vorteilhaft und
in welcher Höhe ergibt sich ein Finanzierungsgewinn?
- Wie hoch ist der Zins des Lieferantenkredites?

3 Volkswirtschaft

Bearbeitungszeit 120 min, 100 Punkte

3.1 Finanzpolitik

Die Finanzpolitik hat den zielgerichteten qualitativen und quantitativen Einsatz der Einnahmen und Ausgaben zur Aufgabe. Die Staatsquote hat sich in den letzten Jahrzehnten erheblich erhöht.

a) Erläutern Sie fünf Ursachen für die hohen Staatsausgaben/hohe Staatsquote.
b) Zeigen Sie institutionelle und ökonomische Grenzen der Verschuldung auf.

3.2 Inflation

Neben drei anderen Zielen gehört die „Preisniveaustabilität" mit zu den Zielen des Stabilitäts- und Wachstumsgesetzes. Das Nicht-Erreichen des Ziels bedeutet, dass Inflation vorliegt. Eine Inflation hat verschiedene Auswirkungen.

a) Stellen Sie insgesamt vier negative Auswirkungen der Inflation dar.
b) Zur Messung der Inflation wird ein Warenkorb herangezogen. Nennen Sie fünf Probleme, die bei der Inflationsmessung nach dem Preisindex der Lebenshaltung (Warenkorb) entstehen.
c) Ihnen wird der Verbraucherpreisindex aus 2018 und 2019 gegeben. Berechnen Sie die prozentuale Veränderung von 2018 bis 2019.

Jahr	2018	2019
Preisindex: (2015 = 100)	103,8	105,3

© Springer Fachmedien Wiesbaden GmbH, ein Teil von Springer Nature 2021
T. Mothes, *Abschlussprüfungen*, Prüfungstraining zum Bankfachwirt,
https://doi.org/10.1007/978-3-658-32526-8_11

3.3 Volkswirtschaftliche Gesamtrechnung

a) Erläutern Sie den Unterschied zwischen dem Bruttoinlandsprodukt und dem Brutto-nationaleinkommen.

b) Die volkswirtschaftliche Gesamtrechnung stellt Ihnen folgende Werte in Mrd. EUR zur Verfügung.

Subventionen für Unternehmen	50
Unternehmens- und Vermögenseinkommen	600
indirekte Steuern	375
Bruttoanlageinvestitionen	850
Abschreibungen	370
Staatskonsum/Staatsverbrauch	650
Außenbeitrag zum BIP	150
privater Konsum	3000
Saldo der Primäreinkommen	-35

Berechnen Sie anhand der Daten folgende Werte:

- Volkseinkommen
- Bruttonationaleinkommen zu Marktpreisen
- Nettonationaleinkommen zu Marktpreisen
- Bruttoinlandsprodukt zu Marktpreisen

3.4 Geldmenge

a) Definieren Sie die Geldmenge M3 sowie die Geldbasis.

b) Erläutern Sie, von welchen Faktoren die Geldschöpfung in einer Volkswirtschaft abhängt.

3.5 Wechselkurse

In den letzten Jahren kam es zu erheblichen Euro/Dollar-Wechselkursschwankungen. Der Wechselkurs lag zum Jahresende 2016 bei 1,0541 EUR/US\$. Ende Dezember 2017 betrug dieser 1,1993 EUR/US\$. In dieser Zeit hat der Euro gegenüber dem Dollar an Wert gewonnen.

a) Erläutern Sie zwei Auswirkungen, die durch den starken Euro hervorgerufen werden.

b) Trotz des starken Euros wurden keine Gefahren für die heimische Wirtschaft gesehen. Erläutern Sie dieses Argument anhand dreier Beispiele.

c) Zinsveränderungen der Notenbanken beeinflussen den Wechselkurs. Beschreiben Sie, wie sich Zinserhöhungen der US-amerikanischen Notenbank auf den Euro/Dollar-Wechselkurs sowie auf die Konjunktur der USA auswirken.

3.6 Beschäftigungspolitik

Zum Abbau der Arbeitslosigkeit werden verschiedene Reformen diskutiert. Neben der Verlängerung der Arbeitszeiten bei unveränderten Löhnen wird auch das Modell der Arbeitszeitverkürzung mit Lohnanpassung erörtert.

a) Beschreiben Sie das Ziel sowie die verbundenen Probleme bei einer Arbeitszeitverkürzung mit Lohnanpassung.

b) Die Arbeitslosigkeit bringt negative Auswirkungen mit sich. Beschreiben Sie zwei dieser Auswirkungen.

c) Beschreiben Sie kurz den Unterschied zwischen gesamtwirtschaftlicher und teilwirtschaftlicher Arbeitslosigkeit. Im zweiten Teil beschreiben Sie bitte für den Bereich der gesamtwirtschaftlichen Arbeitslosigkeit insgesamt drei Arten in Abhängigkeit von der Zeitdauer der Arbeitslosigkeit.

4 Recht

Bearbeitungszeit 120 min, 100 Punkte

4.1 Kreditsicherheit – Abtretung

Der Kaufmann K hat gegen die Spiel-GmbH eine Forderung aus einem Kaufvertrag. In den AGB der Spiel-GmbH ist eine Klausel enthalten, die die Abtretungen von Kaufpreisforderungen ausschließt (Abtretungsverbot). K tritt die Forderung am 01.03.2020 an die W-Sparkasse ab. Ferner tritt er die gleiche Forderung am 03.04.2020 an die X-Volksbank ab. Beide Banken schreiben die Spiel-GmbH an und bitten um Kenntnisnahme und um Zustimmung der Abtretung. Die Spiel-GmbH stimmt am 17.04.2020 der Abtretung an die X-Volksbank und am 24.07.2020 auch der Abtretung an die W-Sparkasse zu.

Erläutern Sie, wer Inhaber der Forderung ist.

4.2 Handelsrecht

P, der im Handelsregister als Prokurist der Schick-GmbH eingetragen ist, nimmt am 11.06.2020 ein Darlehen im Namen der Schick-GmbH bei der Sparkasse auf. Der Darlehensbetrag in Höhe von 550.000,00 EUR wird ausgezahlt und P verwendet ihn für eigene Zwecke. Schließlich taucht er unter und niemand weiß, wo er sich befindet. Der Sparkasse war am 11.06.2020 nicht bekannt, dass der Geschäftsführer der Schick-GmbH die Prokura des P am 10.05.2020 widerrufen hatte. Der Widerruf wurde am 12.07.2020 in das Handelsregister eingetragen. Bereits am 01.08.2020 ist die erste Darlehensrate fällig. Die Schick-GmbH weigert sich jedoch an die Sparkasse zu leisten. Sie beruft sich darauf, dass P bei Vertragsabschluss nicht mehr Prokurist gewesen ist.

Wie beurteilen Sie das Vorgehen der GmbH?

© Springer Fachmedien Wiesbaden GmbH, ein Teil von Springer Nature 2021
T. Mothes, *Abschlussprüfungen*, Prüfungstraining zum Bankfachwirt,
https://doi.org/10.1007/978-3-658-32526-8_12

4.3 Kreditsicherheit – Grundschuld

Der Spediteur Delfs hat sich einen neuen LKW gekauft. Da er den Kaufpreis nicht in voller Höhe begleichen konnte, wurde ein Eigentumsvorbehalt vereinbart. Bevor der LKW zum Einsatz kommt, bringt Herr Delfs ihn auf sein Betriebsgrundstück. Eine Woche später bestellt Delfs der Nordbank AG eine Grundschuld an dem Betriebsgrundstück.

Erläutern Sie, ob sich die Grundschuld auch auf den LKW erstreckt.

4.4 Familienrecht

Herr Grube möchte bei seiner Hausbank, der Süd-Sparkasse, einen Kredit aufnehmen. Ohne die Stellung von Sicherheiten ist die Bank hierzu nicht bereit. Herr Grube selber besitzt keine Vermögenswerte, die als Sicherheit dienen können. Sein Sohn Andreas hat von seiner Großmutter einen größeren Geldbetrag zu seinem 14. Geburtstag erhalten, der auf einem Sparkonto bei der Süd-Sparkasse angelegt worden ist. Dieses Sparguthaben möchte Herr Grube als Sicherheit stellen. Die Verpfändungserklärung wird von beiden gesetzlichen Vertretern (Herr und Frau Grube) unterschrieben. Der Bankberater ist sich jedoch unsicher, ob die Forderung gegenüber Herrn Grube wirklich abgesichert ist.

Was meinen Sie?

4.5 Vertrag zugunsten Dritter

Ihr Kunde Klaus K. hat einen Vertrag zugunsten Dritter mit Widerrufsvorbehalt abgeschlossen. Hierzu hat er das aus Ihrem Hause bankübliche Formular genutzt. Der Vertrag wurde zugunsten seines Enkels (Tobias T.) geschlossen. Tobias T. soll die Rechte jedoch erst mit seiner Volljährigkeit erhalten. Er ist zehn Jahre alt und hat auch als Begünstigter den Vertrag zugunsten Dritter mitunterschrieben. Klaus K. ist bereits vor der Volljährigkeit von Tobias T. verstorben. Alleinerbin ist Eva E. geworden, die gleichzeitig die Tante von Tobias T. ist. Sie ist mit der Verfügung nicht einverstanden und verlangt das Guthaben.

Wie beurteilen Sie die Rechtslage?

Abwandlung

An der Ausgangssituation hat sich nichts verändert. Tobias T. hat jedoch den Vertrag zugunsten Dritter nicht mitunterschrieben und seine Tante widerspricht der Begünstigung. Der Widerspruch erfolgt, bevor Sie die Benachrichtigung an Tobias T. weiterleiten konnten. Die Tante verlangt eine Auszahlung von 2.000,00 EUR von dem Sparkonto. Die Sparurkunde legt sie ebenfalls vor.

Hat die Tante (Eva. E.) einen Auszahlungsanspruch?

4.6 Kreditsicherheit – Sicherungsübereignung

Der vermögende Herbert Kleine hat seinem Nachbarn, Herrn Meier, zum Erwerb eines Lastkraftwagens ein Darlehen in Höhe von 65.000,00 EUR gewährt. Zur Absicherung des Kredits wurde der LKW sicherungsübereignet. Zusätzlich bestand er darauf, dass die Mutter des Herrn Meier eine Bürgschaft in Höhe von 65.000,00 EUR übernimmt. Nach 9 Monaten tritt er seine Darlehensforderung gegen Herrn Meier an seinen Schwager Felix ab. Herr Meier wird von der Abtretung informiert und leistet zukünftig Zins- und Tilgungszahlungen an den neuen Gläubiger. Herr Meier, dessen Geschäft immer schlechter läuft, stellt schließlich die Zahlungen ein. Felix versucht nun die einst gestellten Sicherheiten zu verwerten.

Beurteilen Sie, aus welchen Sicherheiten er sich befriedigen kann.

Lösungshinweise Prüfungssatz II

1 Allgemeine Bankbetriebswirtschaft

1.1 Eigenmittel und Kapitalquoten nach CRR

a)

	Hartes Kernkapital nach Art. 26 CRR	
	Gezeichnetes Kapital ex. Vorzugsaktien	77,0
+	Rücklagen	658,0
+	Einlagen stiller Gesellschafter	21,0
+	Sonderposten nach § 340g HGB	28,0
−	*Abzugsposten nach Art. 36 ff CRR* Immaterielle Vermögenswerte	70,0
	Eigene Aktien	2,1
=	**Hartes Kernkapital**	**711,9**
+	**Zusätzliches Kernkapital nach Art. 51 CRR** Einlagen stiller Gesellschafter	42,0
=	**Kernkapital**	**753,9**

© Springer Fachmedien Wiesbaden GmbH, ein Teil von Springer Nature 2021
T. Mothes, *Abschlussprüfungen,* Prüfungstraining zum Bankfachwirt,
https://doi.org/10.1007/978-3-658-32526-8_13

Ergänzungskapital nach Art. 62 CRR	
Längerfristige Nachrangverbindlichkeiten	336,0
+ Vorsorgereserven nach § 340f HGB (Obergrenze 1,25 % vom risikogewichteten Positionsbetrag für Kreditrisiken nicht überschritten)	35,0
+ Vorzugsaktien	49,0
+ Genussrechtskapital	308,0
− *Genussrechtskapital und längerfristige Nachrangverbindlichkeiten im eigenen Bestand (Art. 66 CRR)*	5,6
+ = **Ergänzungskapital**	**722,4**
= **Eigenmittel**	**1.476,3**

Die relevanten Kapitalquoten ermitteln sich wie folgt

Gesamtrisikobetrag:

Risikogewichteter Positionsbetrag für das Kreditrisiko	15.925,0
12,5 * Eigenmittelanforderung für operationelle Risiken	875,0
12,5 * Eigenmittelanforderung für Marktrisiken	2.625,0
=	19.425,0

Harte Kernkapitalquote = 3,66 %

$$\frac{Hartes\ Kernkapital\ (711,9)\ *\ 100}{Gesamtrisikobetrag\ (19.425,0)}$$

Kernkapitalquote = 3,88 %

$$\frac{Kernkapital\ (753,9)\ *\ 100}{Gesamtrisikobetrag\ (19.425,0)}$$

Gesamtkapitalquote = 7,60 %

$$\frac{Eigenmittel\ (1.476,3)\ *\ 100}{Gesamtrisikobetrag\ (19.425,0)}$$

Die geforderten Mindestquoten sind nicht eingehalten.

Die Nachrangverbindlichkeiten erfüllen mit der Ursprungslaufzeit von 3 Jahren nicht mehr die Anrechnungsvoraussetzungen nach Art. 63 CRR und werden deshalb nicht berücksichtigt.

b)

Bei einer Asset-Backed-Security-Transaktion (True-Sale) werden Kreditforderungen der Südbank AG an eine Zweckgesellschaft (Special Purpose Vehicle) verkauft. Diese

Zweckgesellschaft refinanziert sich durch die Ausgabe von Anleihen. Der Zinssatz der Anleihen hängt von dem eingegangenen Kreditrisiko ab. Die Zahlungsansprüche der Investoren (Anleger) werden durch die Zins- und Tilgungsleistungen der ursprünglichen Forderungen bedient. Durch eine Asset-Backed-Security-Transaktion werden Kreditforderungen handelbar gemacht. Die Risikoaktiva der Südbank AG vermindert sich, sodass sich eine verbesserte Gesamtkennziffer ergibt. Die durch den Verkauf der Forderung erhaltene Liquidität kann risikoarm und zinsbringend angelegt werden.

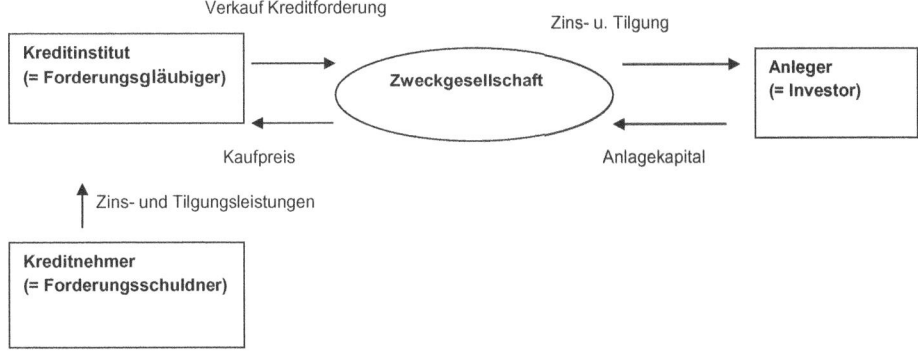

1.2 Bankpolitik und Bilanzpolitik

a)
- Die Aufwandsrentabilität ist die Ertragskraft der investierten Betriebskosten (Bruttoertragsspanne: Bruttobedarfsspanne). Je größer die Kennzahl ist, desto besser ist es.
  Mit 1,00 EUR Aufwand werden … EUR Ertrag erzielt.
- Das Cost-Income-Ratio spiegelt die Aufwands-Ertragsrelation von Banken wider. Die Verwaltungsaufwendungen werden in das Verhältnis zum Bruttoertrag gesetzt (Bruttobedarfsspanne: Bruttoertragsspanne). Die Kennzahl gibt Auskunft über die quantitative Effizienz von Banken.
  Je geringer das Cost-Income-Ratio ist, umso effizienter wirtschaftet die Bank.
  Für 1,00 EUR Ertrag sind … EUR Aufwand nötig.

b)
Der value-at-risk ist der Maximalverlust bei einer vorgegebenen Wahrscheinlichkeit (Konfidenzniveau) innerhalb eines bestimmten Zeitraums (Haltedauer).

Faktoren:
- Haltedauer
  Es ist der Zeitraum, für den der maximale Verlust berechnet wird.
  Je größer die Haltedauer, desto größer das Verlustrisiko.

- Konfidenzniveau
  Je höher das Konfidenzniveau (Sicherheitsniveau), desto höher ist auch der maximale
  Verlust.

c)
- Der value-at-risk sinkt.
- Der value-at-risk steigt.
- Der value-at-risk verändert sich nicht.
- Der value-at-risk steigt.

1.3 Marktzinsmethode

a) und b)

Aktivseite der Bilanz:

	Volumen in Mio. EUR	Zinssatz (%)	Marktzins (%)
Liquide Mittel	250,00	0,00	0,00
Forderungen an Kunden			
a) kurzfristig 3 Monate	450,00	5,50	4,60
b) mittelfristig variabel 5 Jahre	700,00	7,50	4,50
festverzinsliche Wertpapiere	600,00	4,50	5,10
Summe:	2.000,00		

	Volumen in Mio. EUR	Zinsertrag	Ertrag Marktzins
Liquide Mittel	250,00	0,00	0,00
Forderungen an Kunden			
a) kurzfristig 3 Monate	450,00	24,75	20,70
b) mittelfristig variabel 5 Jahre	700,00	52,50	31,50
festverzinsliche Wertpapiere	600,00	27,00	30,60
Summen:	2.000,00	104,25	82,80

Zinskonditionenbeitrag Aktiv: 21,45
Zinskonditionenmarge Aktiv: 1,07 %

Passivseite der Bilanz:

	Volumen in Mio. EUR	Zinssatz (%)	Marktzins (%)
Verbindlichkeiten KI (3 Monate)	500,00	4,10	4,60
Sichteinlagen	200,00	0,50	4,70
befristete Einlagen 5 Jahre	700,00	4,30	5,10
Spareinlagen	400,00	3,00	5,10
Eigenkapital	200,00	0,00	0,00
Summe:	2.000,00		

	Volumen in Mio. EUR	Zinsaufwand	Aufwand Marktzins
Verbindlichkeiten KI (3 Monate)	500,00	20,50	23,00
Sichteinlagen	200,00	1,00	9,40
befristete Einlagen 5 Jahre	700,00	30,10	35,70
Spareinlagen	400,00	12,00	20,40
Eigenkapital	200,00	0,00	0,00
Summen:	2.000,00	63,60	88,50

Zinskonditionenbeitrag Passiv:	24,90
Zinskonditionenmarge Passiv:	1,25 %
Zinskonditionenbeitrag gesamt:	46,35
Zinskonditionenmarge gesamt:	2,32 %
Zinsertrag:	104,25
Zinsaufwand:	63,60
Zinsüberschuss:	40,65
Bruttozinsspanne:	2,03 %

Strukturbeitrag:	
Zinsüberschuss	40,65
abzgl. Zinskonditionsbeitrag gesamt	46,35
Strukturbeitrag:	− 5,70
Strukturmarge:	− 0,29 %

c)

Die Marktzinsmethode ist ein Kalkulationsverfahren zur Ermittlung der Bruttozinsspanne. Es ist ein wirkungsvolles Instrument zur Steuerung der Aktivitäten im Wertbereich insbesondere im Kundengeschäft.

Grundkonzept der Marktzinsmethode:

1. Trennung von Aktiv- und Passivgeschäften, d. h. Aktiv- und Passivgeschäfte werden unabhängig voneinander kalkuliert und bewertet.
2. Opportunitätskostenprinzip:

   Das Kundengeschäft (Kundenzins oder auch Positionszins genannt) wird mit einem alternativen, risikolosen und fristengleichen Interbankengeschäft am Geld- oder Kapitalmarkt verglichen (gleiche Laufzeit bzw. gleiche Zinsbindungsdauer).

   Das Kundengeschäft sollte für die Bank vorteilhafter sein:
   - bei Aktivgeschäften:
   - Kundenzins > Marktzins (GKMZ) für Aktivgeschäfte = mehr Ertrag
   - bei Passivgeschäften:
   - Marktzins (GKMZ) für Passivgeschäfte > Kundenzins = weniger Aufwand
3. Vollkommenheit des Geld- und Kapitalmarktes (GKM):
   - Annahme, dass immer ein Referenzzinssatz am GKM mit gleicher Zinsbindung existiert.
   - Annahme, dass GKM-Geschäfte ohne Volumenbeschränkung möglich sind.
4. Die Marktzinsmethode zerlegt das Zinsergebnis (Zinsspanne) in den Konditionsbeitrag Aktiv, den Zinskonditionsbeitrag Passiv und in den Strukturbeitrag/ Fristentransformationsbeitrag.

   Konditionsbeiträge sind den Vertriebseinheiten („Profit-Center") zuzuordnen.

   Es erfolgt ein Vergleich zwischen dem Kundengeschäft und dem GKM-Geschäft. Es ist der Erfolgsbeitrag, der durch alternative Mittelbeschaffung und alternative Mittelverwendung entsteht.

   Der Strukturbeitrag ist unabhängig vom Kundengeschäft. Er ist das Ergebnis unterschiedlicher Zinsbindungsfristen → „aus kurz mach lang". Der Strukturbeitrag ist der zentralen Banksteuerung (Treasury) zuzurechnen.

d)

Vorteile	Nachteile
• Die Marktzinsmethode verwendet „neutrale Messgrößen" (Orientierung an Zinssätzen des Geld- und Kapitalmarktes)	• Es ist eine stichtagsbezogene Betrachtung, d. h. Zeiträume bleiben unberücksichtigt und es erfolgt eine Zusammenfassung/ Periodisierung von Stromgrößen
• Es erfolgt keine willkürliche Zuordnung wie bei der Schichtenbilanz	• Es ist eine reine Margenbetrachtung

Vorteile	Nachteile
• Die Marktzinsmethode ermöglicht eine wirkungsvolle Steuerung der Aktivitäten im Wertebereich	• Die Marktzinsmethode vermischt Bestands- und Neugeschäfte
• Trennung zwischen Aktiv- und Passiv- geschäften, d. h. beide Geschäfte können unabhängig voneinander kalkuliert und bewertet werden	• Wiederanlagen von Zins- und Tilgungs- leistungen werden nicht berücksichtigt
• Zerlegung des Zinsergebnisses in die 3 Ergeb- nisquellen – Zinskonditionsbeitrag Aktiv – Zinskonditionsbeitrag Passiv – Strukturbeitrag	• Die Bestimmung des Opportunitätszinssatzes bei variablen Geschäften ist nicht eindeutig • Die Unvollkommenheit des Geld- und Kapitalmarktes wird nicht berücksichtigt, d. h. es wird angenommen, dass alle Geschäfte am Geld- und Kapitalmarkt ohne Beschränkungen möglich sind

1.4 Bilanzierung und Bewertung von Finanzinnovationen

Swapgeschäfte
HGB:

- Es erfolgt keine Bilanzierung.
- Nicht realisierte Verluste müssen berücksichtigt werden (Risikovorsorge erfolgt durch Bildung von Rückstellungen).
- Kein Ausweis eines nicht realisierten Gewinns.
- Bei einem Zinsswap fließen die Zinserträge und Zinsaufwendungen in die Gewinn- und Verlustrechnung.

IFRS/IAS
- Es erfolgt keine Bilanzierung.
- Grundlage der Bewertung ist das Mark-to-Market-Prinzip.
- Verluste und Gewinne sind erfolgswirksam zu erfassen.

Termingeschäfte
HGB:

- Es erfolgt keine Bilanzierung.
- Nicht realisierte Verluste müssen berücksichtigt werden (Risikovorsorge erfolgt durch Bildung von Rückstellungen).
- Kein Ausweis eines nicht realisierten Gewinns.

IFRS/IAS:

- Termingeschäfte werden als finanzieller Vermögensgegenstand oder als finanzielle Verbindlichkeit bilanziert.

Optionen
HGB:

- Die Option an sich wird nicht bilanziert.
- Es erfolgt eine Bilanzierung des Optionspreises.

Kauf einer Kaufoption	**Verkauf einer Kaufoption**
• Aktivierung des Optionspreises unter sonstigen Vermögensgegenständen • Ausübung: Aktivierung der Anschaffungskosten (=Basispreis zzgl. Optionspreis) • Keine Ausübung: Abschreibung des Optionspreisesw	• Passivierung des Optionspreises unter sonstigen Verbindlichkeiten • Ausübung: Erhöhung des Verkaufserlöses • Keine Ausübung: Optionspreis wird als Ertrag vereinnahmt
Kauf einer Verkaufsoption	**Verkauf einer Verkaufsoption**
• Aktivierung des Optionspreises unter sonstigen Vermögensgegenständen • Ausübung: Minderung des Verkaufserlöses • Keine Ausübung: Abschreibung des Optionspreises	• Passivierung des Optionspreises unter sonstigen Verbindlichkeiten • Ausübung: Minderung der Anschaffungskosten (=Basispreis abzgl. Optionspreis) • Keine Ausübung: Optionspreis wird als Ertrag vereinnahmt

IFRS/IAS:

- Optionen werden als finanzieller Vermögensgegenstand oder als finanzielle Verbindlichkeit bilanziert.

1.5 Operationelle Risiken

a)
Nach Art. 4 Abs. 1 Nr. 52 CRR wird das operationelle Risiko wie folgt definiert:

„Operationelles Risiko ist das Risiko von Verlusten, die durch die Unangemessenheit oder das Versagen von internen Verfahren, Menschen und Systemen oder durch externe Ereignisse verursacht werden, einschließlich Rechtsrisiken."

b)

GuV – relevante Größen Beträge in T€	2020	2019	2018
Zinserträge	163.074	165.080	163.120
− Zinsaufwendungen	114.013	113.222	114.213
+ Provisionserträge	22.867	15.666	16.922
− Provisionsaufwendungen	10.023	9.560	9.880
+ Nettoertrag des Handelsbestandes	457	150	200
+ sonstige betriebliche Erträge	5.830	4.380	2.350
= *Maßgeblicher Indikator*	*68.192*	*62.494*	*58.499*

Im 3-Jahresdurchschnitt des maßgeblichen Indikators ergibt sich ein Betrag von 63.061.666,67 EUR; davon 15 % ergeben die Eigenmittelanforderung für das operationelle Risiko in Höhe von 9.459.250 EUR.

1.6 Bewertung von Wertpapieren

a)

Anlagevermögen (M-Anleihe)

Der Wertansatz erfolgt zu 100,0 % (Nennwert 44,0 Mio. EUR × 100,0 % = 44,0 Mio. EUR). Beim Anlagevermögen ist das gemilderte Niederstwertprinzip anzuwenden, d. h. Abschreibungen müssen nur bei dauerhafter Wertminderung erfolgen. Von seinem Wahlrecht auch bei vorübergehender Wertminderung abzuschreiben, macht die Bank keinen Gebrauch.

Handelsbestand (L-Anleihe)

Nach § 340e Abs. 3 HGB ist die Anleihe mit dem beizulegenden Zeitwert abzgl. Risikoabschlag zu bewerten. Der Zeitwert stellt den Marktwert dar. Es erfolgt also der Wertansatz zu 94,05 % (99 * 0,95) mit der Folge, dass eine Abschreibung von 1,365 Mio. Euro nötig wird. Eine Umwidmung ins Anlagevermögen ist grundsätzlich nicht mehr möglich.

Handelsbestand (Nord AG Aktien)

Nach § 340e Abs. 3 HGB sind die Aktien mit dem beizulegenden Zeitwert abzgl. eines Risikoabschlages zu bewerten. Der Zeitwert stellt den Marktwert dar. Es erfolgt der Wertansatz zu 53 EUR abzgl. Risikoabschlag – also zu 50,35 EUR, mit der Folge, dass ein nicht realisierter Gewinn von 100.500 EUR ausgewiesen wird. Im Gegenzug sind dem Sonderposten für allgemeine Bankrisiken 10 % der Nettoerträge des Handelsbestandes zuzuführen.

b)

Anzuwenden sind die IFRS 9

Die Wertpapiere des Anlagevermögens können – je nach Zuordnung zum Geschäftsmodell – der Kategorie „Halten" oder der Kategorie „Halten und Verkaufen" zugeordnet werden. Bei „Halten" erfolgt die Bewertung erfolgswirksam zu den fortgeführten Anschaffungskosten. Die M-Anleihe wäre demnach zu 100 % zu bewerten. Bei „Halten und Verkaufen" erfolgt eine Fair-Value-Betrachtung. Die M-Anleihe wäre demnach zu 96,0 % zu bewerten. Eine negative Fair-Value-Rücklage ist zu bilden.

Die Wertpapiere des Handelsbestandes werden der Kategorie "Andere finanzielle Vermögenswerte" zugeordnet und zum „Fair Value" erfolgswirksam bewertet.

Die L-Anleihe ist zu 99,0 % zu bewerten (Nennwert 70,0 Mio. EUR × 99,0 % = 69,3 Mio. EUR). Die Nord AG Aktien sind mit 53,00 EUR zu bewerten. Gesamtbestand: 30.000 Stück × 53,00 EUR = 1,59 Mio. EUR.

2 Betriebswirtschaft

2.1 Personalauswahl – Assessment-Center

a)

Das Assessment-Center-Verfahren ist ein Verfahren zur Personalauswahl, zur Personalentwicklung und zur Berufs- und Ausbildungsberatung. Ziel ist die Überprüfung der Eignung für bestimmte Positionen. Es ist ein Beurteilungsverfahren. Die beruflichen Fähigkeiten und Entwicklungspotenziale der Teilnehmer sollen ermittelt werden. Verhaltensausprägungen der Bewerber werden beobachtet, beschrieben und beurteilt. Die Teilnehmer werden mit realitätsnahen und problembezogenen Situationen (=Simulation von Arbeitssituationen) konfrontiert.

Das Assessment-Center-Verfahren stellt ein komplexes Auswahlverfahren sowie eine Arbeitsprobe des Bewerbers dar. Der Teilnehmer muss eine Mehrzahl von Übungen erledigen, die sich auf vorher festgelegte Anforderungen beziehen.

b)
- **Selbst-Darstellung und Interview:**
  Kriterien:
  – Flexibilität
  – mündlicher Ausdruck und mündliche Präsentation
  – ziel- und verhaltensbezogene Kommunikation
- **Postkorb-Übung:**
  Kriterien:
  – logisches Denken
  – Planung und Organisation
  – Stress-Toleranz

© Springer Fachmedien Wiesbaden GmbH, ein Teil von Springer Nature 2021
T. Mothes, *Abschlussprüfungen,* Prüfungstraining zum Bankfachwirt,
https://doi.org/10.1007/978-3-658-32526-8_14

- **Referat:**
  Kriterien:
  - mündlicher Ausdruck und mündliche Präsentation
  - Stress-Toleranz
  - Ausdrucksfähigkeit

c)
Vorteile
- die genutzten Übungen sind vielseitig und simulieren Anforderungen der zu besetzenden Stelle
- der Bewerber wird durch mehrere Beobachter bewertet
- das Assessment-Center-Verfahrens hat eine hohe Akzeptanz bei allen Beteiligten

Nachteile
- es ist ein zeitintensives Verfahren
- kostenintensiv
- viele Beobachter mit entsprechender Kompetenz müssen gleichzeitig vorhanden sein

---

2.2 Tarifrecht

a)
Die Koalition muss folgende Merkmale aufweisen:

- Freiwilliger Zusammenschluss auf privatrechtlicher Basis.
- Der Zusammenschluss muss auf eine gewisse Dauer ausgerichtet sein.
- Ziel ist die Wahrung und Förderung der Arbeits- und Wirtschaftsbedingungen.
- Die Vereinigung muss von „sozialen Gegenspielern" sowie vom Staat, Kirche und Parteien frei sein.
- Die Vereinigung muss überbetrieblich sein.
- Arbeitnehmerverbände müssen über eine gewisse Durchsetzungsfähigkeit verfügen.

b)
1. Tariffähigkeit
Das Recht, Tarifverträge abzuschließen, haben i. d. R. nur die Arbeitgeber- und Arbeitnehmerverbände bzw. einzelne große Unternehmen.

2. Tarifgebundenheit
Die Tarifvertragsparteien und ihre Mitglieder sind an die im Tarifvertrag vereinbarten Bestimmungen gebunden. Die Tarifgebundenheit bleibt so lange bestehen, bis der Tarifvertrag endet.

3. Erfüllungspflicht

Die Verpflichtungen müssen erfüllt werden.

4. Friedenspflicht

Es dürfen keine Arbeitskampfmaßnahmen während der Laufzeit (Gültigkeit) des Tarifvertrages erfolgen. Wird diese Pflicht durchbrochen, können Schadensersatzansprüche
geltend gemacht werden.

5. Schriftform des Tarifvertrags:

Sie müssen schriftlich geschlossen und in das Tarifregister eingetragen werden.

2.3 Jahresabschlussanalyse – Cash-Flow

a)

Der Cashflow ist der Nettozugang an finanziellen Mitteln aus der Umsatztätigkeit und
den sonstigen laufenden Aktivitäten innerhalb einer bestimmten Periode (meist ein Jahr).

Oder anders Der Cashflow ist der Einzahlungsüberschuss/Finanzierungsüberschuss aus
betrieblichen Ein- und Auszahlungen.

Oder Es ist die Summe aller bereinigten Gewinne, Abschreibungen und Rückstellungs-
zuführungen je Periode. Der Cashflow ist eine wirtschaftliche Messgröße und zeigt
den finanzwirtschaftlichen Überschuss eines Unternehmens. Er ist eine Größe für das
Selbstfinanzierungspotenzial eines Unternehmens. Der Cashflow wird in verschiedenen
Bereichen angewandt:

- bei der Beurteilung der Innenfinanzierung des Unternehmens,
- bei der langfristigen Finanzplanung,
- bei Ermittlung des dynamischen Verschuldungsgrades und
- bei der Aktienanalyse.

b)

Bilanzgewinn am 31.12.2020:	450.000,00 EUR
+Bildung von Rücklagen	104.000,00 EUR
−Auflösung von Rücklagen	0,00 EUR
=Jahresüberschuss	**554.000,00 EUR**
+a.o. Aufwand	7.000,00 EUR
−a.o. Ertrag	12.500,00 EUR

=bereinigter Jahresüberschuss	**548.500,00 EUR**
+Abschreibung auf Sachanlagen	105.000,00 EUR
+Zuführung zu langfristigen Rück- stellungen	87.000,00 EUR
=Brutto-Cashflow	**740.500,00 EUR**
−Dividende	325.000,00 EUR
=Netto-Cashflow	**415.500,00 EUR**

c)

Der Cashflow hat wie jede Kennzahl bei der Jahresabschlussanalyse Vor- und Nachteile. Der Cashflow wird in der Literatur unterschiedlich definiert. Es gibt verschiedene Berechnungsarten, von denen aber keine gesetzlich vorgeschrieben ist.

Bei abschreibungsintensiven Unternehmen erhält man keine vergleichbaren Informationen für andere Unternehmen. Häufig wird unterstellt, der Cashflow sei in die „Kasse" geflossen, sodass der Cashflow ein Maßstab für die Liquidität darstellt. Er ist jedoch als Liquiditätsmaßstab ungeeignet, da übersehen wird, dass die zugeflossenen Mittel (aus dem Umsatzprozess) bereits investiert sein könnten.

Der Cashflow enthält Aufwandsbestandteile und kann daher keine Gewinngröße sein. Zur Beurteilung der Ertragslage alleine reicht er nicht aus.

Es ist auch zu berücksichtigen, dass der Cashflow eine vergangenheitsorientierte Größe ist, d. h. der Cashflow ist nur eine historische Größe und liefert daher nur Anhaltspunkte für einen evtl. vorhandenen Trend der Ertragskraft.

2.4 Firmenwert

a)

Kaufpreis	430
abzgl. anteilig neubewertetes Eigenkapital (Vermögen 920 abzgl. Schulden 520 – jeweils zum Zeitwert)	400
=Firmenwert:	30

b)

a) Der derivative Geschäfts- oder Firmenwert stellt einen immateriellen Vermögensgegenstand des Anlagevermögens dar. Somit besteht nach § 246 Abs. 1 HGB eine Ansatzpflicht. Der entgeltlich erworbene Geschäfts- oder Firmenwert gilt daher als zeitlich begrenzter, nutzbarer Vermögensgegenstand. Die Abschreibungs- bzw. Nutzungsdauer wurde jedoch nicht festgelegt. Es kann jedoch angenommen werden, dass der aktivierte Firmenwert über eine Laufzeit von maximal 5 Jahren linear abzuschreiben ist. Bei Kapitalgesellschaften ist die Abschreibungsdauer im Anhang anzugeben (§ 285 Satz 1 Nr. 13 HGB).

Zusätzlich sieht § 253 Abs. 3 Satz 3 HGB vor, dass der Geschäfts- und Firmenwert auch außerplanmäßig abgeschrieben werden kann. Eine weitere Besonderheit ist das Zuschreibungsverbot nach § 253 Abs. 5 Satz 2 HGB. Bei einem Wegfall der Abschreibungsgründe ist der niedrigere Wertansatz beizubehalten.

b) Steuerrechtlich muss der Firmenwert aktiviert und abgeschrieben werden. Die lineare Abschreibungsdauer beträgt 15 Jahre (§ 7 Abs. 1 Satz 3 EStG). Im Gegensatz zum Handelsrecht besteht steuerrechtlich bei Wegfall der Abschreibungsgründe ein Wertaufholungsgebot.

2.5 Kostenrechnung

a)

- Voraussetzung für die Anwendung der einstufigen Divisionskalkulation ist, dass keine Lagerbestandsveränderungen an fertigen und unfertigen Erzeugnissen vorhanden sind, d. h. die Produktion entspricht dem Absatz. Es handelt sich hierbei um einstufige Produktionsprozesse.

$$Selbstkosten = \frac{Kosten\ der\ Periode\ (HK)}{Menge\ (x)}$$

- Voraussetzung für die Anwendung der zweistufigen Divisionskalkulation ist, dass keine Lagerbestandsveränderungen an unfertigen Erzeugnissen vorhanden sind. Auch hierbei handelt es sich um einstufige Produktionsprozesse.

$$Selbstkosten = \frac{Herstellkosten}{Produktionsmenge} + \frac{Verwaltungs - /Vertriebskosten}{Absatzmenge}$$

- Die mehrstufige Divisionskalkulation wird bei mehrstufigen Produktionsprozessen angewandt.

$$Selbstkosten = \frac{Herstellkosten}{Prod.\ menge_1} + \frac{Herstellkosten}{Prod.\ menge_2} + \frac{Verwaltungs - /Vertriebskosten}{Absatzmenge}$$

b)
Verfahren 1: Statisches Verfahren
Beim statischen Verfahren wird ermittelt, um viel Prozent sich die Kosten ändern, wenn sich die Beschäftigung um 1 % ändert. Zur Beurteilung wird der Reagibilitätsgrad (r) ermittelt.

$$r = (\Delta K : K) : (\Delta B : B)$$

$$\Delta K = \text{Kostenveränderung} \quad \Delta B = \text{Beschäftigungsänderung}$$
$$K = \text{Kosten} \qquad\qquad B = \text{Beschäftigung}$$

Sofern ein Reagibilitätsgrad von „0" ermittelt wird, handelt es sich um fixe Kosten; bei „1" handelt es sich um variable Kosten.

Liegt der Reagibilitätsgrad (r) zwischen 0 und 1, so handelt es sich um eine variable und fixe Kostenart.

Verfahren 2: Streupunktdiagramm

Bei dem Streupunktdiagramm wird die Kostenfunktion zeichnerisch ermittelt. Hierzu trägt man die Kosten der jeweiligen Beschäftigung in ein Koordinatensystem ein und bestimmt somit die Kostenfunktion.

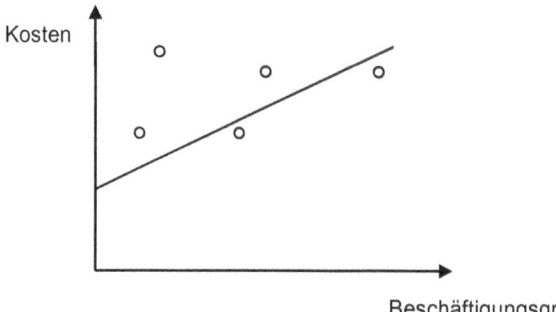

Verfahren 3: Differenzen-Quotienten-Verfahren (mathematisches Verfahren)

Bei diesem Verfahren wird eine Kostendifferenz ins Verhältnis zur Beschäftigungsdifferenz gesetzt. Man erhält dann die variablen Kosten je Stück.

Nachteil dieser Methode ist, dass immer ein linearer Kostenverlauf unterstellt wird. Außerdem werden nur zwei Beobachtungszeitpunkte zugrunde gelegt.

c)

$$variable\ Kosten\ je\ St\ddot{u}ck = \frac{(1.594.500,00\,\text{EUR} - 1.477.500,00\,\text{EUR})}{(26.250\ \text{Stück} - 24.000\ \text{Stück})}$$

variable Kosten je Stück = 52,00 EUR
Fixkosten = 1.477.500,00 EUR − (52,00 EUR * 24.000 Stück)
Fixkosten = 229.500,00 EUR
Erlöse = Kosten
120,00 EUR * x = 229.500,00 EUR + 52,00 EUR * x

d)

- **Fixkosten und variable Kosten**

  Fixkosten sind beschäftigungsunabhängig, d. h. sie fallen unabhängig von der Ausbringungsmenge (Produktionsmenge) an.

  Variable Kosten sind beschäftigungsabhängig, d. h. sie hängen von der jeweiligen Ausbringungsmenge ab.

- **Einzelkosten und Gemeinkosten:**

  Einzelkosten sind Kosten, die einem Kostenträger direkt zugerechnet werden können.

  Die Gemeinkosten können einem Kostenträger nur indirekt zugerechnet werden. Man unterscheidet hier zwischen echten und unechten Gemeinkosten.

  Bei den unechten Gemeinkosten handelt es sich eigentlich um Einzelkosten, die jedoch aufgrund der Wirtschaftlichkeit als Gemeinkosten erfasst werden (z. B. Schrauben, Nägel, Leim).

- **Grundkosten und Zusatzkosten:**

  Die Grundkosten entsprechen dem Zweckaufwand. Es ist der betriebliche Aufwand, der für die betriebliche Leistungserstellung notwendig ist.

  Die Zusatzkosten gehören zu den kalkulatorischen Kosten. Ihnen steht kein Aufwand gegenüber (=Opportunitätskosten).

- **Primäre und sekundäre Gemeinkosten:**

  Primäre Gemeinkosten sind ursprüngliche Gemeinkosten. Sie fallen bei von außen bezogenen Gütern und Leistungen an.

  Die Verteilung der primären Kosten erfolgt als:

Stelleneinzelkosten	Stellengemeinkosten
Sie können einer Kostenstelle direkt zugerechnet werden.	Sie können einer Kostenstelle nur indirekt zugerechnet werden.

Die sekundären Gemeinkosten sind abgeleitete Gemeinkosten. Sie fallen bei innerbetrieblichen Gütern und Leistungen an. Die Kosten der Hilfskostenstellen werden an andere Hilfskostenstellen und Hauptkostenstellen weiterverrechnet.

Die Verteilung kann u. a. durch das Treppenverfahren oder durch das simultane Verfahren erfolgen.

2.6 Finanzierung – Zinsberechnung

a)

$$r_{\text{eff}} = \frac{Z + \frac{K_n - K_0}{n}}{K_0} * 100$$

$r_{\text{eff}} = $ Effektivzins
$Z = $ Zinssatz

K_n = Rücknahmekurss
K_0 = Ausgabekurs

$$r_{eff} = \frac{8 + \frac{100-95}{6}}{95} * 100$$

$r_{eff} = 9,30\,\%$

b)

2 % von 15.000,00 EUR = 300,00 EUR

aufzunehmende Kreditsumme: 15.000,00 EUR – 300,00 EUR = 14.700,00 EUR

Die Kreditsumme muss für insgesamt 20 Tage aufgenommen werden.

Die zu zahlenden Zinsen für den Kredit belaufen sich auf:

$$\text{Zinsen} = \frac{14.700,00\,\text{EUR} * 20\,\text{Tage} * 9,0\,(\%)}{360 * 100} = 73,50\,\text{EUR}$$

Finanzierungsvorteil: 300,00 EUR – 73,50 EUR = 226,50 EUR Vorteil

$$\frac{\textbf{Skontosatz}}{\textbf{Zahlungsziel} - \textbf{Skontofrist}} * \textbf{360} = \textbf{Zins für den Lieferantenkredit}$$

$$\frac{2}{30 - 10} * 360 = 36,0\,\%$$

3 Volkswirtschaft

3.1 Finanzpolitik

a)

Wandel vom „Ordnungsstaat" zum „Wohlfahrts- und Kulturstaat"

Anfangs übernahm der Staat nur die Ordnungs- und Schutzfunktion. Mit der Entwicklung der sozialen Marktwirtschaft übernahm der Staat immer mehr Aufgaben:

- Kulturaufgaben (Bildung, Kunst)
- Sozialaufgaben (Sozialversicherung, Gesundheitswesen)
- Umwelt
- Infrastruktur

Einkommenselastizität öffentlicher Leistungen

Die Staatsausgaben steigen, wenn die Einkommenselastizität der Nachfrage nach öffentlichen Leistungen höher ist als die Einkommenselastizität der Nachfrage nach privaten Gütern.

Steigt das Einkommen und sind die privaten Konsumbedürfnisse befriedigt, so steigt die Nachfrage öffentlicher Leistungen:

- Kulturaufgaben (Bildung, Kunst)
- Sozialaufgaben (Sozialversicherung, Gesundheitswesen)
- Umwelt
- Infrastruktur

© Springer Fachmedien Wiesbaden GmbH, ein Teil von Springer Nature 2021
T. Mothes, *Abschlussprüfungen,* Prüfungstraining zum Bankfachwirt,
https://doi.org/10.1007/978-3-658-32526-8_15

Niveauverschiebungseffekt

Das Wachstum der Staatsausgaben hat sich nicht kontinuierlich vollzogen. Die Staatsausgaben sind in Sprüngen gewachsen. Ursachen sind u. a. Krisenzeiten (Kriege) und
exogene Schocks (Ölkrise, Wiedervereinigung). Die einmal erhöhten Ausgaben haben
sich später nicht ganz zurückgebildet. "Normale" Steuererhöhungen stoßen bei der
Bevölkerung auf Widerstand. In sozialen Ausnahmesituationen lässt sich aber der Widerstand überwinden, so dass es zu einer Steuererhöhung kommt. Nach Überwindung der
Krise haben sich die Wirtschaftssubjekte an die höhere Belastung gewöhnt.

Ökonomische Theorie der Politik

Zu Wahlterminen erhöhen sich die Staatsausgaben. Politiker wollen sich die Wieder-
wahl durch Wahlgeschenke sichern. Hierdurch entsteht allerdings die Gefahr von leicht-
fertigen Entscheidungen (=Gefälligkeitsdemokratie). Dem Wähler ist es meistens nicht
bewusst, dass er selber langfristig die Staatsausgaben durch höhere Steuern finanzieren
muss.

  Die Staatsverschuldung/Staatsquote steigt:

- mit Erhöhung von wahrgenommenen Ausgaben (z. B. Subventionen),
- mit zunehmender Bedeutung des Verhältniswahlrechts,
- mit stärkerer Machtverteilung zwischen Verfassungsorganen (Bundestag/Bundesrat)
  und
- mit Problemen der Demokratie.

Wiedervereinigung

Der Ressourcentransfer von West nach Ost erhöhte die Staatsausgaben. Es erfolgten
hohe Transferzahlungen an Gesellschaft und Wirtschaft, wobei Einsparungen an anderer
Stelle kaum vorgenommen worden sind.

Ökonomische Theorie der Bürokratie

Je umfangreicher die Staatsaktivitäten, die Gesetze und Verordnungen werden, desto
mehr Bürokratie wird benötigt. Die Bürokratie erhält eine Eigendynamik. Es besteht
aber auch kein Interesse am Abbau der Bürokratie.

  Ziele:

- sicheres und steigendes Gehalt der Bürokraten
- Steigerung von Macht und Ansehen
- Verwaltung von mehr Mitarbeitern und höherem Budget

b)

Institutionelle Grenzen:

- nationale Regel (Artikel 115 Grundgesetz):
  Hierbei handelt es sich um die sogenannte Schuldenbremse, die eine verfassungs-
  rechtliche Regelung darstellt. Ziele: Staatsverschuldung von Deutschland begrenzen.
  Seit 2011 bestehen für Bund und Länder verbindliche Vorgaben zur Reduzierung des
  Haushaltsdefizits. Die Schuldenbremse teilt die Verschuldung in eine strukturelle und
  eine konjunkturelle Komponente.
  Die „strukturelle", d. h. von der Konjunktur unabhängige, staatliche Neuverschuldung
  wird für die Bundesländer ab 2020 verboten/untersagt und für den Bund auf maximal
  0,35 % des nominellen Bruttoinlandsprodukts beschränkt (ab 2016). Ausnahmen
  sind weiterhin möglich, z. B. bei Naturkatastrophen oder Wirtschaftskrisen. Neben
  der strukturellen Neuverschuldung ist ein „konjunktureller Finanzierungssaldo"
  zulässig, der im Aufschwung positiv und im Abschwung negativ ist. Bei Konjunktur-
  abschwüngen ist es somit möglich, die Kreditobergrenze zu erhöhen und weitere
  Schulden aufzunehmen. Bei Konjunkturaufschwüngen sind diese Schulden dann
  zurückzuführen.
  Ziel: Wirkung der automatischen Stabilisatoren gewährleisten.
- europäische Regeln (europäischer Stabilitäts- und Wachstumspakt/Konvergenz-
  kriterien nach Maastricht):
  Die Nettoneuverschuldung (jährliches Defizit) darf nicht mehr als 3,0 % des Bruttoinlandsproduktes betragen. Die Gesamtverschuldung darf aber nicht mehr als 60 %
  des Bruttoinlandsproduktes betragen. Ausnahmen für konjunkturell schwache Zeiten
  sind vorgesehen; sie wurden bereits mehrfach in Anspruch genommen.

Ökonomische Grenzen
- wenn der Staat seinen Kapitaldienst (Zinsen und Tilgung) nicht leisten kann
- wenn der Kapitaldienst die finanzpolitische Handlungsfähigkeit beeinträchtigt
- wenn das gesamtwirtschaftliche Gleichgewicht gefährdet wird
- wenn durch die Kreditaufnahmen Crowding-out-Effekte hervorgerufen werden
- wenn zukünftige Generationen mit Zins- und Tilgungsleistungen belastet werden
- wenn der Ruf der Bundesrepublik als erstklassiger Schuldner gefährdet wird

3.2 Inflation

a)

1. Negative Allokationseffekte

Steigt das Preisniveau auf breiter Fläche an, so verlieren die Preise ihre Signalfunktion.

1. Folge – Beeinträchtigung des Preismechanismus Anbieter sehen in den steigenden
Preisen sozusagen „grünes Licht" auf allen Märkten; sie dehnen ihr Angebot aus.

2. Folge – Fehlallokation der Produktionsfaktoren Entweder liegen zu wenig Investitionen oder falsche Investitionen vor.

Die Produktionsfaktoren werden nicht mehr richtig eingesetzt.

2. Beeinträchtigung des Wirtschaftswachstums und der Beschäftigung

Sofern Inflation vorliegt wird weniger oder gar nicht investiert. Ohne Investitionen der Unternehmen ist Wachstum kaum möglich. Und ohne Wachstum ist wiederum eine Vollbeschäftigung nicht erreichbar.

3. Negative Umverteilungswirkungen von Einkommen und Vermögen

a) Lohn-Lag-Hypothese (=Nachhinken der Löhne):

Die Löhne steigen langsamer als die Inflation. Die Folge daraus ist, dass das real verfügbare Einkommen der Arbeitnehmer sinkt (=reale Kaufkraft sinkt). Die dann durchgesetzten Lohnsteigerungen können aber wieder Anlass für erneute Preissteigerungen sein.

b) Transfereinkommen-Lag-Hypothese:

Die Transferzahlungen, d. h. staatliche Sozialleistungen an private Haushalte (Wohngeld, Kindergeld, Rentenzahlungen etc.), steigen langsamer als die Inflation. Die Folge daraus ist, dass das real verfügbare Einkommen der Bezieher von Transfereinkommen sinkt (=reale Kaufkraft sinkt).

4. Inflationsmentalität

Die Inflation hat negative Folgen für das Geld als Tausch- und Wertaufbewahrungsmittel. Ersparnisse werden nicht mehr in Geld, sondern in Sachvermögen, wie (bebaubare) Grundstücke und Edelmetalle, angelegt (=„totes" Sachkapital).

Die Folge ist, dass das Geldvermögen in relativ niedrig verzinsliche Anlagen wandert. Das so angelegte Kapital steht nicht mehr Investitionen zur Verfügung. Es erfolgt somit kein effizienter und bedarfsgerechter Einsatz der Ressourcen.

b)

- Der Inhalt des Warenkorbes ändert sich in Deutschland in der Regel nur alle 5 Jahre. Die Verbrauchsgewohnheiten ändern sich jedoch schneller.
- Der Warenkorb ist in jedem Land anders.
- Es werden nur private Ausgaben erfasst.
- Qualitätsänderungen werden nicht erfasst. Verbessert sich ein Produkt und steigt durch die Verbesserung der Preis, so liegt keine Inflation vor. Dies findet i. d. R. beim Warenkorb keine Berücksichtigung.
- Gütersubstitutionen werden nicht berücksichtigt. Verteuern sich Waren, so wird ein Haushalt versuchen, auf andere und billigere Waren auszuweichen. Dies wird aber nicht im Warenkorb erfasst.

c)

$$\frac{(105{,}3 * 100)}{103{,}8} - 100 = 1{,}445\,\%$$

andere Darstellung:

103,8 = 100 %
1 = 0,96339
105,3 = 101,445 %

3.3 Volkswirtschaftliche Gesamtrechnung

a)

Das Bruttoinlandsprodukt ist die Summe aller produzierten Güter und Dienstleitungen, die im Inland von In und Ausländern innerhalb einer bestimmten Periode (meist 1 Jahr) hergestellt wurden und in Geld bewertet sind. Man spricht hierbei von dem Inlandskonzept.

Das Bruttonationaleinkommen ist die Summe aller produzierten Güter und Dienstleitungen, die im In- und Ausland von Inländern innerhalb einer bestimmten Periode (meist 1 Jahr) hergestellt wurden und in Geld bewertet sind. Man spricht hierbei von dem Inländerkonzept.

Der Unterschied zwischen dem Bruttonationaleinkommen und dem Bruttoinlandsprodukt liegt im Saldo der Primäreinkommen.

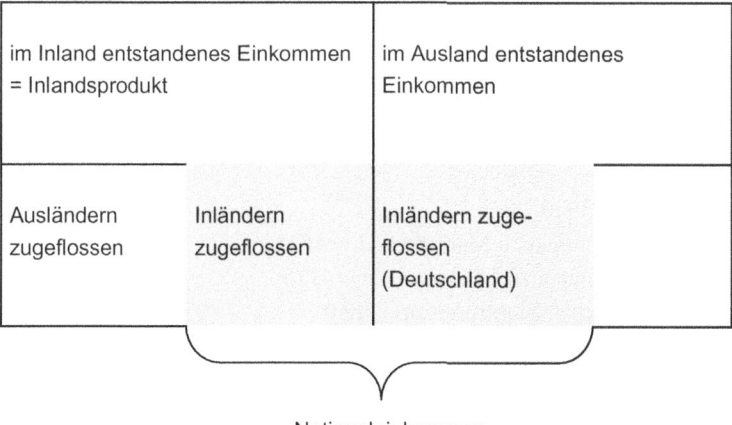

b)

	Bruttoproduktionswert zu Herstellungspreisen	0
−	Vorleistung	0
=	Bruttoproduktionswert (Bruttowertschöpfung)	0
−	Unterstellte Bankgebühren	0
=	bereinigte Bruttowertschöpfung	0
+	Gütersteuern	0
−	Gütersubventionen	0
=	Bruttoinlandsprodukt zu Marktpreisen	4650
+	Saldo der Primäreinkommen	−35
=	Bruttonationaleinkommen zu Marktpreisen	4615
−	Abschreibungen	370
=	Nettonationaleinkommen zu Marktpreisen	4245
−	Produktions- und Importabgaben	375
+	Subventionen	50
=	Volkseinkommen/Nettonationaleinkommen zu Faktorkosten	3920

Konsum	Privater Konsum	3000	3650
	Konsum des Staates	650	
Bruttoinvestitionen	Bruttoanlageinvestitionen	850	850
	Vorratsveränderungen	0	
Außenbeitrag zum BIP		150	150
=Bruttoinlandsprodukt zu Marktpreisen			4650

- Volkseinkommen = 3920
- Bruttonationaleinkommen zu Marktpreisen = 4615
- Nettonationaleinkommen zu Marktpreisen = 4245
- Bruttoinlandsprodukt zu Marktpreisen = 4650

3.4 Geldmenge

a)

Geldmenge				
Bargeld inkl. elektron. Geld auf Karten (außerhalb des Bankensektors zirkulierendes Bargeld)	Buchgeld			
	täglich fällige Einlagen (Sichteinlagen) von Nichtbanken	Termineinlagen mit einer vereinbarten Laufzeit bis zu 2 Jahren	Einlagen mit einer vereinbarten Kündigungsfrist von bis zu drei Monaten (Spareinlagen)	• Anteile an Geldmarktfonds • Repoverbindlichkeiten • Geldmarktpapiere und Bankschuldverschreibungen mit einer Ursprungslaufzeit von bis zu 2 Jahren
Geldmenge M 1				
Geldmenge M 2				
Geldmenge M 3				

Die Geldbasis ist die Zentralbankgeldmenge. Hierzu zählen das Bargeld, das die Zentralbank in Umlauf gebracht hat (außerhalb des Bankensystems, d. h. bei Nichtbanken und ohne Kassenbestände der Geschäftsbanken) sowie Sichteinlagen, die Dritte bei der Zentralbank unterhalten (Zentralbankgeldbestand der Kreditinstitute).

Es ist das Geld, das nur von der Zentralbank (dem Eurosystem) geschaffen werden kann.

b)
Die Geldschöpfung ist von der Kreditvergabe (Angebot und Nachfrage) abhängig. Die Kreditvergabe hängt wiederum von folgenden Faktoren ab:

- Höhe der Zentralbankgeldmenge (Geldbasis), denn aus ihr entwickelt sich im Geldschöpfungsprozess die Geldmenge M 1.
- Mindestreserve/Mindestreservesatz/Reservekoeffizient:
  Je höher der MR-Satz, desto höher sind die verpflichteten Einlagen und desto geringer ist die Geldschöpfungsmöglichkeit.
- Bargeldkoeffizient:
  Je höher die Bargeldhaltung/Bargeldumlauf, desto geringer ist die Geldschöpfungsmöglichkeit. Der Bargeldkoeffizient hängt ab von:
  a) Schattenwirtschaft:
     Je höher die Schattenwirtschaft ist, desto mehr Bargeld ist im Umlauf und desto geringer ist die Geldschöpfungsmöglichkeit.
  b) Finanzinnovationen:

Ist der Anteil am bargeldlosen Zahlungsverkehr höher, so ist das Potenzial der Geldschöpfung höher.

- eigene Überschussreserve aus Liquiditätsgründen

3.5 Wechselkurs

a)

Höhere Kaufkraft gegenüber dem Ausland
- Durch die höhere Kaufkraft gegenüber dem Ausland sinken die Importgüterpreise. Somit sinken die Rohstoff- und die Produktionskosten. Das Preisniveau bleibt stabil. Es wird keine importierte Kosteninflation hervorgerufen.
- Dämpfung der gesamtwirtschaftlichen Nachfrage durch Verschlechterung des Außenbeitrages.

Verringerung der Wettbewerbsfähigkeit von inländischen Unternehmen
Durch die Aufwertung des Euros kommt es zu einer Verringerung der Wettbewerbsfähigkeit von inländischen Unternehmen. Die Exporte sinken und die Importe steigen.
Folgen:

- Verschlechterung des Außenbeitrages (evtl. negative Handelsbilanz)
- Verschlechterung der Dienstleistungsbilanz
- Dämpfung der gesamtwirtschaftlichen Nachfrage durch Verschlechterung des Außenbeitrages
- es entsteht aber keine importierte Nachfrageinflation

b)

Die Aufwertung des Euros verlief stabil
Die Euro-Aufwertung erfolgte über einen langen Zeitraum. Je langsamer die Aufwertung erfolgt, desto besser können sich die Unternehmen darauf einstellen und sich rechtzeitig gegen Wechselkursrisiken absichern.

Deutschland selber befand sich im Aufschwung
Durch die gestiegene Binnenkonjunktur war Deutschland nicht nur vom Export abhängig.

Aufsteigerstaaten (China, Indien) befinden sich ebenfalls im Aufschwung
Durch den wirtschaftlichen Aufschwung im Ausland sinkt die Nachfrage nach „Euro-Produkten" nicht. Auch die Qualität der „deutschen Produkte" wird geschätzt.

c)

Durch Zinserhöhungen der US-amerikanischen Notenbank wird eine Aufwertung der US-amerikanischen Währung hervorgerufen, d. h. der Euro sinkt. Die Ursache dafür ist, dass der US-$ für Anleger attraktiver geworden ist und er somit verstärkt nachgefragt wird.

Konjunktur der USA

Der US-$ wurde aufgewertet. Dies erschwert die Wettbewerbssituation der USA. Gleichzeitig erfolgt eine Substitution inländischer Güter durch Importe aus dem Euro-Land. Die gesamtwirtschaftliche inländische Nachfrage sinkt und die konjunkturelle Entwicklung der USA wird geschwächt.

3.6 Beschäftigungspolitik

a)

Ziel dieser Strategie ist, dass die eingesparten Löhne dazu verwendet werden, die Arbeitslosen in ein Beschäftigungsverhältnis zu bringen. Die mit dieser Strategie verbundenen Probleme sind u. a.:

- Anlernzeiten und Anlernkosten müssen berücksichtigt werden.
- Die Arbeitsproduktivität und auch die berufliche Qualifikation der Arbeitslosen ist im Durchschnitt geringer als die der aktuell beschäftigten Personen.
- Die Faktoreinsatzverhältnisse müssen teilweise geändert werden. Hierbei ist aber zu berücksichtigen, dass oftmals limitationale Faktoreinsätze vorliegen.

b)
Volkswirtschaftliche Auswirkungen
Volkswirtschaftliche Kapazitäten des Produktionsfaktors Arbeit bleiben ungenutzt. Es werden so gesehen Waren und Dienstleistungen weggeworfen, die die Arbeitslosen hätten produzieren können. Der Staat hat mehr Staatsausgaben und weniger Einnahmen zu verzeichnen.

- höhere Ausgaben für den Bereich „Arbeitslosengeld" und
- geringere Einnahmen im Bereich der Steuern und der Sozialversicherungen.

Soziale Auswirkungen
Dem einzelnen Arbeitslosen steht weniger Einkommen zur Verfügung. Ferner kann die betroffene Person menschliche und psychologische Schäden erleiden.

- Prestigeverluste
- geringes Selbstwertgefühl

c)

Die gesamtwirtschaftliche Arbeitslosigkeit existiert in sämtlichen Regionen, Branchen und Berufen. Im Gegensatz hierzu existiert die teilwirtschaftliche Arbeitslosigkeit nur in einzelnen Teilmärkten, d. h. in einzelnen Regionen, Branchen und Berufen.

Kurzfristige gesamtwirtschaftliche Arbeitslosigkeit

= Friktionelle Arbeitslosigkeit

Es ist eine kurzfristige Sucharbeitslosigkeit, die bei einem Arbeitsplatzwechsel entsteht. Sie liegt somit zwischen Entlassung und Antritt der neuen Stelle vor. Ursache ist eine mangelnde Markttransparenz. Auf der einen Seite ist das Arbeitsplatzangebot vorhanden. Auf der anderen Seite kennt allerdings der Arbeitslose die offene Stelle nicht.

Mittelfristige gesamtwirtschaftliche Arbeitslosigkeit

= Konjunkturelle Arbeitslosigkeit

Die konjunkturelle Arbeitslosigkeit entsteht durch einen temporären Rückgang der gesamtwirtschaftlichen Nachfrage. Das Produktionspotenzial ist nicht mehr vollständig ausgelastet.

Langfristige gesamtwirtschaftliche Arbeitslosigkeit

= Wachstumsdefizitäre Arbeitslosigkeit.

Die wachstumsdefizitäre Arbeitslosigkeit entsteht aufgrund eines zu geringen Wirtschaftswachstums. Es liegt ein Mangel an Arbeitsplätzen vor und diese Art der Arbeitslosigkeit ist nicht nur vorübergehend.

Einflussfaktoren der wachstumsdefizitären Arbeitslosigkeit sind:

• Entwicklung der Arbeitsproduktivität
• Entwicklung der Arbeitszeit
• Entwicklung des realen Bruttoinlandsproduktes
• Entwicklung des Erwerbspersonenpotenzials

Es gibt verschiedene Arten der wachstumsdefizitären Arbeitslosigkeit:

• Lohnkostenbedingte Arbeitslosigkeit
• Kapitalmangelarbeitslosigkeit
• Demografische Arbeitslosigkeit
• Technologische Arbeitslosigkeit
• Stagnationsarbeitslosigkeit

4 Recht

4.1 Kreditsicherheit – Abtretung

Darstellung des Sachverhaltes
- Abtretungsvertrag: 01.03.2020 zwischen K und der W-Sparkasse
- Zustimmung von der Spiel-GmbH: 24.07.2020
- Abtretungsvertrag: 03.04.2020 zwischen K und der X-Volksbank
- Zustimmung von der Spiel-GmbH: 17.04.2020

Die Kaufpreisforderung wurde am 01.03.2020 an die W-Sparkasse abgetreten. Nach § 399 BGB liegt jedoch ein Ausschluss der Abtretung vor. Abtretungen wurden durch Vereinbarung mit der Spiel-GmbH ausgeschlossen. Dieses Abtretungsverbot wird durch § 354a HGB aufgehoben. Hierzu müssten folgende Voraussetzungen vorliegen:

1. Abtretung einer Geldforderung und
2. Ausschluss der Abtretung nach § 399 BGB und
3. das Geschäft, das die Forderung begründet, muss ein zweiseitiges Handelsgeschäft sein.

Der Kaufmann K hat eine Kaufpreisforderung und somit eine Geldforderung an die Bank abgetreten. Ein Ausschluss der Abtretung nach § 399 BGB wurde auch vereinbart. Zwischen dem Kaufmann K und der Spiel-GmbH besteht ein zweiseitiges Handelsgeschäft. Nach § 343 HGB sind Handelsgeschäfte alle Geschäfte eines Kaufmanns, die zum Betrieb seines Handelsgewerbes gehören. Sowohl K als auch die Spiel-GmbH sind Kaufleute.

© Springer Fachmedien Wiesbaden GmbH, ein Teil von Springer Nature 2021   107
T. Mothes, *Abschlussprüfungen,* Prüfungstraining zum Bankfachwirt,
https://doi.org/10.1007/978-3-658-32526-8_16

Folgen

- Die Abtretung ist trotz Abtretungsverbot wirksam.
- Auch bei einer offenen Zession kann der Drittschuldner (Spiel-GmbH) mit schuld-befreiender Wirkung an den Zedenten (Kaufmann K) leisten.
- Die Regelung des § 407 BGB gilt nicht.

Hier ist nun die W-Sparkasse Inhaber der Forderung. Trotz des Abtretungsverbots und der fehlenden Zustimmung der Spiel-GmbH am 01.03.2020 liegt nach § 354a HGB eine wirksame Abtretung vor.

4.2 Handelsrecht

Die Sparkasse könnte einen Anspruch auf Zahlung gemäß § 488 Abs. 1 BGB gegenüber der GmbH haben. Voraussetzung ist, dass der Anspruch entstanden ist. Hierzu müssten mindestens zwei übereinstimmende und rechtswirksame Willenserklärungen vorliegen.
Die GmbH hat keine Willenserklärungen abgegeben.
Jedoch hat P einen Darlehensvertrag mit der Sparkasse geschlossen.
Es könnte sein, dass sich die GmbH die Willenserklärung des P gemäß § 164 Abs. 1 BGB zurechnen lassen muss. Voraussetzungen hierfür sind:

- eigene Willenserklärung des P,
- im fremden Namen und
- innerhalb der Vertretungsmacht.

Die eigene Willenserklärung des P und die Abgabe im fremden Namen liegen vor.
Es ist zu prüfen, ob P im Außenverhältnis wirksame Willenserklärungen für und gegen die GmbH abgeben konnte. P wurde gemäß § 48 HGB Prokura erteilt. Diese wurde jedoch am 10.05.2020 widerrufen. Somit hat er als Vertreter ohne Vertretungs-macht gehandelt. Es könnte jedoch sein, dass sich die Sparkasse auf § 15 Abs. 1 HGB berufen kann. Voraussetzungen des § 15 Abs. 1 HGB sind, dass es sich bei dem Wider-ruf um eine eintragungspflichtige Tatsache handelt und diese nicht eingetragen und nicht bekannt gegeben wurde und die Bank keine Kenntnis vom Widerruf hatte. Alle diese Voraussetzungen liegen vor. Der Widerruf der Prokura ist eine eintragungspflichtige Tat-sache (§ 53 Abs. 3 HGB). Er ist auch nicht eingetragen und bekannt gemacht worden. Die Sparkasse hatte auch keine Kenntnis vom Widerruf. Somit kann sich die Bank auf § 15 Abs. 1 HGB berufen.

Fazit
Die Sparkasse hat einen Anspruch aus § 488 Abs. 1 BGB in Verbindung mit § 15 Abs. 1 HGB auf Zahlung von der Schick-GmbH.

4.3 Kreditsicherheit – Grundschuld

Es könnte sein, dass der LKW gemäß § 1120 BGB in Verbindung mit § 1192 Abs. 1 BGB dem Haftungsverbund der Grundschuld angehört und somit auch haftet. Die Hypothek und analog die Grundschuld (§ 1192 Abs. 1 BGB) erstreckt sich auf das Zubehör des Grundstücks mit Ausnahme der Zubehörstücke, welche nicht in das Eigentum des Eigentümers des Grundstücks gelangt sind.

Das Zubehör haftet nicht, wenn der Grundstückseigentümer und der Eigentümer des Zubehörs nicht identisch sind. Zubehör, das unter Eigentumsvorbehalt steht, wird nicht von der Grundschuld erfasst. Jedoch erfasst die Grundschuld das Anwartschaftsrecht. Nach Zahlung des vollen Kaufpreises fällt das Zubehör in den Haftungsverbund.

Es ist zu prüfen, ob der LKW als Zubehör gilt. Zubehör sind nach § 97 Abs. 1 BGB bewegliche Sachen, die, ohne Bestandteile der Hauptsache zu sein, dem wirtschaftlichen Zwecke der Hauptsache zu dienen bestimmt sind und zu ihr in einem dieser Bestimmung entsprechenden räumlichen Verhältnis stehen. Der LKW ist zwar eine bewegliche Sache, er dient aber nicht dem wirtschaftlichen Zwecke der Hauptsache (Grundstück). Der LKW befindet sich größtenteils auf der Straße und erwirtschaftet dort die Erträge. Daher fällt der LKW nach Zahlung des vollen Kaufpreises nicht mit in den Haftungsverbund der Grundschuld.

4.4 Familienrecht

Für die Verpfändung des Sparguthabens sind folgende Maßnahmen notwendig:

1. Einigung über die Entstehung des Pfandrechts (Verpfändungsvertrag) nach §§ 1274, 398 BGB.
2. Die Drittschuldneranzeige (Verpfändungsanzeige) des Verpfänders an den Schuldner der verpfändeten Forderung gemäß § 1280 BGB ist nicht erforderlich, da die Süd-Sparkasse sowohl Sicherheitennehmer als auch Drittschuldner des Sparguthabens ist.
3. Die Entstehung der zu sichernden Forderung.

Die Einigung erfolgt in diesem Fall zwischen den Eheleuten Grube (gesetzliche Vertreter für ihren Sohn Andreas) und der Süd-Sparkasse. Es ist zu prüfen, ob die Eltern eine derartige Verfügung vornehmen dürfen. Andreas selber kann keine wirksame Willenserklärung gegenüber der Süd-Sparkasse bezüglich der Verpfändung abgeben. Er ist beschränkt geschäftsfähig (§ 106 BGB) und eine solche Willenserklärung wäre für ihn kein rechtlicher Vorteil (§ 107 BGB). Nach § 1629 Abs. 1 BGB vertreten die Eltern gemeinsam ihren minderjährigen Sohn. Jedoch sind sie in ihrer Vertretungsmacht nach § 1643 Abs. 1 BGB in Verbindung mit § 1822 Nr. 10 BGB eingeschränkt. Daher wäre zur wirksamen Verpfändung die Genehmigung des Familiengerichtes notwendig. Da die Genehmigung nicht vorliegt, ist die Darlehensforderung der Süd-Sparkasse nicht abgesichert.

4.5 Vertrag zugunsten Dritter

Teil 1

Es könnte sein, dass Eva E. einen Anspruch auf Auszahlung des Guthabens aufgrund § 1922 Abs. 1 BGB in Verbindung mit §§ 488, 700 BGB hat. Hierzu müsste sie Gläubigerin der Einlage sein. Eva E. ist gemäß Sachlage Alleinerbin. Durch die Gesamtrechtsnachfolge (§ 1922 Abs. 1 BGB) wäre sie Gläubigerin geworden.

Es könnte jedoch sein, dass der Vertrag zugunsten Dritter dem Recht aus § 1922 Abs. 1 BGB entgegensteht. Der Vertrag zugunsten Dritter wurde zwischen Klaus K. und ihrer Bank geschlossen. Die Hauptabrede war, dass Tobias T. mit Volljährigkeit die entsprechenden Rechte erhalten soll. Gleichzeitig wurde eine Ersatzabrede getroffen. Stirbt Klaus K. vor dem angegebenen Zeitpunkt, so tritt der Rechtserwerb mit dem Ableben des Kunden ein (vgl. bankenübliches Formular). Mit dem Tod von Klaus K. ist Tobias T. Gläubiger geworden.

Es könnte sein, dass die fehlende Geschäftsfähigkeit von Tobias T. entgegensteht. Er ist allerdings kein Vertragspartner des Vertrages zugunsten Dritter. Somit kommt es auf seine Geschäftsfähigkeit nicht an.

Die Tante könnte einen Anspruch auf Herausgabe gegen Tobias T. aus § 812 BGB haben. Voraussetzung ist, dass Tobias T. ungerechtfertigt bereichert ist. Der zugrunde liegende Rechtsgrund könnte eine wirksame Schenkung sein. Tobias T. ist mit seinen zehn Jahren beschränkt geschäftsfähig. Seine Willenserklärungen sind schwebend unwirksam und bedürfen in der Regel der Zustimmung der gesetzlichen Vertreter. Ausnahme, es liegt ein rechtlicher Vorteil gem. § 107 BGB vor. Die Schenkung (vorbehaltslose Zuwendung eines Vermögensvorteils) stellt einen rechtlichen Vorteil dar. Somit konnte Tobias T. wirksam die Willenserklärung abgeben.

Die Schenkung könnte aufgrund eines Formmangels nach §§ 125, 518 Abs. 1 BGB nichtig sein. Nach § 518 Abs. 1 BGB bedarf der wirksame Schenkungsvertrag der notariellen Beurkundung. Es könnte aber sein, dass der Formmangel mit Vollzug der Schenkung (§ 518 Abs. 2 BGB) geheilt wurde.

Mit dem Tod von Klaus K. ist die Ersatzabrede mit Ihrer Bank eingetreten.

Die Tante hat weder gegen Ihre Bank noch gegen Tobias T. einen Anspruch auf Herausgabe.

Teil 2

Ausgangslage analog Teil 1.

Es könnte sein, dass der Widerruf der Gläubigereigenschaft von Tobias T. entgegensteht. Die Tante hat den Vertrag zugunsten Dritter widerrufen. Zu Lebzeiten hätte Klaus

K. den Vertrag einseitig widerrufen können. Es ist zu prüfen, ob dieses Recht auch der Erbin zusteht.

Erben haben kein Widerrufs- bzw. Aufhebungsrecht. Aus der Rechtshoffnung ist ein unwiderrufliches Recht geworden. Mit Eintritt der Bedingung (Tod von Klaus K.) ist der Begünstigte automatisch Gläubiger geworden, d. h. der Vertrag zugunsten Dritter wurde vollzogen.

Es könnte sein, dass die Tante die Schenkungsofferte widerrufen kann.

Solange die Schenkungsofferte noch nicht zugegangen und angenommen wurde, kann diese widerrufen werden. Dieses Recht fällt aufgrund der Gesamtrechtsnachfolge nach § 1922 BGB auch in den Nachlass und steht den Erben zu. Die Tante hat die Schenkung widerrufen. Tobias T. bleibt jedoch weiterhin Gläubiger (§ 328 Abs. 2 BGB).

Der geschlossene Vertrag zugunsten Dritter bleibt wirksam und ist erfüllt.

Somit ändert der Widerruf der Schenkungsofferte nichts an der erlangten Gläubigerstellung von Tobias T. (vgl. Trennungsprinzip  Die Nichtigkeit des einen Rechtsgeschäfts ändert noch nichts an der Wirksamkeit des anderen Rechtsgeschäfts. Die Nichtigkeit der Schenkung löst nur einen Anspruch auf Herausgabe nach § 812 BGB aus.) Tobias T. ist derjenige, der allein über die Forderung verfügen darf. Ohne seine Mitwirkung kann ihm dieses Recht nicht genommen werden.

Fazit

Die Tante ist nicht Gläubigerin geworden und hat keinen Anspruch auf Auszahlung gegenüber der Bank.

Die Tante legt Sparurkunde vor. Es ist zu prüfen, ob sie einen Auszahlungsanspruch aufgrund der Vorlage der Sparurkunde hat. Nach § 808 BGB ist u. a. erforderlich, dass der Schuldner (hier die Bank) im guten Glauben sein muss. Ihrer Bank ist bekannt, dass Tobias T. mit dem Tod von Klaus K. Gläubiger geworden ist. Die Bank kann sich nicht auf § 808 BGB berufen. Das Auszahlungsbegehren der Tante ist nicht berechtigt.

4.6 Kreditsicherheit – Sicherungsübereignung

Felix könnte einen Anspruch gegen die Mutter auf Zahlung aus der Bürgschaft nach § 765 Abs. 1 BGB haben. Voraussetzung ist, dass Felix einen Anspruch hat. Zur Entstehung der Bürgschaft sind zwei übereinstimmende und rechtswirksame Willenserklärungen notwendig. Ein Bürgschaftsvertrag wurde zwischen der Mutter und Herrn Kleine geschlossen; jedoch nicht zwischen der Mutter und Felix. Es könnte aber sein, dass Felix die Bürgschaft mit der Abtretung der Forderung (§ 398 BGB) erhalten hat. Nach § 401 Abs. 1 BGB gehen akzessorische Sicherheiten, wozu auch die Bürgschaft gehört, mit der Abtretung der Forderung auf den neuen Gläubiger über.

Fazit

Felix hat einen Anspruch gegen die Mutter auf Zahlung aus der Bürgschaft nach § 765 Abs. 1 BGB.

Felix könnte einen Anspruch auf Herausgabe des Lastkraftwagens nach § 985 BGB gegenüber Herrn Meier haben. Voraussetzung ist, dass Felix Eigentümer ist und Herr Meier müsste Besitzer sein. Ferner dürfte Herr Meier keine Einwendungen nach § 986 Abs. 1 BGB erheben können. Herr Meier ist unmittelbarer Besitzer. Ursprünglich war auch Herr Meier Eigentümer. Herr Meier könnte das Eigentum übertragen haben. Zwischen Herrn Meier und Herrn Kleine liegt eine Einigung nach § 929 Satz 1 BGB sowie die Vereinbarung eines Besitzkonstituts (§ 930 BGB) vor. Auch der Bestimmtheitsgrundsatz wurde eingehalten. Somit ist Herr Kleine (treuhänderischer) Eigentümer. Ein automatischer Übergang der Sicherheit auf Felix ist nach § 401 Abs. 1 BGB nicht möglich, da die Sicherungsübereignung eine abstrakte und keine akzessorische Sicherheit darstellt. Der Abtretungsvertrag, der zwischen Herrn Kleine und Felix geschlossen wurde, kann eine Nebenpflicht zur Übertragung selbstständiger Rechte beinhalten. Im Zweifel ist aber der Rechtsgedanke des § 401 Abs. 1 BGB anzunehmen. Wünscht der Sicherungsgeber keine Weiterübertragung des treuhänderischen Eigentums, so muss er dies von vornherein erklären. Herr Meier hat eine solche Erklärung nicht erteilt. Daher ist Herr Kleine in der Lage und auch verpflichtet das treuhänderische (fiduziarische) Sicherungseigentum auf Felix zu übertragen.

Fazit

Felix hat einen Anspruch auf Herausgabe des Lastkraftwagens nach § 985 BGB gegenüber Herrn Meier.

Prüfungssatz III

1 Allgemeine Bankbetriebswirtschaft

Bearbeitungszeit 120 min, 100 Punkte

1.1 Eigenmittel und Kapitalquoten nach CRR

Aus dem Rechnungswesen der Holsteinbank AG werden Ihnen folgende Daten vorgelegt. Ermitteln Sie für 2020 die relevanten Kapitalquoten nach der CRR und kommentieren Sie das Ergebnis.

	Mio. EUR
Grundkapital	1.400,0
Rücklagen	1.600,0
Pensionsrückstellungen	630,0
Sonderposten nach § 340g HGB	27,0
immaterielle Vermögensgegenstände	57,6
Vorsorgereserven nach § 340f HGB	536,4
Genussrechtskapital nach Art. 63 CRR	603,0
längerfristige Nachrangverbindlichkeiten nach Art. 63 CRR	1.143,0
Nachrangverbindlichkeiten mit einer Ursprungslaufzeit von 4 Jahre	160,2
Risikogewichteter Positionsbetrag für das Kreditrisiko	45.000,0
Eigenmittelanforderung für operationelle Risiken	144,0

© Springer Fachmedien Wiesbaden GmbH, ein Teil von Springer Nature 2021
T. Mothes, *Abschlussprüfungen,* Prüfungstraining zum Bankfachwirt,
https://doi.org/10.1007/978-3-658-32526-8_17

1.2 Marketing

Die Distributions- und Vertriebspolitik umfasst alle Maßnahmen und Entscheidungen rund um die Absatz- und Vertriebswege. Die Distributionspolitik hat somit den Standort der Bank, die Geschäftszeiten und die Zugangsmöglichkeiten zum Gegenstand. Der Vertrieb kann auch bei einer Bank stationär, d. h. über Filialen und über mediale Wege (Selbstbedienungscenter, Directbanking) erfolgen.

a) Zeigen Sie die drei Vorteile und vier Nachteile des stationären Vertriebs auf.
b) Aber auch der mediale Vertriebsweg weist gewisse Nachteile auf. Erläutern Sie zwei verschiedene Nachteile des medialen Vertriebsweges.

1.3 Marktzinsmethode

Neben der bekannten Marktzinsmethode wird immer mehr das Barwertkonzept zur Bewertung und Kalkulation von Geschäften im Wertebereich verwendet.
Auch die Nordseebank AG hat sich hierzu entschlossen.

a) Sie werden von der Geschäftsleitung gebeten, im Rahmen eines Vortrages das Barwertkonzept zu erläutern. In diesem Zusammenhang sollen Sie auch die Vorteile des Barwertkonzeptes herausstellen.
b) Zur Veranschaulichung des Sachverhalts werden Sie gebeten, anhand der gegebenen Daten den Zinserfolg (Konditionenbeitragsbarwert) aus einem Darlehen mit einer Laufzeit von fünf Jahren zu ermitteln. (Runden Sie auch während der Berechnung auf volle Euro.)
   – Darlehen 100.000,00 EUR zu 8,0 % für 5 Jahre fest
   – jährliche (nachträgliche) Zinszahlung
   – Tilgung am Ende der Laufzeit in einer Summe
   – Einstandszinssätze am Abschlussstichtag:
        1 Jahr: 3,0 %
        2 Jahre: 4,0 %
        3 Jahre: 5,0 %
        4 Jahre: 6,0 %
        5 Jahre: 7,0 %

1.4 Bilanzpolitik

Bei der Sachsenbank AG zeichnet sich für das Geschäftsjahr 2020 ein negatives Ergebnis von 90 Mio. EUR ab. Für die Ermittlung des endgültigen Ergebnisausweises sind die nachfolgenden Positionen noch zu bewerten bzw. über mögliche Realisierungsmaßnahmen zu entscheiden:

1. Inhaberschuldverschreibungen wurden zu 120 Mio. EUR erworben, Kurswert am Bilanzstichtag 100 Mio. EUR; eine dauerhafte Wertminderung liegt nicht vor; sie sind dem Bestand der Liquiditätsreserve zugeordnet.
2. Eine Immobilie mit einem Buchwert von 90 Mio. EUR kann im Rahmen einer Sale – and – Lease – Back – Transaktion an eine Leasinggesellschaft zu 100 Mio. EUR verkauft werden.
3. Eine Schuldverschreibung der Sachsenbank AG über nominal 60 Mio. EUR könnte zu einem Kurs von 85 % zurückgekauft werden.
4. Es können EWB in einer Spanne von 17–20 Mio. EUR gebildet werden; das Auflösepotenzial beträgt 3–5 Mio. EUR.
5. Vorsorgereserven nach § 340f HGB bestehen in Höhe von 83 Mio. EUR.
   a) Ermitteln Sie unter Berücksichtigung, dass ein möglichst hohes Ergebnis ausgewiesen werden soll, das Jahresergebnis für 2020. Verwenden Sie einen durchschnittlichen Steuersatz von 30 %.

1.5 CRR

Die Preußenbank eG hat nachfolgende Geschäfte abgeschlossen:

1. Darlehen über 1000 TEUR an die A AG; gesichert durch eine erstrangige Grundschuld auf dem Betriebsgelände; Beleihungswert 3000 TEUR
2. Darlehen an die Stadt Musterhausen über 23.000 TEUR
3. Konsumentenkredite an diverse Privatpersonen über insgesamt 6000 TEUR
4. Erwerb von Aktien der N AG (Bonitätsstufe 3) für das Anlagebuch in Höhe von 230 TEUR
5. Darlehen über 3000 TEUR an die Muster GmbH; das externe Rating lässt sich der Bonitätsstufe 3 zuordnen
   a) Ermitteln Sie den Betrag an Eigenmitteln, den die Preußenbank eG für diese Geschäfte gem. Art. 92 Abs. 1 Buchstabe c der CRR vorhalten muss. Die Preußenbank eG wendet den Standardansatz an.
   b) Welche Auswirkungen hat die Eigenmittelunterlegung auf eine Kreditkondition?

c) Der Durchschnittswert für 3 Jahre des maßgeblichen Indikators im Basisindikator-
   ansatz beträgt 15 Mio. EUR. Welcher Betrag an Eigenmitteln muss hierfür vorgehalten werden.

1.6 Vorsorgereserven

Banken können stille Vorsorgereserven nach § 340f HGB bilden. Daneben haben Sie
auch die Möglichkeit offene Reserven (Sonderposten für allgemeine Bankrisiken nach §
340g HGB) zu bilden.

Unterscheiden Sie die stillen Vorsorgereserven und die offenen Reserven anhand der
nachstehenden Kriterien:

1. Begrenzung der Bildung
2. steuerliche Anerkennung
3. Ausweis in der Bilanz
4. Zuordnung zu den Eigenkapitalbestandteilen des haftenden Eigenkapitals

Vermögenspositionen, die als Basis dienen.

2 Betriebswirtschaft

Bearbeitungszeit 120 min, 100 Punkte

2.1 Kommunikation – Kommunikationsmodell nach Watzlawick

Neben dem Kommunikationsmodell „Schulz von Thun – vier Seiten einer Nachricht" gibt es auch das Kommunikationsmodell nach „Watzlawick". Grundlage sind verschiedene Axiome.

a) Beschreiben Sie, was unter einem Axiom zu verstehen ist.
b) Erläutern Sie die von Watzlawick aufgestellten fünf Axiome.

2.2 Arbeitsrecht – Kündigung

Die Westbank AG möchte ihrem Mitarbeiter (Peter Kleinlich, 44 Jahre alt) aus betrieblichen Gründen kündigen. Die Kündigung soll zum 30.11.2020 erfolgen. Bereits am 07.08.2020 wird der Betriebsrat der Westbank AG informiert. Dieser widerspricht am 10.08.2020 der Kündigung. Dennoch erhält Herr Kleinlich am 31.08.2020 das Kündigungsschreiben der Bank.

Erklären Sie, ob die Kündigung wirksam ist und erläutern Sie, ob der Widerspruch des Betriebsrates eine Wirkung hat.

2.3 Kalkulatorische Kosten – Kalkulatorische Zinsen

a) Erläutern Sie, warum in der Kostenrechnung kalkulatorische Zinsen angesetzt werden und somit zwischen Fremdkapitalzinsen und kalkulatorischen Zinsen unterschieden wird.

© Springer Fachmedien Wiesbaden GmbH, ein Teil von Springer Nature 2021
T. Mothes, *Abschlussprüfungen,* Prüfungstraining zum Bankfachwirt,
https://doi.org/10.1007/978-3-658-32526-8_18

b) Berechnen Sie für das Maschinenbau Unternehmen die kalkulatorischen Zinsen (nach der Durchschnittsmethode). Es wird ein Zinssatz von 8,0 % p.a. angesetzt.

Werte	in TEUR
Gebäude	880,0
bebautes Grundstück	220,0
Forderungen aus Lieferungen und Leistungen	320,0
technische Anlagen und Maschinen	660,0
Kassenbestand	140,0
vermietete Produktionsanlagen	72,0
fertige und unfertige Erzeugnisse	205,0
Wertpapiere	165,0
Beteiligungen	275,0
Werkstoffe (Roh-, Hilfs- und Betriebsstoffe)	179,0
geringwertige Wirtschaftsgüter	95,0
kumulierte Abschreibungen auf das Anlagevermögen	65,0

2.4 Bewertung – Anlagenspiegel

In der Bilanz oder im Anhang ist die Entwicklung des Anlagevermögens darzustellen.

a) Erstellen Sie für die Produktionsmaschine der Bau GmbH einen Anlagespiegel.
b) Hierbei berücksichtigen Sie bitte folgende Daten:

Anschaffungsdatum	01.01.2015
Anschaffungspreis	150.000,00 EUR
Nutzungsdauer (Jahre)	6

Im Jahr 2018 erfolgt der Verkauf der Produktionsmaschine an die Hoch-GmbH.
c) Die Bau GmbH hat sich im Herbst 2020 dazu entschlossen, ein neues EDV-System zu erwerben, das von den Mitarbeitern der Bau GmbH installiert wird.
Zwei Wochen nach Inbetriebnahme stellt sich heraus, dass noch Zusatzteile benötigt werden. Ermitteln Sie die Anschaffungskosten des EDV-Systems.

Hinweis: der Mehrwertsteuersatz beträgt 19 %.

Nettokaufpreis	280.000,00 EUR
Rabatt	6 %
Skonto	2 %
Transportkosten inkl. USt.	9.639,00 EUR
Transportversicherung	600,00 EUR
Material für die Montage	1.750,00 EUR
Löhne für die Montage	1.100,00 EUR
Wartungskosten für 2020	575,00 EUR
Zusatzteil (brutto)	4.165,00 EUR

2.5 Finanzierung

a) Die betriebliche Finanzwirtschaft ist von zwei Zielkonflikten geprägt. Erläutern Sie diese Zielkonflikte und arbeiten Sie das Oberziel und das Nebenziel der betrieblichen Finanzwirtschaft heraus.

b) Definieren Sie das Wort „Finanzierung".

c) Bei der Finanzierung ist zwischen der Außen- und Innenfinanzierung zu unterscheiden. Beschreiben Sie:
   – im Bereich der Außenfinanzierung die Beteiligungsfinanzierung und
   – im Bereich der Innenfinanzierung die Selbstfinanzierung.

2.6 Jahresabschlussanalyse

Zum Thema „Jahresabschlussanalyse" werden Sie von Ihrem Vorgesetzten gebeten, einen Vortrag zu halten.

a) Skizzieren Sie den Ablauf einer Jahresabschlussanalyse in sechs Schritten.

b) Unterscheiden Sie „vertikale und horizontale Kennzahlen" und nennen Sie jeweils ein Beispiel.

c) Die quantitative Jahresabschlussanalyse lässt die qualitativen Tatsachen unberücksichtigt. Nennen Sie fünf Faktoren, die nicht oder nicht ausreichend berücksichtigt werden.

d) Ein Bereich bei der Jahresabschlussanalyse ist die Analyse von Rentabilitäten.
   Ermitteln Sie:
   – die Eigenkapitalrentabilität,
   – die Gesamtkapitalrentabilität und
   – die Umsatzrentabilität (netto).

verkaufte Menge in Stück	4500
Nettoverkaufspreis je Stück	25,00 EUR
Gesamtkapital	250.000,00 EUR
Verschuldungsgrad	6:3
Fremdkapitalzins	6 %
Gewinn	15.750,00 EUR

3 Volkswirtschaft

Bearbeitungszeit 120 min, 100 Punkte

3.1 Geldpolitik

Mit der Geldpolitik der Europäischen Zentralbank (EZB) werden der Volkswirtschaft Rahmenbedingungen vorgegeben.

a) Definieren Sie den Begriff „Preisniveaustabilität" aus der Sicht der EZB.
b) Zur Zielerreichung bedient sich die EZB einer „Zwei-Säulen-Strategie". Bitte erklären Sie die einzelnen Säulen dieser Strategie.
c) Worin sehen Sie die Vorteile in der „Zwei-Säulen-Strategie"?

3.2 Markt und Nachfrage

Die Nachfrage nach Gütern wird von verschiedenen Faktoren beeinflusst.

a) Erläutern Sie, wann es zu einer Bewegung auf einer gegebenen Nachfragekurve kommt. Beschreiben Sie aber auch an drei Beispielen, wann es zu einer Verschiebung der Nachfragekurven kommt.
b) Auf einem Markt treffen Anbieter und Nachfrager aufeinander. Nennen Sie drei Funktionen des Marktes und unterscheiden Sie die Märkte nach fünf Marktarten sowie nach insgesamt neun Marktformen.
c) Auch der Staat greift in das Marktgeschehen ein. Diese Eingriffe können marktkonform oder auch marktinkonform (marktkonträr) sein. Beschreiben Sie verbal die Einführung eines Mindestpreises.

© Springer Fachmedien Wiesbaden GmbH, ein Teil von Springer Nature 2021
T. Mothes, *Abschlussprüfungen,* Prüfungstraining zum Bankfachwirt,
https://doi.org/10.1007/978-3-658-32526-8_19

3.3 Grundzüge der Makroökonomie

Das Say'sche Theorem beschreibt den Zusammenhang zwischen Angebot und Nachfrage. Nach diesem Theorem tendieren die Märkte tendenziell zu einem gesamtwirtschaftlichen Gleichgewicht.

a) Erläutern Sie das Say'sche Theorem.
b) Mit welchen Argumenten hat John Maynard Keynes das Say'sche Theorem widerlegt?

3.4 Preiselastizität

Erläutern Sie die direkte Preiselastizität der Nachfrage

a) verbal und
b) formal.
c) Erklären Sie den Unterschied zwischen einer elastischen und unelastischen Nachfrage.
d) Berechnen Sie die direkte Preiselastizität und erläutern Sie Ihr Ergebnis.
e) Der Preis für ein durstlöschendes Getränk wird von 0,90 EUR auf EUR 1,30 angehoben. Aufgrund dessen geht die Nachfrage von 150 Mio. Flaschen auf 130 Mio. Flaschen zurück.
f) Erläutern Sie mithilfe der Preiselastizität das „Paradoxon der Supererernte".

3.5 Wechselkurse

Es gibt mehrere unterschiedliche Wechselkurssysteme. Diese Wechselkurssysteme unterscheiden sich dadurch, wie die Kursbildung des Devisenkurses zustande kommt.

a) Erläutern Sie das Wechselkurssystem flexibler und das Wechselkurssystem fester Wechselkurse.
b) Erläutern Sie die Gründe für die Nachfrage und das Angebot von Währungen. Zur Vereinfachung gehen Sie von folgenden Währungen aus: Euro und US-Dollar.

3.6 Außenhandel

Die wirtschaftliche Integration in Europa erfolgte in mehreren Stufen.

a) Zeigen Sie den Werdegang von der Europäischen Gemeinschaft bis zur Europäischen Union auf.
b) Zeigen Sie insgesamt sechs positive Wohlstandseffekte auf, die durch die wirtschaftliche Integration hervorgerufen wurden bzw. werden.

4 Recht

Bearbeitungszeit 120 min, 100 Punkte

4.1 Bereicherungsrecht

Der 16-jährige Anton aus Berlin verkauft dem 21-jährigen Norbert seine Playstation für 110,00 EUR. Seine Eltern hat Anton hierüber nicht informiert. Anton geht am gleichen Abend mit seiner Freundin zum Essen in ein Restaurant und gibt von dem Geld 60,00 EUR aus. Die restlichen 50,00 EUR zahlt er am nächsten Tag auf sein Girokonto bei der Nordbank eG ein. Erst zwei Tage später erfahren Antons Eltern von dem Verkauf seiner Playstation. Sie fordern den Norbert auf, die Playstation herauszugeben. Dieser kommt auch vorbei, bringt die Playstation zurück und verlangt die Rückzahlung der 110,00 EUR.

Zu Recht?

4.2 Kreditsicherheit – Sicherungsübereignung

Der Druckmaschinenhersteller liefert am 16.01.2020 dem Druckpoint Charly, Inh. Charly Schmidt, eine Druckmaschine. Diese wird direkt auf das Gewerbegrundstück des Herrn Schmidt geliefert und bar bezahlt. Am 30.08.2020 übereignet Schmidt die Druckmaschine der Süd-Bank AG zur Sicherheit für einen Kredit. Drei Monate vorher (30.05.2020) war auf dem Gewerbegrundstück des Herrn Schmidt zugunsten der West-Bank eine Grundschuld eingetragen worden. Schmidt gerät danach immer mehr in finanzielle Notlage und kann die Kredite nicht mehr bedienen.

Erläutern Sie, welche Bank Ansprüche an der Druckmaschine hat.

© Springer Fachmedien Wiesbaden GmbH, ein Teil von Springer Nature 2021
T. Mothes, *Abschlussprüfungen,* Prüfungstraining zum Bankfachwirt,
https://doi.org/10.1007/978-3-658-32526-8_20

4.3 Sachenrecht – mobil

Herr Mohr, der Briefmarkensammler aus Leidenschaft ist, hat bei einem Verkäufer eine Marke gesehen, die er gerne kaufen möchte. Hierbei handelt es sich um die seltene X-Briefmarke. Der Verkäufer bewahrt die Marken unter seinem Verkaufstresen auf. Bei Herausnahme vergreift sich der Verkäufer und übergibt Herrn Mohr die S-Briefmarke. Das Missgeschick merken beide nicht. Erst am Abend, als der Verkäufer die Marken in seinen Tresor bringen will, fällt ihm auf, dass er Herrn Mohr eine falsche Marke ausgehändigt hat. Der Verkäufer versucht daraufhin Herrn Mohr ausfindig zu machen. Sein Bemühen bleibt jedoch ohne Erfolg. Erst drei Tage später sieht er Herrn Mohr vor seinem Schaufenster stehen. Der Verkäufer erklärt ihm, dass er versehentlich die falsche Marke übergeben hat und fordert Herrn Mohr auf, ihm die ausgehändigte S-Briefmarke zurückzugeben.

a) Hat der Verkäufer einen Anspruch auf Rückgabe der bereits ausgehändigten S-Briefmarke?
b) Kann Herr Mohr die von ihm ursprünglich gewollte X-Briefmarke von dem Verkäufer verlangen?

4.4 Gesellschaftsrecht

Der handwerklich geschickte K. Hein hat sich entschlossen ein Unternehmen zu gründen. Für Herrn Hein kommt nur die Gründung einer GmbH infrage, da er keine persönliche Haftung übernehmen möchte. Als zusätzlicher Gesellschafter soll sein Freund H. Klein mit in die Gesellschaft aufgenommen werden.

Erläutern Sie Herrn Hein die Gründungsschritte sowie die jeweilige Haftung in den einzelnen Stadien.

4.5 Vertretung – Kaufvertrag

Herr Asmussen leiht Frau Bahr seinen Fernseher, da er für zwei Monate auf Geschäftsreise in China ist. Innerhalb der zwei Monate besucht Frau Fey ihre Freundin Frau Bahr und sieht den Fernseher. Diese findet das Gerät so gut, dass sie den Fernseher für 500,00 EUR kaufen möchte. Frau Bahr ist der Ansicht, dass dem Herr Asmussen das Geld lieber wäre als der Fernseher. Schließlich schließt sie mit Frau Fey einen Kaufvertrag im Namen des Herrn Asmussen ab. Die Übergabe soll aber erst nach seiner Rückkehr an Frau Fey erfolgen. Als Herr Asmussen von seiner Geschäftsreise zurückkehrt, weigert er sich, den Fernseher an Frau Fey herauszugeben.

Hat Frau Fey einen Anspruch auf Herausgabe des Fernsehers?

4.6 Handelsrecht

Der in Kiel lebende Kaufmann K erteilt seinem fähigen Mitarbeiter P Prokura. Da momentan sehr viel Arbeit anfällt ist K überlastet. Aus diesem Grund hat er sich bei der Handelsregistermeldung verschrieben und meldet den B als Prokuristen an. B wird auch ins Handelsregister eingetragen und die Tatsache, dass B Prokura erhalten hat, wird auch öffentlich bekannt gemacht. B nimmt daraufhin am 26.07.2020 im Namen des K ein Darlehen bei der Nordbank AG auf. Diese verlangt im Nachgang von K die Zins- und Tilgungsleistung.

Zu Recht?

Abwandlung

Beurteilen Sie die Sachlage, wenn K die Prokura des P richtig angemeldet hat und das Registergericht versehentlich den B als Prokuristen eingetragen und dieses auch öffentlich bekannt gemacht hat.

Lösungshinweise Prüfungssatz III

1 Allgemeine Bankbetriebswirtschaft

1.1 Eigenmittel und Kapitalquoten nach CRR

		Hartes Kernkapital nach Art. 26 CRR	
		Grundkapital	1.400,0
	+	Rücklagen	1.600,0
	+	Sonderposten nach § 340g HGB	27,0
	−	*Abzugsposten nach Art. 36 ff CRR* Immaterielle Vermögenswerte	57,6
	=	**Hartes Kernkapital**	**2.969,4**
+		**Zusätzliches Kernkapital**	**–**
=		**Kernkapital**	**2.969,4**
		Ergänzungskapital nach Art. 62 CRR	
	+	Längerfristige Nachrangverbindlichkeiten	1.143,0
		Vorsorgereserven nach § 340f HGB (Obergrenze 1,25 % vom risikogewichteten Positionsbetrag für Kreditrisiken nicht überschritten)	536,4
	+	Genussrechtskapital	603,0
+	=	**Ergänzungskapital**	**2.282,4**
=		**Eigenmittel**	**5.251,8**

© Springer Fachmedien Wiesbaden GmbH, ein Teil von Springer Nature 2021
T. Mothes, *Abschlussprüfungen,* Prüfungstraining zum Bankfachwirt,
https://doi.org/10.1007/978-3-658-32526-8_21

Die relevanten Kapitalquoten ermitteln sich wie folgt:

Gesamtrisikobetrag:

Risikogewichteter Positionsbetrag für das Kreditrisiko	45.000,0
12,5 * Eigenmittelanforderung für operationelle Risiken	1.800,0
=	46.800,0

Harte Kernkapitalquote = 6,34 %

$$\frac{Hartes\ Kernkapital\ (2.969,4)\ *\ 100}{Gesamtrisikobetrag\ (46.800,0)}$$

Kernkapitalquote = 6,34 %

$$\frac{Kernkapital\ (2.969,4)\ *\ 100}{Gesamtrisikobetrag\ (46.800,0)}$$

Gesamtkapitalquote = 11,22 %

$$\frac{Eigenmittel\ (5.251,8)\ *\ 100}{Gesamtrisikobetrag\ (46.800,0)}$$

Die Quoten für das harte Kernkapital, das Kernkapital und das Gesamtkapital sind gem. Art. 92 CRR erfüllt (Mindestquoten: 4,5, 6 und 8 %).

Jedoch muss die Holsteinbank auch die zusätzlichen Kapitalpufferanforderungen gem. KWG erfüllen. §10c KWG fordert einen aus hartem Kernkapital vorzuhaltenden Kapitalerhaltungspuffer in Höhe von 2,5 %.

Diese Anforderung kann die Bank derzeit nicht erfüllen; hartes Kernkapital ist aufzubauen.

1.2 Marketing

a)

Stationärer Vertrieb (Filialvertrieb)	
Vorteile	**Nachteile**
• Die Bank hat den direkten und persönlichen Kundenkontakt. • Die Informationen zwischen Bank und Kunde fließen ungehindert. • Den Banken ermöglicht der Filialvertrieb einen leichteren Vertrieb vor Ort.	• Der Filialvertrieb verursacht hohe Kosten (Personal- und Sachaufwand). • Bei den Banken besteht eine mangelnde Anpassungsfähigkeit an Marktveränderungen. • Hohe Kapazitäten werden vorgehalten, die nicht immer voll ausgelastet sind. • Die Bank hat bei dem Filialvertrieb hohe Fixkosten zu tragen.

b)

Durch das Angebot des medialen Vertriebsweges stehen die unterschiedlichen Vertriebskanäle im Wettbewerb zueinander. Es kann vorkommen, dass sich die Kunden in der Bank persönlich und individuell beraten lassen und das Geschäft später via Internet bei der gleichen Bank zu günstigeren Konditionen abschließen. Für die Bank ist es schwer die Kundenbindung zu erhöhen. Der Grund liegt in der gestiegenen Preiselastizität der Kunden. Hierdurch stehen die Banken in einem noch stärkeren Wettbewerb zueinander. Die hohe Transparenz trägt zusätzlich zu dem schon vorhandenen Wettbewerb bei.

1.3 Marktzinsmethode

a)

Bei dem Barwertkonzept werden die Zahlungsströme betrachtet, die ein Geschäft mit sich bringt, d. h. Einzahlungen und Auszahlungen innerhalb einer Periode werden betrachtet. Zur Vereinfachung wird davon ausgegangen, dass sich die Zahlungsströme immer auf das Ende einer Periode beziehen. Barwert bedeutet, dass eine Abzinsung/ Abdiskontierung aller zukünftigen Zahlungsströme auf den „heutigen" Abschlussstichtag vorgenommen wird. Somit lassen sich Neugeschäfte im Gegensatz zur herkömmlichen Marktzinsmethode noch besser bewerten und kalkulieren. Der Gesamtzinserfolg ist am Abschlussstichtag berechenbar. Jeder Zahlungsstrom wird mit einem Zinssatz des Geld- und Kapitalmarktes belegt. Der Strukturbeitrag (Fristentransformationsbeitrag) spielt hierbei keine Rolle. Ausschlaggebend bei dem Barwertkonzept sind die Höhe und Laufzeit des Geschäftes.

Vorteile
- Es ist keine stichtagsbezogene Betrachtung.
- Die Zeiträume werden berücksichtigt.
- Es erfolgt keine Zusammenfassung/Periodisierung von Stromgrößen.
- Zahlungen, die nicht zum gleichen Zeitpunkt erfolgen, sind unterschiedlich viel wert (der Zinseszinseffekt wird berücksichtigt).
- Das Barwertkonzept stellt keine reine Margenbetrachtung dar.
- Es erfolgt keine Vermischung mit Bestands- und Neugeschäften.

b)

Jahr	0	1	2	3	4	5	Abzinsungsfaktor
Auszahlung	−100.000	8.000	8.000	8.000	8.000	108.000	
Jahr 5	100.935	−7.065	−7.065	−7.065	−7.065	−108.000	:1,07
					935	0	
Jahr 4	882	−53	−53	−53	-935		:1,06
				882	0		
Jahr 3	840	−42	−42	882			:1,05
			840	0			
Jahr 2	808	−32	−840				:1,04
		808	0				
Jahr 1	784	−808					:1,03
	4.249	0					

1.4 Bilanzpolitik

a)

Da in der Aufgabenstellung schon ein negatives Ergebnis vorgegeben wurde, ist im Folgenden zu versuchen, möglichst wenig an Aufwendungen durch Bewertungsmaßnahmen „anzusetzen". Ferner sind Zuschreibungspotenziale auszunutzen und mögliche Gewinne aus dem Verkauf von Aktiva zu realisieren.

Somit ergibt sich folgende Berechnung:

Geschäftsvorfall	Maßnahme	Auswirkung auf das Ergebnis in Mio. EUR	kumuliertes Ergebnis in Mio. EUR
			−90,00
1.	Umwidmung der IHS ins Anlagevermögen; Wertminderung ist nicht dauerhaft, Verzicht auf Abschreibung auf 100 Mio. EUR; Wertansatz zu 120 Mio. EUR	0,00	−90,00
2.	Verkauf der Immobilie zu 100 Mio. EUR; a.o. Ertrag 10 Mio. EUR	+ 10,00	−80,00

Geschäftsvorfall	Maßnahme	Auswirkung auf das Ergebnis in Mio. EUR	kumuliertes Ergebnis in Mio. EUR
3.	Rückkauf der Schuldverschreibung und „Vernichtung". So werden „Vernichtungsgewinne" in Höhe von 9 Mio. EUR erzielt	+ 9,00	−71,00
4.	EWB werden nur zu 17 Mio. EUR gebildet und zu 5 Mio. EUR aufgelöst	−12,00	−83,00
5.	Auflösung der Vorsorgereserven in Höhe von 83,00 Mio. EUR	+ 83,00	0,00

Da bei einem negativen Zwischenergebnis keine Steuerlast zu ermitteln ist, kann wie oben skizziert an dieser Stelle schon die Auflösung der Vorsorgereserven erfolgen.

▶   **Wichtig** Weitere Maßnahmen der Bilanzpolitik vor und nach dem Bilanzstichtag entnehmen Sie bitte dem Buch: Allgemeine Bankbetriebswirtschaft aus dieser Reihe.

1.5 CRR

a)
Für die einzelnen Geschäfte ist zunächst der risikogewichtete Positionsbetrag für das Kreditrisiko zu ermitteln. Dieser ergibt sich bei den vorliegenden bilanziellen Geschäften aus der Bemessungsgrundlage (BMG -i. d. R. der Buchwert) und dem Risikogewicht (RGW). Aus dem risikogewichteten Positionsbetrag (rPB) wird dann der Bedarf an Eigenmitteln abgeleitet. Er beträgt 8 % des risikogewichteten Positionsbetrages.

Geschäft	BMG in TEUR	RGW	Risikogewichteter Positionsbetrag in TEUR
1	1.000,00	50 %	500,00
2	23.000,00	0 %	0,00
3	6.000,00	75 %	4.500,00
4	230,00	100 %	230,00
5	3.000,00	100 %	3.000,00
Summe:			8.230,00 * 8 %

Bedarf an Eigenmitteln = 658,40

Die jeweiligen Risikogewichtungen entnehmen Sie den Art. 114ff CRR.

b)

Die benötigte Eigenmittelunterlegung geht als Eigenkapital (Eigenmittel)-verzinsung in die Kreditkondition mit ein. Je mehr an Eigenmittel für ein Kreditgeschäft vorgehalten werden muss, desto höher ist der Kreditzins.

c)

Der Anrechnungsbetrag für das operationelle Risiko ermittelt sich wie folgt:

15 Mio. EUR *15 % = 2,25 Mio. EUR

Es müssen also insgesamt 2,25 Mio. EUR an Eigenmittel zur Unterlegung der operationellen Risiken vorgehalten werden.

1.6 Vorsorgereserven

	Stille Vorsorgereserven nach § 340f HGB	Offene Vorsorgereserven (Sonderposten für allgemeine Bankrisiken nach § 340g HGB)
Begrenzung der Bildung	Der Betrag der gebildeten Vorsorgereserven darf 4 % der bezeichneten Vermögensgegenstände nicht übersteigen.	Es gibt keine Begrenzung. Nach § 340g HGB dürfen sie gebildet werden, soweit dies nach vernünftiger kaufmännischer Beurteilung wegen der besonderen Risiken des Geschäftszweiges der Kreditinstitute notwendig ist.
Steuerliche Anerkennung	Die Bildung mindert den Gewinn, aber nicht den zu versteuernden Gewinn. Somit ist eine steuerliche Anerkennung nicht gegeben.	Die Bildung mindert den Gewinn, aber nicht den zu versteuernden Gewinn. Somit ist eine steuerliche Anerkennung nicht gegeben.
Ausweis in der Bilanz	Die stillen Vorsorgereserven werden in der Bilanz nicht ausgewiesen. Es erfolgt eine aktivische Absetzung.	Die offenen Vorsorgereserven werden offen auf der Passivseite ausgewiesen. Bilanzposition: Fonds für allgemeine Bankrisiken.
Zuordnung zu den Eigenkapitalbestandteilen	Die stillen Vorsorgereserven zählen zu dem Ergänzungskapital.	Die offenen Vorsorgereserven werden dem Kernkapital zugeordnet.
Vermögenspositionen, die als Basis dienen	• Forderungen an Kunden • Forderungen an Kreditinstitute • Wertpapiere der Liquiditätsreserve	Die Bildung der offenen Vorsorgereserven ist nicht an bestimmte Vermögenspositionen gebunden.

2 Betriebswirtschaft

2.1 Kommunikation – Kommunikationsmodell nach Watzlawick

a) Ein Axiom ist ein gültig anerkannter Grundsatz, der nicht bewiesen werden muss.

b)

1. Axiom: „Man kann nicht nicht kommunizieren."
Erklärung: Auch wenn der Mensch nicht spricht, kommuniziert er. Kommunikation kann u. a. durch Schweigen oder Körpersprache erfolgen. Zur Kommunikation reicht es aus, wenn sich zwei Personen gegenseitig wahrnehmen können.

2. Axiom: „Jede Kommunikation hat einen Inhalts- und einen Beziehungsaspekt derart, dass letzterer den ersteren bestimmt und daher eine Metakommunikation ist."
Erklärung: Jede Kommunikation beinhaltet einen Inhaltsaspekt und zusätzlich einen Beziehungsaspekt. Der Beziehungsaspekt gibt den Hinweis, wie der Sender seine Botschaft/Nachricht verstanden haben will. Wenn ein Mensch etwas sagt, tut er dies immer auf eine bestimmte Art und Weise. Der Beziehungsaspekt bestimmt den Inhaltsaspekt durch Tonfall, Mimik und Gestik.

3. Axiom: „Die Natur einer Beziehung ist durch die Interpunktion der Kommunikationsabläufe seitens der Partner bedingt".
Erklärung: Jede Aktion des einen Partners löst eine Reaktion des anderen Partners aus. Die Ursache für die eigene Reaktion wird dem anderen Partner zugeordnet.

© Springer Fachmedien Wiesbaden GmbH, ein Teil von Springer Nature 2021
T. Mothes, *Abschlussprüfungen,* Prüfungstraining zum Bankfachwirt,
https://doi.org/10.1007/978-3-658-32526-8_22

4. Axiom: „Menschliche Kommunikation bedient sich digitaler (verbaler) und analoger (non-verbaler) Modalitäten (Ausdrucksmittel)."

Erklärung: Nicht nur die Sprache, sondern auch non-verbale Ausdrucksmittel teilen Informationen mit.

Analoge Zeichen stehen in einer Ähnlichkeitsbeziehung zu dem Sachverhalt, digitale Zeichen nicht. Mit den analogen Modalitäten wird oftmals die Beziehungsebene dargestellt und mit den digitalen Modalitäten die Inhaltsebene.

5. Axiom: „Zwischenmenschliche Kommunikationsabläufe sind entweder symmetrisch (gleichwertig) oder komplementär (ergänzend), je nachdem ob die Beziehung zwischen den Partnern auf Gleichheit oder Unterschiedlichkeit beruht."

Erklärung: Partner mit gleichen kommunikativen Möglichkeiten kommunizieren symmetrisch. Partner mit unterschiedlichen kommunikativen Möglichkeiten kommunizieren komplementär.

2.2 Arbeitsrecht – Kündigung

Voraussetzungen für eine wirksame Kündigung sind:

- Kündigungsabsicht der Westbank AG
- Mitteilung an den Betriebsrat
- Anhörung des Betriebsrates (Zeitraum: 1 Woche nach § 102 Abs. 2 S. 1 BetrVG)
- Der Betriebsrat widerspricht innerhalb von drei Tagen und somit innerhalb der gesetzlichen Frist.
- Der Arbeitgeber kann die Kündigungsabsicht aufgeben oder die Westbank AG kündigt mit Abschrift des Widerspruchs (§ 102 Abs. 4 BetrVG).
- Schriftliche Kündigungserklärung der Westbank AG, die erst nach Anhörung des Betriebsrats den Machtbereich des Arbeitgebers verlassen darf.
- Zugang der Kündigung bei Herrn Kleinlich
- Einhaltung der entsprechenden Kündigungsfristen

Da die Voraussetzungen eingehalten worden sind, ist die Kündigung wirksam. Der Widerspruch des Betriebsrats hindert den Arbeitgeber nicht an der Kündigung.

Herr Kleinlich kann einen Weiterbeschäftigungsanspruch haben. Voraussetzung ist, dass eine ordentliche Kündigung vorliegt und der Betriebsrat ordnungsgemäß und fristgerecht widersprochen hat. Dieses ist hier gegeben. Herr Kleinlich muss dann noch Kündigungsschutzklage innerhalb von drei Wochen nach Zugang der schriftlichen Kündigung erheben (§ 102 Abs. 5 BetrVG; §4 KSchG).

2.3 Kalkulatorische Kosten – Kalkulatorische Zinsen

a)

Ziel der Kostenrechnung ist es, einen fairen Markpreis zu kalkulieren. Der Marktpreis soll unabhängig von Finanzierungsvarianten sein.

Kalkulatorische Zinsen sind Opportunitätskosten und somit Kosten des Verzichts. Man entscheidet sich für ein bestimmtes Geschäft und somit gegen eine Alternative. Die Höhe der Opportunitätskosten bestimmt sich nach dem Wert der nicht gewählten Alternative. Der Unternehmer verzichtet auf eine alternative Anlage seines Kapitals und auf Zinserträge. Der Kapitalvorrat verliert ferner an Wert. Dies ist der Grund, warum auf das betriebsnotwendige Kapital kalkulatorische Zinsen erhoben werden. Die Bilanz berücksichtigt nur die Fremdkapital-Zinsen und keine Eigenkapital-Zinsen. Ferner schwanken die Fremdkapital-Zinsen und stellen somit keine sichere Kalkulationsbasis dar.

b)

Anlagevermögen:	in TEUR
Grundstücke (nicht abnutzbar) – voller Wertansatz:	220,0
Gebäude (abnutzbar) – hälftiger Wertansatz:	440,0
Anlagen (abnutzbar) – hälftiger Wertansatz:	330,0
geringwertige Wirtschaftsgüter – hälftiger Wertansatz:	47,5
Umlaufvermögen:	
Forderungen aus Lieferung + Leistung:	320,0
Kassenbestand:	140,0
fertige und unfertige Erzeugnisse:	205,0
Werkstoffe (Roh-, Hilfs- u. Betriebsstoffe):	179,0
= betriebsnotwendiges Vermögen	1.881,5
abzgl. zinsfreies Abzugskapital	0,0
= betriebsnotwendiges Kapital	1.881,5
kalk. Zinsen = betriebsnotwendiges Kapital x Zinssatz	150,5

Erläuterungen

Das Grundstück ist nicht abnutzbar und geht in Höhe des vollen Wertansatzes in die Berechnung ein. Das Gebäude ist abnutzbar, d. h. der hälftige Wertansatz wird berücksichtigt.

Auch die technischen Anlagen, Maschinen und die geringwertigen Wirtschaftsgüter stellen abnutzbares Anlagevermögen dar. Diese angegebenen Werte gehen ebenfalls mit dem hälftigen Wertansatz in die Berechnung des betriebsnotwendigen Vermögens bzw. Kapitals ein.

Forderungen aus Lieferungen und Leistungen, der Kassenbestand, fertige und unfertige Erzeugnisse und die Werkstoffe sind betriebsnotwendig und werden dem Umlaufvermögen zugeordnet. I. d. R. ergibt sich beim Umlaufvermögen der Wertansatz aus ½ (Anfangsbestand+Endbestand). Mangels Angaben (in der Aufgabenstellung wird jeweils nur eine Wertgröße genannt) gehen die angegebenen Werte in voller Höhe in die Berechnung ein.

Vermietete Produktionsanlagen und Finanzanlagen (hier: Wertpapiere und Beteiligungen) stellen kein betriebsnotwendiges Vermögen bzw. Kapital dar. Ausnahmen, besonders bei den Finanzanlagen, sind hiervon ausgenommen.

2.4 Bewertung – Anlagenspiegel

a) Werte in TEUR

Jahr	AHK	Zugänge	Abgänge	Umbuchung	Zuschreibung	AfA kumuliert	Restbuchwert	Restbuchwert Vorjahr	AfA
2015		150				25	125	0	25
2016	150					50	100	125	25
2017	150					75	75	100	25
2018	150		150			0	0	75	25
2019									

b) Anschaffungskosten nach § 255 Abs. 1 HGB:

Nettokaufpreis:	280.000,00 EUR
abzgl. Rabatt:	16.800,00 EUR
=	263.200,00 EUR
abzgl. Skonto:	5.264,00 EUR
=	257.936,00 EUR
+Transportkosten netto:	8.100,00 EUR
+Transportkostenversicherung:	600,00 EUR
+Material für Montage:	1.750,00 EUR
+Löhne für die Montage:	1.100,00 EUR
+Zusatzteil netto:	3.500,00 EUR
=AK	**272.986,00 EUR**

Wichtig ist hierbei die Beachtung der Reihenfolge von Rabatt und Skonto.

2.5 Finanzierung

a)

Bei dem ersten Zielkonflikt handelt es sich um einen „formellen Zielkonflikt". Es bestehen Unterschiede zwischen Ein- und Auszahlungen gegenüber Erlösen/Kosten bzw. Erträgen/Aufwendungen.

Der „materielle Zielkonflikt" besteht zwischen den Unternehmenszielen Rentabilität und Liquidität. Ist das gesamte Kapital eines Unternehmens investiert, so wird die Rentabilität hoch sein. Die Liquidität ist aber gering. Ist dagegen das gesamte Kapital eines Unternehmens nicht investiert, so wird die Rentabilität niedrig sein. Die Liquidität ist aber hoch.

Ziel des Unternehmens muss es sein, so viel Gewinn wie möglich zu erzielen und so viel Liquidität wie nötig vorzuhalten. Das Oberziel ist die Gewinnerzielung (Rentabilität) und das Nebenziel ist die Liquidität. Das Nebenziel muss sich dem Oberziel unterordnen und die Steuerung der Liquidität hat so zu erfolgen, dass ein hoher Beitrag zum Gewinn/Rentabilität geleistet wird.

b)

Die Finanzierung umfasst alle Maßnahmen zur Bereitstellung und Rückzahlung von finanziellen Mitteln, die für Investitionen benötigt werden.

- alle Maßnahmen zur Bereitstellung von Kapital
- Versorgung des Betriebes mit Geldmitteln zur Beschaffung von Produktivgütern
- Die Finanzierung ist der Vorgang der Kapitalbeschaffung.
- Die Finanzierung umfasst alle Maßnahmen zur Aufrechterhaltung des finanziellen Gleichgewichts einer Unternehmung.

c)

- Die Beteiligungsfinanzierung führt zu einer Bereitstellung von Eigenkapital. Es handelt sich hierbei um eine externe Eigenfinanzierung. Es entstehen Eigentümerrechte. Das Kapital fließt von außen in das Unternehmen. Die Kapitalgeber sind die Eigentümer bei einer Personengesellschaft oder die Anteilseigner bei einer Kapitalgesellschaft. Börsennotierten Unternehmen steht ein organisierter Kapitalmarkt zur Beschaffung von Eigenkapital zur Verfügung (=Börse). Der Anteilseigner erwirbt einen Quotenanteil am Eigenkapital des Unternehmens. Der Erfolgsanspruch ist erfolgsabhängig und variabel, d. h. der Erfolgsanspruch ist von der Gewinn- bzw. Verlustsituation des Unternehmens abhängig. Die Haftung des Kapitalgebers kann unbegrenzt oder begrenzt sein. Eine unbegrenzte Haftung besteht z. B. bei einem Komplementär. Der Kommanditist dagegen haftet nur begrenzt.
- Bei der Selbstfinanzierung ist zwischen der offenen und stillen Selbstfinanzierung zu unterscheiden.

Offene Selbstfinanzierung

Die offene Selbstfinanzierung erfolgt durch die Thesaurierung von Gewinnen. Bei Personengesellschaften verändern sich durch die Thesaurierung die variablen Eigenkapitalkonten. Bei Kapitelgesellschaften werden Gewinnrücklagen oder Gewinnvorträge gebildet.

Stille Selbstfinanzierung

Die stille Selbstfinanzierung kann durch die Unterbewertung der Aktiva erfolgen. Hierbei werden höhere Abschreibungen angesetzt oder Aktivierungen, bei denen ein Wahlrecht besteht, werden nicht aktiviert. Die stille Selbstfinanzierung kann aber durch die Überbewertung der Passiva erfolgen.

2.6 Jahresabschlussanalyse

a)
1. Sammlung und Sichtung der Daten
2. Verschaffung eines allgemeinen Überblicks
3. Aufbereitung der Daten
   - Es ist die Vorstufe zur Auswertung.
   - Die einzelnen Bilanz- und GuV-Positionen werden zerlegt und neu geordnet.
   - Die quantitativen Daten werden strukturiert und verdichtet.
4. Auswertung der Daten:
   - Die zu berechnenden Kennziffern müssen ausgewählt werden.
   - Berechnung der Kennziffern
   - Die ermittelten Werte müssen interpretiert werden.
   - Die Ursachen für mögliche Abweichungen werden ermittelt.
   - Abschließend erfolgt eine Prognose für die Zukunft.
5. Verschaffung eines Gesamtbildes
6. Darstellung und Stellungnahme der Ergebnisse

b)
vertikale Kennzahlen
Größen derselben Bilanzseite werden zueinander in Beziehung gesetzt

- Vermögensstruktur oder Kapitalstruktur

horizontale Kennzahlen
Größen verschiedener Bilanzseiten werden miteinander kombiniert

- Finanzstruktur oder Liquiditätsstruktur

c)

- Auftragslage des Unternehmens
- Termine für Ein- und Auszahlungen
- Kreditzusagen der Banken
- Kapazitätsauslastung
- Stand der Forschung und Entwicklung
- Innovationsfähigkeit
- Ausbildung der Mitarbeiter
- Qualität des Managements
- Stellung am Markt des Unternehmens

d)

Eigenkapital: 250.000,00 EUR: $(6+3) * 3 = 83.333,33$ EUR.

Fremdkapital: 250.000,00 EUR $-$ 83.333,33 EUR $=$ 166.666,67 EUR.

FK-Zinsen: 166.666,67 EUR $* 6\% =$ 10.000,00 EUR.

Umsatz: 4500 Stück $*$ 25,00 EUR $=$ 112.500,00 EUR

$$\text{Eigenkapitalrentabilität:} \frac{15.750,00\,\text{EUR} * 100}{83.333,33\,\text{EUR}} = 18,90\%$$

$$\text{Gesamtkapitalrentabilität:} \frac{(15.750,00\,\text{EUR} + 10.000,00\,\text{EUR}) * 100}{250.000,00\,\text{EUR}} = 10,30\%$$

$$\text{Umsatzrentabilität (netto):} \frac{15.750,00\,\text{EUR} * 100}{112.500,00\,\text{EUR}} = 14\%$$

3 Volkswirtschaft

3.1 Geldpolitik

a)
Nach der EZB herrscht Preisniveaustabilität, wenn der „Harmonisierte Verbraucherpreisindex (HVPI)" in der EWU um weniger als 2 % gegenüber dem Vorjahr ansteigt.

b)

1. Säule – wirtschaftliche (kurzfristige) Säule
Innerhalb dieser Säule erfolgt die Beobachtung der Inflationsentwicklung und die Beobachtung der Größen, die Einfluss auf die Inflation haben. Es erfolgt eine umfassende Beurteilung der Preisperspektiven sowie eine Vorhersage der gesamtwirtschaftlichen Entwicklung anhand geeigneter Indikatoren. Zu den Indikatoren zählen:

- kurzfristige Konjunkturindikatoren
- Preis- und Kostenindikatoren
- Finanzmarktindikatoren
- Branchen- und Verbraucherumfragen

2. Säule – monetäre (langfristige) Säule
In der 2. Säule wird ein Referenzwert für das Geldmengenwachstum M 3 ermittelt. Der Referenzwert wird als Punktwert bekannt gegeben und dient als Richtwert. Der ermittelte Referenzwert wird mit der aktuellen Geldmengenentwicklung verglichen. Es ist ein zeitloser Wert, der ständig überprüft wird.

© Springer Fachmedien Wiesbaden GmbH, ein Teil von Springer Nature 2021
T. Mothes, *Abschlussprüfungen,* Prüfungstraining zum Bankfachwirt,
https://doi.org/10.1007/978-3-658-32526-8_23

Der Referenzwert wird aus drei Komponenten entwickelt:

1. Trendwachstum des Bruttoinlandsproduktes
   - 2 % bis 2,5 %
2. Preiskomponente (unvermeidbare Inflation)
   - max. 2 %
3. Veränderung der Umlaufgeschwindigkeit des Geldes
   - 0,5 % bis 1 %

Der Referenzwert für das Geldmengenwachstum wird mit 4,5 % festgelegt. Sofern das Ziel „Preisniveaustabilität" gefährdet ist, wird die EZB im Rahmen der Geldpolitik geeignete Maßnahmen ergreifen, damit das Ziel wieder erreicht wird.

c)
Durch die „Zwei-Säulen-Strategie" kann ein sogenannter Ankündigungseffekt entstehen, d. h. durch Bekanntgabe des Geldmengenziels und des Inflationsziels kann es zur Stabilisierung kommen. Ferner werden flexible Reaktionen auf Marktanforderungen und geldpolitische Reaktionen ermöglicht.

3.2 Markt und Nachfrage

a)
Zu einer Bewegung auf einer gegebenen Nachfragekurve kommt es, wenn sich nur der Preis des Gutes verändert. Dadurch kommt es zu einer Veränderung der nachgefragten Menge. Die Nachfrage steigt bzw. sinkt. Zu einer Verschiebung einer Nachfragekurve kommt es, wenn sich nicht der Preis des Gutes ändert, sondern ein oder mehrere andere Faktoren. Dadurch kommt es zu einer Veränderung der Nachfrage. Die Nachfrage nimmt zu bzw. nimmt ab.

Beispiele für eine Linksverschiebung, d. h. Abnahme der Nachfrage
- Preissenkung bei einem anderen Substitutionsgut
- Preissteigerung bei einem anderen Komplementärgut
- Einkommensminderungen (bei einem superioren Gut)
- Negative Zukunftserwartungen

Beispiele für eine Rechtsverschiebung, d. h. Zunahme der Nachfrage
- Preissteigerung bei einem anderen Substitutionsgut
- Preissenkung bei einem anderen Komplementärgut
- Einkommenserhöhungen (bei einem superioren Gut)
- Positive Zukunftserwartungen

b)

Die Funktionen des Marktes sind

- Vermittlungsfunktion (Vermittlung zwischen Anbietern und Nachfragern)
- Bewertungsfunktion (Ergeben eines Marktpreises)
- Informationsfunktion (Die Anbieter informieren sich über die Nachfrager und die Nachfrager informieren sich über das Angebot und den Preis.)

Märkte werden unterschieden (Marktarten)

- nach dem Umfang der staatlichen Marktbeeinflussung:
  - freie Märkte, d. h. ohne Eingriffe des Staates
  - regulierte Märkte, d. h. der Staat greift ein, wenn er seine politischen Ziele gefährdet sieht
- nach dem Umfang der Marktzutrittsmöglichkeit:
  - offene Märkte, d. h. jeder kann Anbieter und Nachfrager sein. Es gibt keine Zugangsbeschränkungen
  - beschränkte Märkte, d. h. der Marktzutritt ist an bestimmte Voraussetzungen gebunden (z. B. Konzessionen)
  - geschlossene Märkte, d. h. der Zutritt ist nicht jedem möglich
- nach Güter- oder Faktormärkten:
  - Gütermärkte (Waren- und Dienstleistungsmärkte; Konsum- und Produktionsgüter)
  - Faktormärkte (z. B. Immobilienmärkte und Arbeitsmärkte)
- nach Art des Organisationsgrades:
  - organisierte Märkte, d. h. das Marktgeschehen läuft nach bestimmten Regeln ab, wobei Ort und Zeit auch bestimmt sind (z. B. Börse, Messe, Auktionen)
- nicht organisierte Märkte, d. h. das Marktgeschehen ist nicht an Regeln gebunden nach der Zentralisierung:
  - zentralisierte Märkte (Angebot und Nachfrage treffen direkt aufeinander)
  - dezentralisierte Märkte (Verkäufer kommt zum Käufer, z. B. Versicherungsvertreter)

Neben den Marktarten werden insgesamt neun Marktformen unterschieden

Nachfrager / Anbieter	einer	wenige	viele
einer	zweiseitiges (bilaterales) Monopol	beschränktes Angebotsmonopol	Angebotsmonopol
Wenige	beschränktes Nachfragemonopol	zweiseitiges Oligopol	Angebotsoligopol
viele	Nachfragemonopol (Monopson)	Nachfrageoligopol (Oligopson)	zweiseitiges Polypol

c)

Mindestpreise liegen über dem Gleichgewichtspreis. Die Anbieter sollen vor niedrigeren Preisen geschützt werden. Sie sollen die Anbieter besserstellen (Ziel: Existenzschutz). Die Nachfrager müssen mindestens den Mindestpreis zahlen, er darf nicht unterschritten werden. Durch die Festsetzung des Mindestpreises soll die Entstehung eines niedrigeren Gleichgewichtspreises und ein Unterbietungsprozess bei den Anbietern verhindert werden. Die Folge ist, dass ein Angebotsüberschuss entsteht. Das Angebot erhöht sich, weil die Produktion rentabler wird und auch andere Anbieter auf den Markt auftreten, die nicht bereit waren, zum Gleichgewichtspreis anzubieten. Den Angebotsüberschuss muss der Staat aufkaufen oder er muss vernichtet werden. Sollte dies nicht erfolgen, so drohen „graue Märkte".

3.3 Grundzüge der Makroökonomie

a)

Nach Say schafft sich jedes Angebot seine eigene Nachfrage, d. h. das Angebot bestimmt die Nachfrage. Es kann daher keine Über- und Unterproduktionen (Konjunkturen) geben, weil nur soviel hergestellt wird, wie auch benötigt wird.

Vertiefung der Aussage

Der Wert der gesamtwirtschaftlichen Produktion entspricht dem Volkseinkommen und das Volkseinkommen entspricht dem Konsum. Jedoch muss berücksichtigt werden, dass das Volkseinkommen nicht immer dem Konsum entspricht. Das Volkseinkommen wird für den Konsum und für das Sparen verwendet.

Nur wenn gewährleistet werden kann, dass die Ersparnisse den Investitionen entsprechen, hat das Say'sche Theorem wieder Gültigkeit. Das Ziel wird mithilfe des Zinssatzes erreicht. Das Sparen führt zu einer Erhöhung des Sparkapitals und zu einem Sinken des Zinsniveaus. Sofern das Zinsniveau sinkt, steigen die Investitionen. Die Ersparnisse werden von der Bank als Kredite vergeben. Durch die Investitionsgüternachfrage der Unternehmen werden die Ersparnisse auch nachfragewirksam.

Vertiefung der Aussage

Der Wert der gesamtwirtschaftlichen Produktion entspricht dem Volkseinkommen und das Volkseinkommen entspricht dem Konsum und Sparen bzw. dem Konsum und den Investitionen.

b)

Keynes ging jedoch davon aus, dass die Investitionen nicht zinsabhängig/zinselastisch sind. Die Investitionen seien eher zinsunelastisch, d. h. es existieren überwiegend autonome Investitionen. Bei niedrigen Zinsen würden die Unternehmen nicht mehr

Investitionen durchführen. Wenn die Investitionen nicht zinsabhängig sind, so wird der Nachfrageausfall (das Sparen) nicht durch die zusätzliche Investitionsgüternachfrage ausgeglichen, d. h. die Nachfrage nach Gütern ist kleiner als das Angebot. Die Ersparnisse und die Investitionen gleichen sich nicht aus (siehe Liquiditäts- und Investitionsfalle).

Nimmt die gesamtwirtschaftliche Nachfrage ab, so passt sich das gesamtwirtschaftliche Angebot der neuen Nachfrage an. Somit nimmt das Angebot ab. Das neue Gleichgewicht bzw. Ungleichgewicht liegt nun unterhalb des Produktionspotenzials und damit unterhalb der Vollbeschäftigung. Es entsteht ein Gleichgewicht bei Unterbeschäftigung.

Die These von Keynes ist, dass die gesamtwirtschaftliche Nachfrage die Höhe des Sozialproduktes, das Volkseinkommen und die Beschäftigung bestimmt. (Die Nachfrage bestimmt das Angebot). Die Nachfrage schwankt und Schwankungen führen zu Veränderungen des Gleichgewichts. Der Staat muss selber auf den Markt treten (eingreifen), um die gesamtwirtschaftliche Nachfrage zu stabilisieren, d. h. der Staat muss selber mitspielen, damit die Wirtschaft floriert.

3.4 Preiselastizität

a)

Die direkte Preiselastizität der Nachfrage ist das Verhältnis einer prozentualen Nachfrageänderung (Menge) für ein bestimmtes Gut zu einer prozentualen Preisänderung dieses Gutes.

b)

$$El_{direkt} = \frac{\text{prozentuale Nachfrageänderung (Mengenänderung)}}{\text{prozentuale Preisänderung}}$$

$$El_{direkt} = \frac{\Delta x}{x} : \frac{\Delta p}{p}$$

c)

Elastische Nachfrage
Eine Preisänderung bewirkt eine überproportional große Änderung der nachgefragten Menge. $E < -1$.

Unelastische Nachfrage

Eine Preisänderung führt zu einer geringen Änderung der nachgefragten Menge bzw. die Änderung der nachgefragten Menge fällt verhältnismäßig geringer als die Preisänderung aus. $-1 < E < 0$.

Zusammenhang zwischen Elastizität, Ausgaben und Erlösen

	Unelastische Nachfrage	Elastische Nachfrage
Preissenkung	Konsumausgaben und Erlöse sinken	Konsumausgaben und Erlöse steigen
Preiserhöhung	Konsumausgaben und Erlöse steigen	Konsumausgaben und Erlöse sinken

d)

$$El_{direkt} = \frac{\Delta x}{x} : \frac{\Delta p}{p}$$

$$El_{direkt} = \frac{-20}{150} : \frac{+0{,}40}{0{,}90} = -0{,}30$$

Die Nachfrage ist unelastisch. Die prozentuale Veränderung der mengenmäßigen Nachfrage (13,33 %) ist geringer als die prozentuale Veränderung des Preises (44,44 %).

e)

Stellen Sie sich vor, dass die Natur den Landwirten in einem bestimmten Jahr eine besonders reiche Ernte beschert. Das gute Wetter und die Superernte haben sich auf das Einkommen der Landwirte negativ ausgewirkt.

Warum? Das Angebot der Güter nimmt zu. Die Angebotskurve verschiebt sich nach rechts. Somit fällt der Preis und die Menge steigt. Die Nachfrage nach den Gütern (hier: Lebensmittel) ist unelastisch und weitet sich daher kaum aus. Der Preiseffekt ist größer als der Mengeneffekt. Somit erzielen die Landwirte niedrigere Erlöse.

Genau andersherum sieht es aus, wenn eine schlechte Ernte erzielt wurde. Der Preiseffekt ist größer als der Mengeneffekt. Somit trägt die schlechte Ernte dazu bei, dass die Erlöse/Einkommen der Landwirte steigen.

3.5 Wechselkurs

a)

Wechselkurssysteme flexibler Wechselkurse

Angebot und Nachfrage bestimmen den Wechselkurs. Das System flexibler Wechselkurse ist nur in marktwirtschaftlichen Ordnungen möglich.

Das System der flexiblen Wechselkurse lässt sich in zwei Unterformen aufteilen:

- Flexible Wechselkurse (Floating):
  - Nur Angebot und Nachfrage bestimmen den Wechselkurs.
  - Es gibt keine Eingriffe in Angebot oder Nachfrage.
  - Keine Einmischung des Staates bzw. der Zentralbank.
- „Schmutziges" Floating:
  - Angebot und Nachfrage bestimmen den Wechselkurs.
  - Der Staat bzw. die Zentralbank greifen aus wirtschaftspolitischen Gründen in den Devisenmarkt ein.
  - Interventionen, indem Devisen angeboten bzw. nachgefragt werden.

Wechselkurssysteme fester Wechselkurse
Bei dem System der festen Wechselkurse setzt der Staat den Wechselkurs fest.

Auch das System der festen Wechselkurse lässt sich in zwei Unterformen aufteilen:

- Feste Wechselkurse mit Bandbreiten:
  - Der Staat setzt den Wechselkurs fest, d. h. der Kurs wird administrativ festgesetzt.
  - Der Staat bestimmt Grenzen (=Bandbreiten).
  - Innerhalb der Bandbreiten kann der Wechselkurs durch Angebot und Nachfrage frei schwanken.
  - Bei drohenden Unter- bzw. Überschreitungen erfolgen Interventionen.
- Feste Wechselkurse:
  - Der Staat setzt den Wechselkurs fest, d. h. der Kurs wird administrativ festgesetzt.
  - Der Staat unterbindet den freien Devisenmarkt.
  - Die Wechselkurse entsprechen nicht dem Marktpreis.

b)

Euro-Nachfrage
Gründe für die Euro-Nachfrage/US-$-Angebot:

1. Exportrechnung in US-$:
   Europäische Exporteure, die in US-$ bezahlt wurden.
   Europäische Exporteure fragen Euro nach (bieten US-$ an), damit sie ihre Zahlungsverpflichtungen (Löhne, Material) erfüllen können.
2. Exportrechnung in Euro:
   Nicht-europäische Importeure, die in Euro zahlen müssen.

Amerikanische Importeure fragen Euro nach (bieten US-$ an), wenn die Rechnung in Euro ausgestellt (fakturiert) ist.

3. Amerikanische Kapitalanleger fragen Euro nach (bieten US-$ an), wenn sie von einer US-$-Anlage in eine Euro-Anlage wechseln wollen.

Euro-Angebot

Gründe für das Euro-Angebot/US-$-Nachfrage:

1. Exportrechnung in Euro:
   Nicht-europäische Exporteure, die in Euro bezahlt wurden.
   Amerikanische Exporteure bieten Euro an (fragen US-$ nach), damit sie ihre Zahlungsverpflichtungen (Löhne, Material) erfüllen können.
2. Exportrechnung in US-$:
   Europäische Importeure, die in US-$ zahlen müssen.
   Europäische Importeure bieten Euro an (fragen US-$ nach), wenn die Rechnung in US-$ ausgestellt (fakturiert) ist.
3. Europäische Kapitalanleger bieten Euro an (fragen US-$ nach), wenn sie von einer Euro-Anlage in eine US-$ Anlage wechseln wollen.

3.6 Außenhandel

a)

I) Entstehung von EG und EFTA

Die EG (Europäische Gemeinschaft) Die EG ist eine Zusammenfassung der folgenden drei Gemeinschaften:

- EGKS (Europäische Gemeinschaft für Kohle und Stahl),
- EWG (Europäische Wirtschaftsgemeinschaft) und
- EURATOM (Europäische Atomgemeinschaft).

II) Von der Europäischen Gemeinschaft zur Europäischen Union

1. Einheitliche Europäische Akte:
   Ziele:
   − Vollendung des gemeinsamen Marktes
   − Festlegung neuer Politikbereiche
   − Abbau des Wohlstandsgefälles
2. Europäischer Binnenmarkt:
   Inhalt:

Vier Grundfreiheiten:
- Warenverkehr
- Niederlassungsfreiheit für Personen
- Dienstleistungen
- Kapital

3. Vertrag von Maastricht (=Vertrag über die Europäische Union):
   Inhalt:
   - Ausbau der EG zur Europäischen Union
   - Einführung einer Unionsstaatsbürgerschaft
   - gemeinsame Außen- und Sicherheitspolitik
   - Schaffung einer politischen Union
   - Schaffung einer europäischen Wirtschafts- und Währungsunion

4. Vertrag von Amsterdam:
   Inhalt:
   - Formulierung neuer Gemeinschaftsziele
   - Verbesserung der Zusammenarbeit
   - Verbesserung der gemeinsamen Außen- und Sicherheitspolitik

5. Vertrag von Nizza:
   Inhalt:
   - Reformierung der Institutionen der EU
   - Reformierung der Entscheidungsprozesse

b)
- Verbesserung des internationalen Wettbewerbs und der internationalen Wettbewerbs-
  fähigkeit
- Verbesserung des Wohlstandes
- effiziente Nutzung der Ressourcen
- Förderung von Wachstum und Wohlstand
- Freiheit von Handel und Faktorwanderungen
- Freizügigkeit der Dienstleitungen und Produktionsfaktoren

4 Recht

4.1 Bereicherungsrecht

Norbert könnte einen Anspruch auf Herausgabe des Geldes (110,00 EUR) von Anton gemäß § 812 Abs. 1 BGB haben. Voraussetzung ist, dass Anton durch Leistung etwas ohne rechtlichen Grund erlangt hat.

Etwas erlangt Dies hat Anton, denn er ist Eigentümer des Geldes durch die Übertragung nach § 929 Satz 1 BGB geworden.

Durch Leistung Leistung ist die bewusste und zweckgerichtete Mehrung fremden Vermögens. Die Übergabe ist eine Leistung.

Ohne Rechtsgrund Der Kaufvertrag (§ 433 BGB) zwischen Anton und Norbert könnte nichtig sein.

Nach § 107 BGB bedürfen Rechtsgeschäfte eines beschränkt Geschäftsfähigen, die keinen rechtlichen Vorteil mit sich bringen, der Einwilligung des gesetzlichen Vertreters. Anton ist 16 Jahre alt und somit beschränkt geschäftsfähig. Ferner stellt die Verpflichtung aus § 433 BGB die Playstation zu übergeben einen rechtlichen Nachteil dar. Da hier keine Einwilligung der gesetzlichen Vertreter (hier: Eltern) vorliegt, handelt es sich um einen schwebend unwirksamen Kaufvertrag. Damit das Rechtsgeschäft wirksam wäre, müssten die gesetzlichen Vertreter nach § 108 BGB zustimmen. Da sie dies auch nicht machen, handelt es sich hierbei um ein nichtiges Rechtsgeschäft. Somit liegt kein Rechtsgrund vor.

© Springer Fachmedien Wiesbaden GmbH, ein Teil von Springer Nature 2021   157
T. Mothes, *Abschlussprüfungen,* Prüfungstraining zum Bankfachwirt,
https://doi.org/10.1007/978-3-658-32526-8_24

Fazit

Nach § 812 Abs. 1 BGB ist Anton verpflichtet, dem Norbert die 110,00 EUR zurückzugeben. Da Anton aber nicht mehr um 110,00 EUR bereichert ist, muss er nur noch die
50,00 EUR zurückgeben (vgl. § 818 BGB).

4.2 Kreditsicherheit – Sicherungsübereignung

Die Süd-Bank AG könnte einen Anspruch gemäß § 985 BGB in Verbindung mit § 930
BGB auf Herausgabe der Druckmaschine von Schmidt haben. Hierzu müsste die Süd-
Bank AG Eigentümer sein und Schmidt müsste Besitzer sein. Ferner dürfte Schmidt kein
Recht zum Besitzhaben ableiten können.

Ursprünglich war der Druckmaschinenhersteller Eigentümer. Es könnte sein, dass er
Eigentum an Schmidt übertragen hat. Schmidt ist durch Einigung und Übergabe nach
§ 929 Satz 1 BGB Eigentümer geworden. Es könnte sein, dass Schmidt sein Eigentum
auf die Süd-Bank AG übertragen hat. Das ist nun zu prüfen.

Eine Einigung nach § 929 Satz 1 BGB und eine Vereinbarung eines Besitzkonstituts nach § 930 BGB liegen vor. Der Bestimmtheitsgrundsatz wurde eingehalten
und Schmidt war auch Eigentümer, sodass die Süd-Bank AG Eigentum von einem
Berechtigten erworben hat.

Fazit

Die Süd-Bank AG hat einen Herausgabeanspruch nach § 985 BGB.

Es ist jedoch noch zu prüfen, ob das Sicherungseigentum mit einer Grundschuld
gemäß § 1192 Abs. 1 BGB in Verbindung mit § 1120 BGB belastet ist. Dies ist der
Fall, wenn die Maschine als Zubehör der Grundschuld haftet. Nach § 1120 BGB in
Verbindung mit § 97 BGB liegt Zubehör vor, da die Maschine dem wirtschaftlichen
Zweck der Hauptsache dient. Weitere Voraussetzung ist, dass der Eigentümer des Grundstücks auch Eigentümer des Zubehörs sein muss. Dies ist gegeben, da die Maschine am
16.01.2020 übereignet wurde. Die Grundschuldbestellung erfolgte am 30.05.2020 – also
vor der Sicherungsübereignung.

Fazit

Die Maschine ist mit der Grundschuld belastet und somit ist auch das Sicherungseigentum der Süd-Bank AG mit der Grundschuld belastet.

4.3 Sachenrecht – mobil

a)

Der Verkäufer könnte einen Herausgabeanspruch der S-Briefmarke von Herrn Mohr
nach § 985 BGB haben. Voraussetzung ist, dass der Verkäufer Eigentümer ist und Herr

Mohr müsste Besitzer sein. Außerdem dürfte Herr Mohr keine Einwendungen nach § 986 Abs. 1 BGB geltend machen können.

Ursprünglich war der Verkäufer Eigentümer der S-Briefmarke. Durch Einigung und Übergabe nach § 929 Satz 1 BGB hat der Verkäufer Eigentum auf Herrn Mohr übertragen. Die Einigung könnte nach § 142 Abs. 1 BGB nichtig sein, wenn der Verkäufer diese wirksam angefochten hat. Dieses ist nun zu prüfen.

Voraussetzung ist, dass ein Anfechtungsgrund vorliegt. Der Anfechtungsgrund ist nach § 119 Abs. 1 BGB gegeben, denn der Verkäufer hat sich geirrt. Seine Erklärung war auf die Übereignung der X-Briefmarke gerichtet und nicht auf die S-Briefmarke. Hinzu kommt, dass die Anfechtungserklärung gegenüber Herrn Mohr gemäß § 143 Abs. 1 BGB erfolgen muss. Die Anfechtungserklärung erfolgt in diesem Fall dadurch, dass der Verkäufer sein Missgeschick dem Herrn Mohr mitteilt und um Rückgabe der S-Briefmarke bittet. Zu berücksichtigen ist, dass die Anfechtungserklärung (§ 121 BGB) unverzüglich erfolgen muss, d. h. nachdem der Verkäufer von dem Anfechtungsgrund Kenntnis erlangt hat. Auch diese Voraussetzung ist gegeben.

Aufgrund der nichtigen Übereignungserklärung konnte kein Eigentum an Herrn Mohr übertragen werden. Der Verkäufer ist weiterhin der Eigentümer der S-Briefmarke und kann gemäß § 985 BGB von Herrn Mohr die Herausgabe Briefmarke verlangen.

Oder

Der Verkäufer könnte einen Herausgabeanspruch der S-Briefmarke von Herrn Mohr wegen einer ungerechtfertigten Bereicherung gemäß § 812 Abs. 1 Satz 1 BGB haben. Voraussetzung ist, dass Herr Mohr etwas ohne rechtlichen Grund erlangt hat.

Etwas erlangt Herr Mohr ist unmittelbarer Besitzer der S-Briefmarke geworden.

Durch Leistung Leistung ist die bewusste und zweckgerichtete Mehrung fremden Vermögens. Die Übergabe erfolgte zur Erfüllung des abgeschlossenen Kaufvertrages. Somit hat Herr Mohr die S-Briefmarke durch Leistung erworben.

Ohne Rechtsgrund Für die Voraussetzungen des § 812 Abs. 1 Satz 1 BGB müsste die Leistung ohne Rechtsgrund erfolgt sein. Der Verkäufer hat sich in dem Kaufvertrag (§ 433 Abs. 1 BGB) verpflichtet, Herrn Mohr die X-Briefmarke zu übergeben und das Eigentum an der X-Briefmarke zu verschaffen. Die Übergabe der S-Briefmarke erfolgte daher ohne Rechtsgrund.

Fazit

Der Verkäufer hat einen Herausgabeanspruch der S-Briefmarke von Herrn Mohr aufgrund einer ungerechtfertigten Bereicherung gemäß § 812 Abs. 1 Satz 1 BGB.

b)

Herr Mohr könnte einen Anspruch auf Übergabe der X-Briefmarke von dem Verkäufer aus § 433 Abs. 1 BGB haben. Durch zwei übereinstimmende Willenserklärungen ist zwischen Herrn Mohr und dem Verkäufer ein Kaufvertrag nach § 433 Abs. 1 BGB zustande gekommen. In diesem ist der Verkäufer verpflichtet, Herrn Mohr die X-Briefmarke zu übergeben und ihm das Eigentum an der X-Briefmarke zu verschaffen. Somit hat Herr Mohr einen Anspruch aus § 433 Abs. 1 BGB gegenüber dem Verkäufer.

4.4 Gesellschaftsrecht

1. Stadium: Vorgründungsgesellschaft

Diese Gesellschaft entsteht nach Vereinbarung zur Gründung einer GmbH und vor dem Abschluss des notariellen Gesellschaftsvertrages. Durch Vertrag verpflichten sich die Gesellschafter, eine GmbH zu gründen.

Mögliche Rechtsformen der Vorgründungsgesellschaft sind:

• eine OHG bei Betrieb eines Handelsgewerbes oder
• eine BGB-Gesellschaft.

Den Gläubigern gegenüber haftet das Gesellschaftsvermögen der OHG bzw. BGB-Gesellschaft und zusätzlich haften die Gesellschafter persönlich.

2. Stadium: Vorgesellschaft (Vor-GmbH oder GmbH in Gründung)

Diese Gesellschaft liegt nach Abschluss des notariellen Gesellschaftsvertrages und vor der Eintragung in das Handelsregister vor. Es ist eine Personenvereinigung eigener Art und stellt die Vorstufe der GmbH dar. Die Vorschriften des GmbH-Rechts finden analog Anwendung, sofern nicht die Rechtsfähigkeit vorausgesetzt wird.

Haftung

Handelndenhaftung nach § 11 Abs. 2 GmbHG Nach § 11 Abs. 2 GmbHG haften die im Namen der GmbH Handelnden persönlich und gesamtschuldnerisch.

• Das Gesellschaftsvermögen der Vor-GmbH und auch das Vermögen der späteren GmbH
• Differenzhaftung der Gründungsgesellschafter
• Die Gründungsgesellschafter haften für die Differenz zwischen dem satzungsmäßigen Stammkapital und dem Wert des Gesellschaftsvermögens am Stichtag.

Ansprüche gegen eine Vorgründungsgesellschaft gehen nicht mit Abschluss des notariellen Gesellschaftsvertrages auf die spätere GmbH in Gründung (Vor-GmbH) mit über, weil zwischen den beiden Gesellschaften keine Kontinuität besteht.

Stadium: GmbH

Durch Abschluss des notariellen Gesellschaftsvertrages und der Handelsregistereintragung entsteht die GmbH.

Die Haftung beschränkt sich grundsätzlich auf das Vermögen der GmbH.

4.5 Vertretung – Kaufrecht

Frau Fey könnte einen Anspruch auf Übereignung des Fernsehers gegen Zahlung von 500,00 EUR von Herrn Asmussen aus dem Kaufvertrag gemäß § 433 Abs. 1 BGB haben. Voraussetzung ist, dass der Anspruch entstanden ist. Hierfür sind zwei übereinstimmende und wirksame Willenserklärungen notwendig. Herr Asmussen selbst hat keine Weisung erteilt. Jedoch hat Frau Bahr einen Kaufvertrag abgeschlossen. Es ist zu prüfen, ob sich Herr Asmussen die Willenserklärung der Frau Bahr gemäß § 164 Abs. 1 BGB zurechnen lassen muss. Voraussetzung hierfür ist, dass Frau Bahr eine eigene Willenserklärung im fremden Namen innerhalb der Vertretungsmacht abgibt. Frau Bahr gibt eine eigene Willenserklärung im Namen des Herrn Asmussen ab. Jedoch hat dieser ihr keine Vertretungsmacht erteilt. Somit handelt Frau Bahr ohne Vertretungsmacht. Gemäß § 177 Abs. 1 BGB weigert sich Herr Asmussen zu Recht.

Fazit

Da Frau Bahr keine Vertretungsmacht hatte, ist zwischen Herrn Asmussen und Frau Fey kein Kaufvertrag zustande gekommen. Auch ein Kaufvertrag zwischen Frau Bahr und Frau Fey ist nicht geschlossen worden. Aber nach § 179 Abs. 1 BGB hat Frau Fey einen Anspruch auf Erfüllung oder Schadensersatz. Da Frau Bahr keinen Fernseher hat, könnte Frau Fey nur Schadensersatz von Frau Bahr verlangen.

4.6 Handelsrecht

Die Nordbank AG könnte einen Anspruch auf Zins- und Tilgungsleistung von K aus dem Darlehensvertrag gemäß § 488 Abs. 1 Satz 2 BGB haben. Voraussetzung ist, dass der Anspruch entstanden ist. K und die Nordbank AG haben keinen Darlehensvertrag geschlossen. Jedoch haben B und die Nordbank AG einen Darlehensvertrag geschlossen. Es könnte sein, dass sich K die Willenserklärung des B gemäß § 164 Abs. 1 BGB zurechnen lassen muss. Voraussetzung hierfür ist, dass B eine eigene Willenserklärung im fremden Namen und innerhalb der Vertretungsmacht abgegeben hat. Eine eigene Willenserklärung des B liegt vor. Er hat diese auch im Namen des K abgegeben.

Es ist zu prüfen, ob B innerhalb der Vertretungsmacht gehandelt hat. K hat dem B keine Prokura erteilt. Somit liegt keine Vertretungsmacht vor. Jedoch könnte sich die Bank eventuell auf § 15 Abs. 3 HGB berufen.

Voraussetzungen:

- Die Prokuraerteilung muss eine eintragungspflichtige Tatsache darstellen.
- Es muss eine unrichtige Bekanntmachung vorliegen.
- Die Nordbank AG muss gutgläubig sein, d. h. sie durfte die Unrichtigkeit nicht kennen.
- Es durfte keine Einschränkung durch das Veranlassungsprinzip vorliegen.

Bei der Prokuraerteilung handelt es sich nach § 53 Abs. 1 Satz 1 HGB um eine eintragungspflichtige Tatsache. Da eigentlich P zum Prokuristen bestellt worden ist, handelt es sich bei B um eine unrichtige Bekanntmachung. Bei Darlehensaufnahme durch den B kannte die Nordbank AG die Unrichtigkeit nicht. Es liegt auch keine Einschränkung durch das Veranlassungsprinzip vor, denn K hat eine Eintragung veranlasst.

Fazit
Die Nordbank AG hat einen Anspruch auf Zins- und Tilgungsleistung von K aus dem Darlehensvertrag gemäß § 488 Abs. 1 Satz 2 BGB.

Abwandlung
Die Lösung der Abwandlung entspricht der Lösung des eigentlichen Sachverhaltes, denn K hat eine Eintragung veranlasst. Wer den Fehler gemacht hat, der zu der unrichtigen Eintragung führt, ist unerheblich. Somit hat die Nordbank AG auch hier einen Anspruch auf Zins- und Tilgungsleistung von K aus dem Darlehensvertrag gemäß § 488 Abs. 1 Satz 2 BGB.

Prüfungssatz IV

1 Allgemeine Bankbetriebswirtschaft

Bearbeitungszeit 120 min, 100 Punkte

1.1 Eigenmittel und Kapitalquoten nach CRR

Berechnen Sie anhand der nachstehenden Werte die relevanten Kapitalquoten nach der CRR für 2020 und beurteilen Sie die Eigenmittelausstattung der Nordbank AG. Berücksichtigen Sie, dass die Bank eine expansive Kreditpolitik betreibt.

	Mio. EUR
gezeichnetes Kapital	1.030,0
Rücklagen	3.520,0
Sonderposten nach § 340g HGB	1.060,0
Vorsorgereserven nach § 340f HGB	1.200,0
Genussrechtskapital mit einer Ursprungslaufzeit von 4 Jahren	670,0
längerfristige Nachrangverbindlichkeiten, die von der Ostbank AG, einer 100 % – igen Tochter der Nordbank AG erworben wurden	2.900,0
Risikogewichteter Positionsbetrag für das Kreditrisiko	100.000,0
Eigenmittelanforderung für operationelle Risiken	600,0

1.2 Gewinn- und Verlustrechnung – Ergebnisausweis

Die Nordbank AG bilanziert nach den HGB-Vorschriften. Vor Erstellung des Jahresabschlusses für das Geschäftsjahr 2020 werden die nachstehenden Beträge (in Mio. EUR) ermittelt.

© Springer Fachmedien Wiesbaden GmbH, ein Teil von Springer Nature 2021
T. Mothes, *Abschlussprüfungen,* Prüfungstraining zum Bankfachwirt,
https://doi.org/10.1007/978-3-658-32526-8_25

a) Die Nordbank AG strebt an, dass externe Bilanzleser so wenig Einblick wie möglich erhalten. Erläutern Sie, in welchen Positionen der Gewinn- und Verlustrechnung der Ausweis der einzelnen Werte erfolgen muss. Nennen Sie auch die entsprechende Höhe.

	Wertpapiere des Handelsbestandes	Wertpapiere des Anlagevermögens	Forderungen an Kunden und KI	Wertpapiere der Liquiditätsreserve
Abschreibungen und realisierte Verluste	9,8	6,5	15,3	13,1
realisierte Gewinne und Erträge aus Zuschreibungen	6,5	3,4	11,2	17,7

b) Die Bildung von stillen Vorsorgereserven wird in § 340f HGB geregelt und gilt für deutsche Kreditinstitute.

Erläutern Sie die Gründe, warum stille Vorsorgereserven gebildet werden dürfen und nennen Sie fünf Begründungen, die gegen § 340f HGB Reserven sprechen.

1.3 PWB – Ermittlung

Die Ostbank AG hat ihre Forderungen gegenüber Kunden und Kreditinstituten zum 31.12.2020 bewertet. Neben den bereits gebildeten Einzelwertberichtigungen möchte die Ostbank AG auch das latente Kreditrisiko durch Bildung von unversteuerten Pauschalwertberichtigungen (PWB) absichern.

Ermitteln Sie die für die Ostbank AG mögliche PWB zum 31.12.2020.

Die Ostbank AG verfügt per 31.12.2020 über folgenden Forderungsbestand in Mio. EUR:

Forderungen an Kunden (nach Direktabschreibungen) laut Inventur:	400,00
davon	
risikofreie Forderungen	110,00
einzelwertberichtigte Forderungen	22,00
Einzelwertberichtigungen per 31.12.2020:	10,00

Der tatsächliche Forderungsausfall in den Jahren 2016 – 2020 zeigt folgendes Bild in Mio. EUR:

	2016	2017	2018	2019	2020
Verbrauch an EWB	1,150	1,370	1,050	0,980	1,550
Direktabschreibungen	0,830	0,940	0,980	1,005	0,810
Eingänge abgeschriebene Forderungen	0,120	0,250	0,156	0,120	0,135
tatsächlicher Forderungsausfall	**1,860**	**2,060**	**1,874**	**1,865**	**2,225**

Das risikobehaftete Kreditvolumen belief sich in den Jahren 2015–2019 auf folgende Werte in Mio. EUR:

	2015	2016	2017	2018	2019
Forderungen an Kunden	300,00	290,00	335,00	350,00	410,00
Abzgl. risikofreie Forderungen	110,00	130,00	120,00	110,00	128,00
risikobehaftetes Kreditvolumen	**190,00**	**160,00**	**215,00**	**240,00**	**282,00**

1.4 Zinsbindungsbilanz

Die Nordwestbank AG stellt Ihnen als Controller folgende Elastizitätsbilanz (Angaben in Mio. EUR) zur Verfügung.

Aktivseite	Volumen	Elastizität	Passivseite	Volumen	Elastizität
variabler Zins	4.500,0	0,5	variabler Zins	9.000,0	0,4
Festzins	10.500,0	0,0	Festzins	6.000,0	0,0
Summe	15.000,0		Summe	15.000,0	

a) Definieren Sie den Begriff „Zinselastizität".

b) Errechnen Sie, wie sich eine Marktzinssenkung um 2 % auf den Zinsüberschuss, die Bruttozinsspanne und auf die einzelnen Zinskomponenten auswirkt.

c) Beschreiben Sie den Aufbau einer statischen Zinsbindungsbilanz.

d) Sie erhalten die nachstehende Übersicht der B-Bank. Beantworten Sie in diesem Zusammenhang folgende Fragen:
   – Welches Zinsänderungsrisiko liegt vor?
   – Welche Erwartungen hat die Bank?

Festzinspositionen der B-Bank

Festzinsaktiva	90,0 Mio. EUR
Festzinspassiva	80,0 Mio. EUR

1.5 Basel III/CRR

Seit dem 01. Januar 2014 müssen die Eigenmittelvorschriften, die vom Basler Ausschuss für Bankenaufsicht entwickelt worden sind, in den Mitgliedsstaaten der Europäischen Union von allen Instituten angewandt werden.

a) Die Gewichtung der Risikoaktiva erfolgt nach der Bonität auf Basis des Ratings des Kreditnehmers (ratingabhängige Gewichtung). Grenzen Sie den Standardansatz von dem Internen Ratingansatz (IRB) ab.

b) Zur Kapitalunterlegung sind bei den einzelnen Ratingstufen vier Parameter maßgeblich. Nennen und beschreiben Sie diese.

1.6 Marketing

Die Bank von Preußen AG beabsichtigt im Bereich der Konsumentenkredite neben dem stationären Vertrieb mit einer externen Vertriebsgesellschaft zusammenzuarbeiten. Dabei sollen die Konsumentenkredite über Internet und via Call Center vermittelt werden. Durch Nutzung dieser Vertriebsmedien gelingt es, die Kreditkonditionen trotz enthaltener Vermittlungsprovision günstiger als die Standardkondition der Bank im stationären Vertrieb zu gestalten.

a) Erläutern Sie jeweils eine typische Chance und ein typisches Risiko im Bereich der Vertriebspolitik unter dem Gesichtspunkt „Konkurrenz der Vertriebskanäle".
Aufgrund toller Vertriebserfolge der Vertriebsgesellschaft wird vom Vorstand der Bank von Preußen AG angeregt, für diese Vertriebsgesellschaft ein bestimmtes, innovatives Konsumentenkreditprodukt zu entwickeln und exklusiv über diesen Vertriebsweg absetzen zu lassen.

b) Erläutern Sie zwei Gründe, die aus Sicht der Produktpolitik und einen Grund, der aus Sicht der Preispolitik für diese Vorgehensweise spricht.

2 Betriebswirtschaft

Bearbeitungszeit 120 min, 100 Punkte

2.1 Personalbeschaffung

Die Berlinbank eG möchte einen neu geschaffenen Arbeitsplatz besetzen.

a) Unterscheiden Sie in diesem Zusammenhang zwischen der internen und externen Personalbeschaffung.
b) Erläutern Sie je vier Vor- und Nachteile der jeweiligen Personalbeschaffung.

2.2 Teamentwicklung

Eine Teamentwicklung erfolgt in verschiedenen Phasen.

a) Erläutern Sie die vier Phasen einer Teambildung.
b) Obwohl formelle Strukturen vorhanden sind, bilden sich immer wieder „informelle Gruppen". Beschreiben Sie, was unter informellen Gruppen zu verstehen ist.

© Springer Fachmedien Wiesbaden GmbH, ein Teil von Springer Nature 2021
T. Mothes, *Abschlussprüfungen,* Prüfungstraining zum Bankfachwirt,
https://doi.org/10.1007/978-3-658-32526-8_26

2.3 Finanzierung – Finanzierung aus Vermögensumschichtung.

Neben der Innenfinanzierung aus dem Umsatzprozess (Cash-Flow) ist auch die Finanzierung aus Vermögensumschichtung möglich.

a) Beschreiben Sie allgemein, was unter der „Finanzierung aus Vermögensumschichtung" zu verstehen ist.
b) Erläutern Sie die drei Ihnen bekannten Formen der „Finanzierung aus Vermögensumschichtung".

2.4 Deckungsbeitragsrechnung

Bei der Produktion von Betten muss eine Engpasssituation berücksichtigt werden.
Es werden insgesamt drei verschiedene Ausführungen hergestellt.

Ausführung	Verkaufspreis	variable Stückkosten	Produktionsdauer/Stück in Minuten
Luxus	960,00 EUR	408,00 EUR	12,0
Komfort	900,00 EUR	420,00 EUR	14,4
Bequem	864,00 EUR	360,00 EUR	9,6

Maximalkapazität: 390 h im Monat
Fixkosten je Monat: 780.000,00 EUR

a) Welche Ausführung weist den geringsten relativen Deckungsbeitrag auf?
b) Ermitteln Sie das Betriebsergebnis bei dem gewinnoptimalen Produktionsprogramm.

mögliche Verkaufsmengen am Markt in Stück:

Luxus	1296
Komfort	600
Bequem	720

2.5 Bewertungsspielräume

a)
Das Unternehmen Hugo-Hopf-GmbH hat einen Anbau, der für die Produktion benötigt wird, selbst vorgenommen. Nach Abschluss der Arbeiten wurden die nachstehenden Kosten ermittelt.

Ermitteln Sie jeweils den handelsrechtlich und steuerrechtlich niedrigsten bzw. höchsten Wertansatz in der Bilanz der Hugo-Hopf-GmbH.

Ermitteln Sie auch den Wertansatz nach IAS/IFRS.

Materialeinzelkosten	180.000,00 EUR
Löhne für die Fertigung	75.000,00 EUR
Materialgemeinkostenzuschlagssatz	20,00 %
Fertigungsgemeinkostenzuschlagssatz	45,00 %
Zuschlag Verwaltung + Vertrieb	15,00 %
Statiker- und Bauamtskosten	9.000,00 EUR

▶ **Hinweise** Der Anteil der Vertriebsgemeinkosten am Zuschlagssatz „Verwaltung + Vertrieb" beträgt 30 %. Bei den Verwaltungskosten handelt es sich um „allgemeine Verwaltungskosten".

b)

Im Wege der Globalisierung der Märkte sind internationale und einheitliche Bilanzierungs- und Bewertungsregeln notwendig. In diesem Zusammenhang wurden die IAS/IFRS entwickelt.

Beschreiben Sie die Zielsetzung der IAS/IFRS!

2.6 Investitionsrechnung – Dynamische Investitionsrechnung

Eine Investition weist folgende Ein- und Auszahlungen auf:

Jahr	Auszahlung	Einzahlung
1	15.000,00 EUR	24.000,00 EUR
2	21.000,00 EUR	55.000,00 EUR
3	21.000,00 EUR	59.000,00 EUR
4	16.000,00 EUR	51.000,00 EUR
5	14.000,00 EUR	48.000,00 EUR

Die Anschaffungskosten betrugen:	125.000,00 EUR
Am Ende der Nutzungsdauer kann ein Liquiditätserlös erzielt werden. Er beträgt:	15.000,00 EUR
Kalkulationszinsfuß:	8 %

a) Ermitteln Sie den Kapitalwert der Investition.

b) Interpretieren Sie allgemein den „Kapitalwert" hinsichtlich folgender Tatsachen:

- Differenz der Barwerte
- Vermögenszuwachs
- Grenz- oder Marktpreis der Investition
- Kalkulationszinsfuß (KZF)
- Einzahlungsüberschüsse
- Zeitpunkt der Einzahlungsüberschüsse

3 Volkswirtschaft

Bearbeitungszeit 120 min, 100 Punkte

3.1 Lohnpolitik

Auch im Jahr 2020 haben verschiedene Gewerkschaften und Arbeitgeberverbände über die Entwicklung der Tariflöhne verhandelt. Ein Konzept im Rahmen der Lohnpolitik basiert auf produktivitätsorientierten Löhnen.

a) Beschreiben Sie dieses Konzept mit eigenen Worten und gehen Sie auch auf positive und negative Aspekte ein.
b) Beurteilen Sie, ob durch die produktivitätsorientierte Lohnpolitik ein Abbau der Unterbeschäftigung möglich ist.

3.2 Geldpolitik

Die Europäische Zentralbank (EZB) verfolgt als Hauptziel die Sicherung der Preisniveaustabilität. Es kann festgestellt werden, dass in Ländern mit einer unabhängigen Notenbank die Inflation geringer ist als in den Ländern mit einer „abhängigen" Notenbank.

a) Nennen und beschreiben Sie drei Gründe/Argumente für die Unabhängigkeit.
b) Nennen und beschreiben Sie vier Formen der Unabhängigkeit.
c) Zur Umsetzung der geldpolitischen Strategien werden geldpolitische Instrumente benötigt.
   – Erläutern Sie, was unter den ständigen Fazilitäten zu verstehen ist.
   – Im Bereich der Offenmarktgeschäfte lassen sich Hauptrefinanzierungsgeschäfte und längerfristige Refinanzierungsgeschäfte unterscheiden. Erläutern Sie diese.
   – Der EZB-Rat hat über „Gezielte längerfristige Refinanzierungsgeschäfte" beschlossen. Beschreiben bzw. erläutern Sie diese.

© Springer Fachmedien Wiesbaden GmbH, ein Teil von Springer Nature 2021
T. Mothes, *Abschlussprüfungen,* Prüfungstraining zum Bankfachwirt,
https://doi.org/10.1007/978-3-658-32526-8_27

3.3 Monopol

a) Zeigen Sie anhand einer Grafik (Preis-Mengen-Diagramm) die Preisbildung im Monopol und im Polypol.

b) Welche Unterschiede sind zwischen dem Monopol und Polypol zu erkennen.

c) Berechnen Sie anhand der nachfolgenden Funktionen den Monopolpreis sowie die Monopolmenge.

Nachfragekurve: $P = 28 - x$
Grenzkosten: $K' = 4 + x$

3.4 Zahlungsbilanz

Die Zahlungsbilanz ist die statistische Gegenüberstellung (systematische Zusammenfassung) aller wirtschaftlichen (ökonomischen) Transaktionen im internationalen Kapital-, Waren- und Dienstleistungsverkehr zwischen Gebietsansässigen (Inland) und Gebietsfremden (Ausland) während eines Zeitraumes.

a) Erläutern Sie den Aufbau der Zahlungsbilanz (inkl. der Unterbilanzen).

b) Nennen Sie die einzelnen Unterbilanzen der Zahlungsbilanz, die bei den nachfolgenden Geschäften betroffen sind.
   – Inländer erhalten Zinserträge für ausländische Wertpapiere.
   – Es werden Handelswaren nach China exportiert. Das Zahlungsziel beträgt 60 Tage.
   – Ein im Ausland aufgenommenes Darlehen wird zurückgezahlt.

3.5 Inflation

Inflation bedeutet, dass das Preisniveau ansteigt und die Kaufkraft des Geldes sinkt.
   Allgemein wird zwischen der Nachfrageinflation und der Angebotsinflation unterschieden.

a) Beschreiben Sie die Voraussetzungen für eine Nachfrage- und Angebotsinflation.

b) In Zeiten des Preisniveauanstiegs (Inflation) gibt es Gewinner und Verlierer. Nennen Sie jeweils drei Gewinner und Verlierer. Beschreiben Sie in diesem Zusammenhang drei Strategien, mit denen man sich gegen die negativen Folgen einer Inflation schützen kann.

3.6 Beschäftigungspolitik – Phillipskurve

Der englische Ökonom A. Phillips hat im Jahre 1958 die sogenannte Phillips-Kurve veröffentlicht. Die ursprüngliche Phillips-Kurve wurde in den nachfolgenden Jahren immer weiter modifiziert.

a) Stellen Sie die Aussagen der ursprünglichen Phillips-Kurve dar.
b) Die im Jahre 1960 modifizierte Phillips-Kurve stellt einen Zielkonflikt zwischen zwei wirtschaftlichen Zielen dar. Beschreiben Sie die Erkenntnisse aus der modifizierten Phillips-Kurve kritisch. Zur Veranschaulichung zeichnen Sie bitte die Phillips-Kurve auf.

4 Recht

Bearbeitungszeit 120 min, 100 Punkte

4.1 Kreditsicherheit – Pfandrecht

Herr Clausen benötigt dringend liquide Mittel. Daher nimmt er bei der Südbank AG einen Kredit auf. Als Sicherheit möchte er eine wertvolle Briefmarkensammlung verpfänden. Die Briefmarkensammlung gehört seiner Mutter. Herr Clausen entwendet sie aus dem Tresor und ist der Meinung, dass seine Mutter wohl nichts dagegen hat.

a) Hat die Südbank AG ein wirksames Pfandrecht erworben?
b) Wie beurteilen Sie den Fall, wenn die Bank erlaubt, dass die Briefmarkensammlung weiterhin im Tresor der Mutter verwahrt werden soll?

4.2 Kreditsicherheit – Grundpfandrechte

Herr Witt hat sich im Frühjahr 2020 ein Motorrad gekauft. Sein Nachbar, Herr Stein, der ebenfalls begeisterter Motorradfahrer ist, gewährt Herrn Witt ein Darlehen in Höhe von 13.000,00 EUR. Als Sicherheit verlangt er, dass der Vater von Herrn Witt eine Hypothek an seinem Grundstück bestellen lässt. Herr Stein tritt die Forderung gegen Herrn Witt sowie die Hypothek an seinen Schwager Kurt ab. Da Herr Witt über diesen Vorgang nicht informiert wird, zahlt er weiterhin seine Raten an Herrn Stein. Nach vollständiger Rückzahlung des Darlehens an Herrn Stein verlangt Kurt ebenfalls die Rückzahlung. Andernfalls möchte Kurt die Zwangsvollstreckung in das Grundstück des Vaters betreiben.
Erläutern Sie die Ansprüche von Kurt.

© Springer Fachmedien Wiesbaden GmbH, ein Teil von Springer Nature 2021
T. Mothes, *Abschlussprüfungen,* Prüfungstraining zum Bankfachwirt,
https://doi.org/10.1007/978-3-658-32526-8_28

4.3 Verzinsung

Die Hessen-Bank AG schließt mit ihrem Kunden Herrn T. Berger, der im Bereich Maschinenbau als eingetragener Kaufmann tätig ist, einen Kredit in Höhe von 27.000,00 EUR ab. Herr Berger plant die Anschaffung einer weiteren Fertigungsanlage. Der Mitarbeiter aus der Kreditabteilung fertigt den entsprechenden Vertrag. Hierbei vergisst er die Höhe des Zinssatzes einzutragen. Nach Vertragsunterzeichnung von Herrn Berger wird der Darlehensbetrag an ihn ausgezahlt. Erst später fällt dem Mitarbeiter sein Versehen auf. Er fragt sich, ob die Hessen-Bank AG dennoch Zinsen verlangen kann und wenn ja, in welcher Höhe?

Abwandlung
Wie ist der Sachverhalt zu beurteilen, wenn Herr Berger einen Privatkredit als Verbraucher für die Finanzierung eines neuen Autos beantragt?

4.4 Familienrecht

Für den 15-jährigen Andreas, dessen Eltern bei einem Autounfall ums Leben gekommen sind, wurde Herr Hansen zum Vormund bestellt.

Bitte prüfen und begründen Sie, ob Herr Hansen die nachstehenden Rechtsgeschäfte vornehmen darf.

a) Herr Hansen selbst hatte Geld für Klaus angelegt. Ein Sperrvermerk wurde nicht eingetragen, obwohl dieser mehrmals gefordert wurde.
b) Herr Hansen möchte die Zinsen der festverzinslichen Wertpapiere in Höhe von 4.100,00 EUR für Andreas abheben.
c) Herr Hansen beabsichtigt, einen Kredit für Andreas aufzunehmen. Die Absicherung soll über eine neu einzutragende Grundschuld an dem Grundstück von Andreas erfolgen.
d) Herr Hansen möchte von dem Sparkonto von Andreas eine Summe in Höhe von 5.200,00 EUR abheben.
e) Herr Hansen will die festverzinslichen Wertpapiere von Andreas verkaufen.

4.5 Grundstücksrecht

Herr Eckert verkauft sein Grundstück an Frau Buchwald und verschafft ihr das Eigentum. Erst später stellt sich heraus, dass Frau Buchwald an einer nicht erkennbaren Geisteskrankheit leidet. Herr Eckert möchte daraufhin verhindern, dass sie das Grundstück an einen gutgläubigen Dritten weiterveräußert.

Kann Herr Eckert das verhindern?

4.6 Zwangsvollstreckung

Ein Rechtsmittel zur Durchsetzung von Ansprüchen ist der Pfändungs- und Überweisungsbeschluss.

Erläutern Sie in diesem Zusammenhang, welche Ansprüche aus Krediten/Darlehen
pfändbar sind und welche nicht.

Lösungshinweise Prüfungssatz IV

1 Allgemeine Bankbetriebswirtschaft

1.1 Eigenmittel und Kapitalquoten nach CRR

		Hartes Kernkapital nach Art. 26 CRR	
		Gezeichnetes Kapital	1.030,0
	+	Rücklagen	3.520,0
	+	Sonderposten nach § 340g HGB	1.060,0
	=	**Hartes Kernkapital**	**5.610,0**
+		**Zusätzliches Kernkapital**	
=		**Kernkapital**	**5.610,0**
		Ergänzungskapital nach Art. 62 CRR	
		Vorsorgereserven nach § 340f HGB (Obergrenze 1,25 % vom risikogewichteten Positionsbetrag für Kreditrisiken nicht überschritten)	1.200,0
+	=	**Ergänzungskapital**	**1.200,0**
=		**Eigenmittel**	**6.810,0**

Die längerfristigen Nachrangverbindlichkeiten sind nach Art. 63 CRR nicht mit zu berücksichtigen! Die relevanten Kapitalquoten ermitteln sich wie folgt:

Gesamtrisikobetrag:

Risikogewichteter Positionsbetrag für das Kreditrisiko	100.000,0
12,5 * Eigenmittelanforderung für operationelle Risiken	7.500,0
=	107.500,0

© Springer Fachmedien Wiesbaden GmbH, ein Teil von Springer Nature 2021
T. Mothes, *Abschlussprüfungen,* Prüfungstraining zum Bankfachwirt,
https://doi.org/10.1007/978-3-658-32526-8_29

Harte Kernkapitalquote = 5,22 %

$$\frac{\textit{Hartes Kernkapital } (5.610,0) * 100}{\textit{Gesamtrisikobetrag } (107.500,0)}$$

Kernkapitalquote = 5,22 %

$$\frac{\textit{Kernkapital } (5.610,0) * 100}{\textit{Gesamtrisikobetrag } (107.500,0)}$$

Gesamtkapitalquote = 6,33 %

$$\frac{\textit{Eigenmittel } (6.810,0) * 100}{\textit{Gesamtrisikobetrag } (107.500,0)}$$

Die Mindestkapitalquoten für 2020 sind beim harten Kernkapital erreicht worden. Jedoch sind die Quoten für das Kernkapital und das Gesamtkapital nicht erfüllt worden. Der Kapitalerhaltungspuffer ist ebenfalls nicht eingehalten. Somit ist ein Wachstum im Aktivgeschäft ohne Kapitalbeschaffung – insbesondere an hartem Kernkapital – nicht möglich.

1.2 Gewinn- und Verlustrechnung – Ergebnisausweis

a)

1. Nettoertrag oder Nettoaufwand des Handelsbestandes (Werte in Mio.)
=6,5 – 9,8 = -3,3 Nettoaufwand aus Finanzgeschäften

Nach § 340c Abs. 1 HGB besteht eine Kompensationspflicht.

2. Abschreibungen und Wertberichtigungen/Erträge aus Zuschreibungen zu Forderungen und bestimmten Wertpapieren (Werte in Mio.)
= 11,2 + 17,7 – 15,3 – 13,1 = +0,5 Ertrag aus Forderungen und bestimmten Wertpapieren

Nach § 340f Abs. 3 HGB besteht ein Kompensationswahlrecht.

3. Abschreibungen und Wertberichtigungen/Erträge aus Zuschreibung zu Beteiligungen, Anteilen an verbundenen Unternehmen und wie Anlagevermögen behandelte Wertpapiere
=3,4 – 6,5 = −3,1 Aufwand aus Finanzanlagen

Nach § 340c Abs. 2 HGB besteht ein Kompensationswahlrecht.

b)

Die Gründe für § 340f HGB-Reserven liegen darin, dass Ergebnisschwankungen aufgrund externer Effekte ausgeglichen werden sollen. Durch Bildung bzw. Auflösung soll ein kontinuierliches Ergebnis ausgewiesen werden. Ziel ist somit das Vertrauen von Kunden zu erhalten und die Sicherung des Bankenwesens. Daher dürfen Forderungen und Wertpapiere der Liquiditätsreserve mit einem niedrigeren als dem nach § 253 Abs. 1 Satz 1 und Abs. 4 HGB vorgeschriebenen Wert nach kaufmännischer Beurteilung angesetzt werden.

Argumente gegen § 340f HGB-Reserven

- Es stellt ein Ergebnisglättungspotenzial dar. Somit wird die wahre Erfolgslage nicht ausgewiesen.
- Durch die Überkreuzkompensation ist es ein Verschleierungspotenzial. Somit hat man keinen Einblick in die wahren Aufwendungen und Erträge der Bank.
- Da es nach HGB und somit nach § 340f HGB um den Gläubigerschutz geht, kommt der Anlegerschutz nur an zweiter Stelle, obwohl immer mehr Unternehmen nach dem Prinzip des „Shareholder Values" geführt werden.
- Das Vorsichtsprinzip geht zulasten der Informationsfunktion des Jahresabschlusses.
- Kein Ausweis des wahren Vermögens und der wahren wirtschaftlichen Lage aufgrund der aktivischen Absetzung auf der Aktivseite.

1.3 PWB – Ermittlung

1. Schritt: Ermittlung des durchschnittlichen tatsächlichen Forderungsausfalles:

Ausfall in 2016	1.860.000,00
Ausfall in 2017	2.060.000,00
Ausfall in 2018	1.874.000,00
Ausfall in 2019	1.865.000,00
Ausfall in 2020	2.225.000,00
Summe	9.884.000,00
Durchschnitt:	1.976.800,00

2. Schritt: maßgeblicher Forderungsausfall:

durchschnittlicher tatsächlicher Forderungsausfall:	1.976.800,00
abzgl. 40 % (max. EWB am Bilanzstichtag):	−790.720,00
	1.186.080,00

3. Schritt: Ermittlung des durchschnittlichen risikobehafteten Kreditvolumens der letzten 5 Bilanzstichtage in Mio. EUR:

Jahr 2015	190,00
Jahr 2016	160,00
Jahr 2017	215,00
Jahr 2018	240,00
Jahr 2019	282,00
Summe:	1.087,00
Durchschnitt:	217,4

4. Schritt: PWB-Satz:

$$\frac{\text{maßgeblicher Forderungsausfall} * 100}{\text{durchschnittliches risikobehaftetes Kreditvolumen}}$$

$$\frac{1.186.080,00 * 100}{217.400.000,00} = 0,55\,\% \text{ (gerundet)}$$

5. Schritt: PWB-Betrag zum 31.12.2020:

Gesamtforderungen	400.000.000,00
abzgl. sichere Forderungen	110.00.000,00
abzgl. EWB-Forderungen	22.000.000,00
=	268.000.000,00
darauf den PWB-Satz	1.474.000,00 PWB zum 31.12.2020

1.4 Zinsbindungsbilanz

a)
Sie gibt an, um wie viel Prozent-Punkte der Kundenzins bei einer einprozentigen Markt-zinsänderung verändert werden kann, z. B. Zinselastizität 0,5.

▶ **Beispiel** Wenn sich der variable Zins am Geld- und Kapitalmarkt um 1 %-Punkt verändert, so ändert sich der Kundenzins um 0,5 %-Punkte.

b)

Aktivseite	Volumen	Elastizität	**Passivseite**	Volumen	Elastizität
variabler Zins	4.500,0	0,5	variabler Zins	9.000,0	0,4
Festzins	10.500,0	0,0	Festzins	6.000,0	0,0
Summe	15.000,0		Summe	15.000,0	

Zinsveränderung: 2,00 %-Punkte Zinssenkung

Aktivseite	Volumen	Elastizität	Veränderungen Zinsertrag
variabler Zins	4.500,0	0,5	−45,0
Festzins	10.500,0	0,0	0,0
Summe	15.000,0		−45,0

Passivseite	Volumen	Elastizität	Veränderungen Zinsaufwand
variabler Zins	9.000,0	0,4	−72,0
Festzins	6.000,0	0,0	0,0
Summe	15.000,0		−72,0

Der Zinsüberschuss erhöht sich um 27,0 Mio. EUR, die Bruttozinsspanne steigt um 0,18 %-Punkte.

Variable Zinspositionen
Der Zinsertrag in diesem Bereich sinkt stärker als der Zinsaufwand. Der Grund liegt in der höheren Elastizität auf der Aktivseite.

0,5 − 0,4 = 0,1(bezogen auf eine 2 %-ige Senkung entspricht das 0,2)
4.500,0 * 0,2 = 9,0 Mio. EUR – der Zinsüberschuss sinkt.

Festzinspositionen:
In der geschlossenen Festzinsposition (6.000,0) ergeben sich keine Veränderungen.

Da aber einer aktiven Festzinsposition in Höhe von 4.500,0 eine variable Passivposition in gleicher Höhe gegenübersteht, sinkt hier der Zinsaufwand um 36,0 (4.500,0 * 0,8).

c)

Die Gliederung der Bilanz erfolgt nach variabel verzinslichen und festverzinslichen Positionen. Es erfolgt eine Erfassung und Gegenüberstellung der aktiven und passiven Festzinspositionen.

- Ermittlung der offenen Festzinspositionen bzw.
- aktiver oder passiver Festzinsüberhang bzw.
- aktive oder passive Festzinslücke.

Im variablen Bereich führen Marktzinsveränderungen zu analogen Kundenzinsänderungen (bzgl. Höhe und Zeitraum der Anpassung). Das Zinsspannenrisiko entsteht dadurch, dass sich festverzinsliche Positionen nicht einer Zinsniveauveränderung anpassen. Dagegen passen sich die variablen Positionen der Festzinslücke der Zinsniveauveränderung an.

d)

- Es liegt ein passivisches Zinsänderungsrisiko vor.
  Das passivische Zinsänderungsrisiko besteht aufgrund der passivischen Festzinslücke (aktiver Festzinsüberhang).
  Das Risiko ist, dass das Zinsniveau steigt und der variable Teil der passivischen Festzinslücke angepasst werden muss. Somit steigen die Zinskosten der Passivseite und die gesamte Zinsmarge der B-Bank sinkt.
- Die Bank rechnet mit sinkenden Zinsen. Folgen:
  - Zinserträge auf der Aktivseite sinken nur unterproportional
  - Zinsaufwand auf der Passivseite sinkt

1.5 Basel III/CRR

a)

Standardansatz

Beim Standardansatz werden nur externe Ratings akzeptiert.

Die Gewichtungsfaktoren für extern geratete Kreditnehmer liegen zwischen 0 und 150 %.

Alle nicht gerateten Kredite fließen grundsätzlich mit 100 % in die Risikoaktiva ein.

Die notwendigen Eigenkapitalanforderungen sind tendenziell höher als beim IRB.

Die Risikogewichtung wird vorgegeben. Es ist keine individuelle Genehmigung/ Anerkennung durch die Bankenaufsicht nötig.

Interner Ratingansatz

Bei dem Internen Ratingansatz werden interne Ratings akzeptiert. Die notwendigen Eigenkapitalanforderungen sind tendenziell niedriger als beim Standardansatz. Die Risikogewichtung wird individuell ermittelt und es ist eine individuelle Genehmigung/ Anerkennung durch die Bankenaufsicht nötig.

b)

Ausfallwahrscheinlichkeit

Die Ausfallwahrscheinlichkeit gibt an, wie viele Kredite einer bestimmten Risikoklasse voraussichtlich innerhalb des nächsten Jahres ausfallen werden. Grundlage hierfür sind Ausfallzeitreihen aus der Vergangenheit (=Erfahrungswerte aus der Vergangenheit). Es wird ein Prozentwert ermittelt, wie viele Kredite einer Risikoklasse in der Vergangenheit ausgefallen sind. Die mathematische Ermittlung erfolgt auf Basis der Optionspreistheorie. Hierbei ist gedanklich der Kreditnehmer der Käufer einer PUT-Option und die Bank der Stillhalter (=Verkäufer). Der Preis der Option stellt die Wahrscheinlichkeit des Kreditausfalls dar.

Kreditinanspruchnahme bei Ausfall

Es ist die aktuelle Inanspruchnahme des Kredites.

Restlaufzeit

Mit längeren Laufzeiten nimmt die Ausfallwahrscheinlichkeit zu.

Verlust bei Ausfall

Der Verlust bei Ausfall gibt an, wie viel Prozent einer Kreditforderung tatsächlich bei Ausfall abgeschrieben werden müssen.

1.6 Marketing

a)

Chance:	Gewinnung von Kunden, die sonst nicht angesprochen worden wären
Risiko:	Kunden lassen sich in der Filiale beraten und schließen über`s Internet ab

b)

Produktpolitik:	Testen, ob das neue Produkt „ankommt" – ggf. wird es später selber übernommen bzw. dargestellt Produkt passt evtl. nur begrenzt in die eigene Produktpalette
Preispolitik:	Evtl. ergeben sich aus dem Produkt heraus Merkmale, die imageschädigend sein können und deshalb das Produkt nicht aktiv selber angeboten werden soll

▶   **Beispiel** Unterschiedliche Kostenstrukturen – unterschiedliche Bepreisung –
1 Leistung, stark unterschiedliche Preise.

2 Betriebswirtschaft

2.1 Personalbeschaffung

a)

Die Personalbeschaffung unterscheidet zwischen der internen und externen Personalbeschaffung.

Die interne Personalbeschaffung kann ohne oder mit Personalbewegung erfolgen

Interne Personalbeschaffung ohne Personalbewegung:

- Überstunden
- Mehrarbeit

Interne Personalbeschaffung mit Personalbewegung:

- Personalbeschaffung durch Überstunden
- Personalbeschaffung durch Arbeitszeitverlängerung
- interne Stellenausschreibung
- Stellenclearing

Die externe Personalbeschaffung unterteilt sich in

Passive Personalbeschaffung:

- Vermittlung durch die Bundesagentur für Arbeit
- Personalleasing

© Springer Fachmedien Wiesbaden GmbH, ein Teil von Springer Nature 2021

T. Mothes, *Abschlussprüfungen,* Prüfungstraining zum Bankfachwirt,

https://doi.org/10.1007/978-3-658-32526-8_30

Aktive Personalbeschaffung:

- Stellenanzeigen
- Werbung an Hochschulen
- Öffentlichkeitsarbeit

b)
Vorteile der internen Personalbeschaffung
- Der interne Mitarbeiter und seine Qualifikation sind bekannt.
- Der interne Mitarbeiter kennt bereits die Organisation/die Techniken des Unternehmens.
- Diese Art der Personalbeschaffung ist kostengünstiger.
- Motivierende Wirkung für den Mitarbeiter (vertikale Versetzung)
    - Aufstiegschancen für den Mitarbeiter
    - Mitarbeiterbindung wird gestärkt

Nachteile der internen Personalbeschaffung
- Kein neues Know-How von außen.
- Es kann keine Probezeit vereinbart werden.
- Bei einer begrenzten Anzahl von Mitarbeitern kann es zu Engpässen kommen.
- Es könnte „böses Blut" unter den Kollegen geben.
- Geringe Auswahl bei den Bewerbern.

Vorteile der externen Personalbeschaffung
- Neues Know-How kommt in das Unternehmen (breite Auswahlmöglichkeiten).
- Es kann eine Probezeit vereinbart werden.
- Es kommt in der Regel nicht zu „bösem Blut" unter den Kollegen.
- Es kann i. d. R. zu keinen Engpässen kommen.
- Größere Auswahl bei den Bewerbern.

Nachteile der gesamten Externen Personalbeschaffung
- Man kennt die potenziellen Mitarbeiter nicht.
- Der potenzielle Mitarbeiter kennt die Organisation/die Techniken nicht.
- Die Art der Personalbeschaffung ist kostenintensiver und zeitaufwendiger.
- Gegebenenfalls wird die Fluktuation der bestehenden Mitarbeiter gefördert („Hier kann man nichts werden!").

2.2 Teamentwicklung

a)
Der Teamentwicklungsprozess teilt sich in vier Phasen auf:

1. Phase: Forming (Formierungsphase, Orientierung)
- Die Gruppe muss sich erst einmal finden.
- Anfangsphase, in der sich die Gruppe konstituiert.
- Die Gruppe sichtet zum ersten Mal ihre Aufgabe.
- Die Gruppenmitglieder „tasten" sich vorsichtig untereinander ab.
- Da die Abhängigkeit von der Führungsperson groß ist, hat diese das Team zu führen.
- Die Führungsperson macht die Zusammensetzung des Teams und äußere Team-Struktur transparent.

2. Phase: Storming (Konfliktphase/Konfrontation)
- Es ist die Phase der Turbulenzen.
- Es entstehen unterschwellige Konflikte, Spannungen und
- Meinungsunterschiede.
- Jeder versucht seine Vorstellungen durchzusetzen; hierbei treten Macht- und Status-gedanken offen hervor.
- Es gibt Streit um Ziele und Aufgaben.
- Die Führungsperson muss die Ziele mitteilen.
- Es entsteht ein Kampf um die Führung.
- Einzelne Cliquen können entstehen.

3. Phase: Norming (Regelphase-Konsens, Kooperation und Kompromiss)
- Es kommt zur Einigung auf Gruppenstandards und Umgangsformen.
- Es kommt zur Einigung auf gemeinsame Normen und Spielregeln.
- Das „Wir-Gefühl" und Zusammenhalt bilden sich heraus. Hierbei werden Wider-stände abgebaut.
- Es erfolgt ein offener Austausch von Meinungen und Gefühlen.
- Die Führungsperson muss Aufgaben und Personen koordinieren.

4. Phase: Performing (Arbeitsphase-Integration)
- Problemlösungen tauchen auf.
- Die Energie der Gruppe richtet sich auf die Aufgabe.
- Es wird eine gemeinsame Lösung erbracht.
- Die einzelnen Mitglieder gehen offen und solidarisch miteinander um.
- Das Handeln des Teams ist ein zielgerichtetes Handeln.
- Die Teamsteuerung erfolgt überwiegend durch das Team selber.

b)
Bei informellen Gruppen nehmen die Mitarbeiter Entscheidungsbefugnisse wahr, die ihnen laut Organisationsplan nicht gegeben wurden. Die Beziehungen weichen somit vom Plan ab. Vorgesetzte haben so gesehen nicht mehr die fachliche und persönliche Autorität. Informelle Gruppen entstehen reaktiv oder auch spontan. Informelle Gruppen verfügen weder über formale Strukturen noch über definierte Ziele.

2.3 Finanzierung – Finanzierung aus Vermögensumschichtung

a)
Bei der Vermögensumschichtung erfolgt eine Kapitalfreisetzung im Anlage- bzw. Umlaufvermögen. Anlagegüter, die nicht mehr benötigt werden, werden veräußert oder der Bestand an Vorräten (Lagerhaltung) wird abgebaut. Die freigesetzte Liquidität kann wieder investiert werden. Durch diese Finanzierungsmöglichkeit erfolgt ein Aktivtausch, d. h. die Passivseite der Bilanz wird nicht beeinflusst.

Die Finanzierung aus Vermögensumschichtung ist vom Umsatzprozess (Cash-Flow) unabhängig.

b)
Formen
1. Liquidation (=Desinvestitionen) mit Auflösung stiller Reserven
2. Sale-and-Lease-Back
3. Rationalisierungsmaßnahmen

1. Liquidation (=Desinvestitionen) mit Auflösung stiller Reserven
Bei einem Verkauf von nicht betriebsnotwendiger Aktiva erfolgt keine Gefährdung hinsichtlich der Betriebsbereitschaft und der Kapazitätserhaltung des Unternehmens. Wird betriebsnotwendige Aktiva veräußert, so erfolgt eine Anpassung der Kapazität an die veränderte Nachfrage. Andererseits können im Umlaufvermögen Übervorräte abgebaut werden.

2. Sale-and-Lease-Back-Verfahren
Der Leasinggeber kauft ein Vermögensgegenstand vom potenziellen Leasingnehmer. Der Leasinggeber vermietet es dann an den Verkäufer zurück.

Folgen:

- Stille Reserven und Liquidität werden frei.
- Realisierte stille Reserven erscheinen als Ertrag in der Gewinn- und Verlustrechnung.
- Mit der Liquidität können Belastungen abgelöst werden, um die sofortige Versteuerung vermeiden zu können.
- Unter bestimmten Voraussetzungen können steuerfreie Rücklagen gebildet werden.
- Durch den Verkauf und Ablösung von Verbindlichkeiten wird die Bilanzsumme gekürzt. Viele Bilanzkennzahlen des Leasingnehmers verbessern sich.

3. Rationalisierungsmaßnahmen

Ziele:

Ziel Nr. 1:   *Senkung der Produktionskosten*
              Mittel:
              • effizientere Maschinen
              • Lagerbestandsverringerung
              • just in time

Ziel Nr. 2:   Verbesserung des Verhältnisses von Umsatzvolumen und Kapitaleinsatz (=Kapital-
              umschlagsgeschwindigkeit)
              Mittel:
              • Vergrößerung des Umsatzvolumens bei gleichbleibendem Kapitaleinsatz oder
              • Reduzierung des Kapitaleinsatzes bei gleichbleibendem Umsatzvolumen

2.4 Deckungsbeitragsrechnung

Ausführung	Verkaufspreis	variable Stückkosten	Deckungsbetrag (DB)	DB je Minute
Luxus	960,00 EUR	408,00 EUR	552,00 EUR	46,00 EUR
Komfort	900,00 EUR	420,00 EUR	480,00 EUR	33,33 EUR
Bequem	864,00 EUR	360,00 EUR	504,00 EUR	52,50 EUR

Die Ausführung Komfort weist den geringsten relativen Deckungsbeitrag auf

Gesamtkapazität in Minuten: 23.400

Ausführung Bequem: 6.912   Minuten für die max. Produktionsmenge
Ausführung Luxus: 15.552   Minuten für die max. Produktionsmenge

Restzeit für Komfort: 936   Minuten
Somit können in der Restzeit 65 Stück hergestellt werden

Betriebsergebnis:

DB Bequem:	362.880,00 EUR
DB Luxus:	715.392,00 EUR
DB Komfort:	31.200,00 EUR
gesamter DB:	1.109.472,00 EUR
abzgl. Fixkosten:	780.000,00 EUR
Erfolg:	329.472,00 EUR

2.5 Bewertungsspielräume

a)

Grundlage ist § 255 Abs. 2 HGB:

	Handelsrechtlich		Steuerrechtlich		IAS/IFRS
	Niedrigster Wert	Höchster Wert	Niedrigster Wert	Höchster Wert	
Materialeinzel-kosten	180.000,00	180.000,00	180.000,00	180.000,00	180.000,00
Material-gemeinkosten	36.000,00	36.000,00	36.000,00	36.000,00	36.000,00
Fertigungs-einzelkosten	75.000,00	75.000,00	75.000,00	75.000,00	75.000,00
Fertigungs-gemeinkosten	33.750,00	33.750,00	33.750,00	33.750,00	33.750,00
Sonderkosten Fertigung	9.000,00	9.000,00	9.000,00	9.000,00	9.000,00
Zwischen-summe	333.750,00	333.750,00	333.750,00	333.750,00	333.750,00
Verwaltung	0,00	35.043,75	0,00	35.043,75	0,00
Summe	**333.750,00**	**368.793,75**	**333.750,00**	**368.793,75**	**333.750,00**

▷ **Achtung** Wenn ein Teil der Kosten der allgemeinen Verwaltung direkt der Produktion zugeordnet werden kann (=Kosten der produktionsbezogenen Verwaltung), dann besteht bei den IAS/IFRS ein Pflichtansatz für diesen Teil.

b)
IAS/IFRS haben folgende Ziele
- Schaffung von Investorensicherheit
- Schaffung von Transparenz, d. h. es muss eine internationale Vergleichbarkeit gegeben sein. Grundlage sind vollständige Informationen.
- IAS/IFRS sollen eine Entscheidungsgrundlage darstellen.
  - Zuverlässigkeit
  - Verständlichkeit
  - Wesentlichkeit
- Im Mittelpunkt stehen somit:
  - die Darstellung der tatsächlichen finanziellen Situation,
  - die tatsächlichen Veränderungen der finanziellen Situation und
  - die tatsächlich erbrachten Leistungen des Unternehmens.

- Oberstes Ziel der IAS/IFRS sind die Informationsfunktionen:
  Bereitstellung relevanter, verlässlicher, vergleichbarer und stetiger Informationen für
  die Anleger (Investoren).

Es soll eine Abkehr vom Vorsichtsprinzip erfolgen. Der Anlegerschutz dominiert vor
dem Gläubigerschutz.

2.6 Investitionsrechnung – Dynamische Investitionsrechnung

a)

$$Kapitalwert = \frac{EZ\ddot{U}_1}{(1+e)^1} + \frac{EZ\ddot{U}_2}{(1+e)^2} + \frac{EZ\ddot{U}_3}{(1+e)^3} - A_0$$

Ermittlung der Einzahlungsüberschüsse:

Jahr	Überschüsse	
1	9.000,00 EUR	
2	34.000,00 EUR	
3	38.000,00 EUR	
4	35.000,00 EUR	
5	49.000,00 EUR	inkl. Liquidationserlös

$$Kapitalwert = \frac{9.000,00}{1,08^1} + \frac{34.000,00}{1,08^2} + \frac{38.000,00}{1,08^3} + \frac{35.000,00}{1,08^4} + \frac{49.000,00}{1,08^5}$$

$$Kapitalwert = 1.723,10\,EUR$$

b)

Differenz der Barwerte
- Kapitalwert positiv = Investition lohnt sich
- Kapitalwert Null = Alternative ist genau so gut
- Kapitalwert negativ = Investition lohnt sich nicht

Vermögenszuwachs
- *Kapitalwert positiv:*
  - Vermögenszuwachs Investition > Vermögenszuwachs Alternative
    Die angestrebte Verzinsung wird erreicht und darüber hinaus wird noch ein Überschuss erwirtschaftet.
- *Kapitalwert Null:*
  - Vermögenszuwachs der Investition = Vermögenszuwachs der Alternative

- *Kapitalwert negativ:*
  - Die Alternative erbringt einen höheren Vermögenszuwachs.
  - Die Anschaffungsauszahlung wird nicht vollständig zurückgewonnen.

Grenz- oder Marktpreis der Investition

Kapitalwert + Anschaffungsauszahlung = Grenz- oder Marktpreis der Investition.

Ein Verkäufer könnte in t_0 max. den Marktpreis fordern und ein Käufer würde max. den Marktpreis zahlen wollen.

Kalkulationszinsfuß (KZF)

- Je höher der KZF ist, desto geringer ist der Kapitalwert.
- Je niedriger der KZF ist, desto höher ist der Kapitalwert.

Einzahlungsüberschüsse

- Je höher die Einzahlungsüberschüsse, desto höher ist der Kapitalwert.
- Je niedriger die Einzahlungsüberschüsse, desto niedriger ist der Kapitalwert.

Zeitpunkt der Einzahlungsüberschüsse

- Je früher die Einzahlungsüberschüsse, desto höher ist der Kapitalwert.
- Je später die Einzahlungsüberschüsse, desto niedriger ist der Kapitalwert.

3 Volkswirtschaft

3.1 Lohnpolitik

a)

Nach dem Konzept der produktivitätsorientierten Lohnpolitik dürfen die Lohnerhöhungen maximal so hoch sein wie der Produktivitätsfortschritt (Arbeitsproduktivität).

Lohnstückkosten: $\dfrac{\text{Lohnkosten je Arbeitnehmer}}{\text{Output je Arbeitnehmer}}$

gesamtwirtschaftlich betrachtet: $kl = \dfrac{I * A}{Y_r}$

kl = Lohnstückkosten

L = Lohnsatz

A = Arbeitsvolumen

Y_r = Leistung der Volkswirtschaft

$Arbeitsproduktivität\ (Pa) = \dfrac{\text{Output } (Y_r)}{\text{Input } (A)}$

$kl = \dfrac{I}{P_a}$

Steigt die Produktivität bei gleichen Löhnen, so sinken die Lohnstückkosten. Steigen jedoch die Löhne schneller als die Produktivität, so steigen die Lohnstückkosten. Wenn andere Kosten nicht gesenkt werden können, ergeben sich insgesamt steigende Stückkosten. Sollte der Versuch unternommen werden, diese höheren Kosten den Konsumenten überzuwälzen, kann die Inflation ansteigen.

© Springer Fachmedien Wiesbaden GmbH, ein Teil von Springer Nature 2021
T. Mothes, *Abschlussprüfungen,* Prüfungstraining zum Bankfachwirt,
https://doi.org/10.1007/978-3-658-32526-8_31

Ziele der produktivitätsorientierten Lohnpolitik sind
- Verteilungsgerechtigkeit und
- Stabilisierung der Nachfrage.

Positive Argumente der produktivitätsorientierten Lohnpolitik sind
- Es liegen keine Gründe für eine Lohnkosteninflation vor.
- Es liegen auch keine Gründe für eine lohnkostenbedingte Arbeitslosigkeit vor.
- Die Lohnstückkosten bleiben konstant.

Negative Argumente sind
- Gewerkschaften müssten diese Einkommensverteilung akzeptieren.
- Produktivitätssteigerungen sind in vielen Branchen nur schwer messbar.
- Produktivitätssteigerungen sind in vielen Wirtschaftsbereichen nur schwer oder gar nicht möglich.
- Einkommenserhöhungen wären immer von der künftigen Produktivitätsentwicklung abhängig.
- Es wird i. d. R. nur verhindert, dass die Arbeitslosigkeit nicht weiter ansteigt.

Die Entstehung des Produktivitätsfortschritts wird nicht betrachtet. Es wird nicht analysiert, ob der Produktionsfaktor Arbeit oder der Produktionsfaktor Kapital den Produktivitätsfortschritt hervorgerufen hat.

b)
Wie aus Aufgabenteil a) ersichtlich wird, trägt die produktivitätsorientierte Lohnpolitik i. d. R. nur dazu bei, dass die Arbeitslosigkeit nicht weiter ansteigt. Es kann davon ausgegangen werden, dass die Unterbeschäftigung aus einem zu hohen Lohnniveau resultiert, so kann die produktivitätsorientierte Lohnpolitik nicht zum Abbau der Unterbeschäftigung beitragen. Liegt außerdem noch eine strukturelle Arbeitslosigkeit vor, wird diese auch nicht durch das Konzept der produktivitätsorientierten Lohnpolitik abgebaut.

Nur wenn es sich um eine konjunkturelle Arbeitslosigkeit handelt (temporärer Rückgang der gesamtwirtschaftlichen Nachfrage) kann die produktivitätsorientierte Lohnpolitik dazu beitragen, dass die Unterbeschäftigung abgebaut werden kann.

3.2 Geldpolitik

a)
Technisches Argument
- Die Geldpolitik setzt einen hohen Sachverstand voraus.
- Die Geldpolitik erfordert schnelles Reagieren und Handeln.

Ökonomisches Argument
- Ziel ist die Verhinderung des Missbrauchs der Zentralbank.
- Es soll keine „Politik des leichten Geldes" betrieben werden.

Politisches Argument
- Politiker orientieren sich üblicherweise nur an tagespolitischen Ereignissen.

b)

Institutionelle Unabhängigkeit
- Die EZB ist unabhängig von Weisungen Dritter (z. B. der Regierung).

Personelle Unabhängigkeit
- Kein Dritter kann über die Zusammensetzung bestimmen.

Finanzielle Unabhängigkeit
- Die EZB hat eine eigene Mittelausstattung.

Funktionelle Unabhängigkeit
- Die EZB verfolgt ein klares Zielsystem.
  - Hauptziel: Preisniveaustabilität
  - Andere Aufgaben dürfen nur wahrgenommen werden, sofern diese mit der Preis-niveaustabilität vereinbar sind.

c)

Ständige Fazilitäten bieten den Geschäftsbanken die Möglichkeiten „über Nacht" Liquidität bei den Zentralbanken für einen Tag zu erhalten oder anzulegen.

Spitzenrefinanzierungsfazilitäten
- Sie bieten den Geschäftsbanken im Euroraum die Möglichkeit, „über Nacht", d. h. kurzfristig, Liquidität bei den Zentralbanken für einen Tag zu einem vorgegebenen Zinssatz (Spitzenrefinanzierungssatz) gegen refinanzierungsfähige Sicherheiten zu erhalten.
- Der Zinssatz bildet im Allgemeinen die Obergrenze des Tagesgeldsatzes. Er wird vom EZB-Rat festgelegt und stellt die Obergrenze des Zinskorridors dar. Üblicherweise liegt der Zinssatz einen Prozentpunkt über dem Hauptrefinanzierungssatz. Hiervon wich die EZB jedoch zeitweilig nach der Euroeinführung und seit der Finanzkrise ab 2007 ab. Die Banken greifen i. d. R. kaum darauf zurück, weil dies die teuerste Form der Zentralbankkredite ist.
- Die Spitzenrefinanzierung ist das Gegenstück der Einlagefazilität und stellt ein wichtiges geldpolitisches Instrument der EZB dar.

Einlagenfazilitäten

- Sie bieten den Geschäftsbanken im Euroraum die Möglichkeiten, „über Nacht", d. h. kurzfristig, nicht benötigte Liquidität bei den Zentralbanken für einen Tag anzulegen.
- Als Verzinsung erhalten bzw. zahlen die Geschäftsbanken den von der Zentralbank vorgegebenen Einlagesatz.
- Der Zinssatz bildet im Allgemeinen die Untergrenze des Tagesgeldsatzes. Er wird ebenfalls vom EZB-Rat festgelegt und bildet dabei die Untergrenze des Zinskorridors.
- Die Geschäftsbanken haben somit ein Wahlrecht zur Geldanlage bei der Zentralbank. Diers stellt ebenfalls ein wichtiges geldpolitisches Instrument der EZB dar.

Hauptrefinanzierungsgeschäfte (Haupttender) haben eine Liquiditäts- und Zinswirkung

Ziele:

- Refinanzierung der Banken
- Steuerung und Stabilisierung der kurzfristigen Geldmarktsätze

Form:

- wöchentliche Standardtender mit einer Laufzeit von 1 Woche, d. h. der Kredit hat eine Laufzeit von 1 Woche
- seit 2000: amerikanischer Zinstender; während der Finanzkrise kehrte die EZB im Oktober 2008 wieder zum Mengentenderverfahren zurück

Längerfristige Refinanzierungsgeschäfte (Basistender) haben nur eine Liquiditätswirkung

Ziele:

- Bereitstellung zusätzlicher und längerfristiger Liquidität
- Ergänzung zum Hauptrefinanzierungsinstrument

Form:

- monatliche Standardtender mit einer Laufzeit von 3 Monaten, d. h. der Kredit hat eine Laufzeit von 3 Monaten

Gezielte längerfristige Refinanzierungsgeschäfte

Gezielte längerfristige Refinanzierungsgeschäfte (GLRG; englisch: TLTRO – targeted longerterm refinancing operations) gehören zu den geldpolitischen Sondermaßnahmen der EZB. Mit diesen Refinanzierungsgeschäften stellt die EZB den Geschäftsbanken langfristige Kredite zur Verfügung und bietet den Anreiz, dass die Geschäftsbanken ihre Kreditvergabe an Unternehmen und Verbraucher im Euroraum ausweiten. Weiteres Ziel ist, dass damit beigetragen wird, dass die Inflationsraten auf mittlere Sicht wieder auf ein Niveau von unter, aber nahe 2 % zurückkehren.

GLRG-I Der EZB-Rat hatte am 5. Juni 2014 beschlossen, insgesamt acht gezielte längerfristige Refinanzierungsgeschäfte mit einer Laufzeit von bis zu vier Jahren sowie der Möglichkeit zur vorzeitigen Rückzahlung anzubieten.

Da es sich um gezielte Kredite gehandelt hat, orientierten sich diese an der Kreditvergabe an nichtfinanzielle Unternehmen und private Haushalte im Euro-Währungsgebiet (ohne Wohnungsbaukredite an private Haushalte).

GLRG-II Der EZB-Rat hatte in seiner Sitzung am 10. März 2016 angekündigt, zur Verbesserung der geldpolitischen Transmission weitere Anreize für die Kreditvergabe der Banken zu setzen und eine weitere Serie gezielter längerfristiger Refinanzierungsgeschäfte II durchzuführen.

Es wurden insgesamt vier GLRG-II beginnend im Juni 2016 in vierteljährlichem Abstand durchgeführt.

Banken, die am GLRG-II-Programm teilgenommen haben, konnten einen Betrag von bis zu 30 % ihrer ausstehenden Kredite an Unternehmen und Verbraucher aufnehmen. Dies bedeutete, dass Banken, die mehr Kredite an die Realwirtschaft vergeben hatten, mehr Mittel aufnehmen konnten, und dies zu einem geringeren als sonst von der EZB angebotenen Zinssatz.

GLRG-III Der EZB-Rat hatte in seiner Sitzung am 07. März 2019 beschlossen, eine neue Reihe von gezielten längerfristigen Refinanzierungsgeschäften durchzuführen, um günstige Kreditbedingungen zu erhalten.

Es werden insgesamt sieben GLRG-III im Zeitraum von September 2019 bis März 2021 in vierteljährlichem Abstand durchgeführt.

Die Laufzeit der GLRG-III-Geschäfte beträgt drei Jahre. Vorzeitige freiwillige Rückzahlungen sind zwölf Monate nach Valutierung eines GLRG-III-Geschäftes, frühestens jedoch im September 2021 möglich.

3.3 Monopol

a)

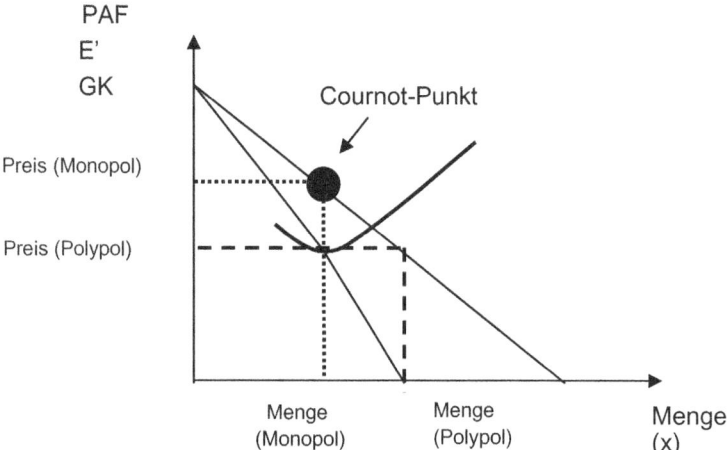

b)

Unterschiede zwischen Monopol und Polypol
1. Der Marktpreis im Monopol ist höher als im Polypol.
2. Im Polypol werden die Nachfrager mit einer größeren Gütermenge versorgt.
3. Die Marktversorgung im Monopol ist mengenmäßig geringer bzw. schlechter.

c)

Ermittlung der gewinnbringensten Ausbringungsmenge
Grenzerlöse = Grenzkosten
Erlöse = Preis * Menge
Erlöse = (28 − x) * x
Erlöse = $28x - x^2$

Die Grenzerlösfunktion ergibt sich durch die erste Ableitung der Erlösfunktion
Grenzerlöse: 28 − 2x

Oder Die Grenzerlösfunktion schneidet die Abszissenachse (x-Achse) in der Hälfte von der Preis-Absatz-Funktion. Die Preis-Absatz-Funktion schneidet die Abszissenachse bei 28. Daraus folgt, dass die Grenzerlösfunktion die Abszissenachse bei 14 schneiden muss. Das ist nur möglich, wenn die (negative) Steigung verdoppelt wird.

- Grenzerlöse: $28 - 2x$

$$28 - 2x = 4 + x$$
$$x = 8$$

$$P = 28 - x$$
$$P = 28 - 8$$
$$P = 20$$

$$Monopolmenge = 8$$
$$Monopolpreis = 20$$

3.4 Zahlungsbilanz

a)

Die Zahlungsbilanz setzt sich aus folgenden Unterbilanzen zusammen

- Leistungsbilanz
- Vermögensbilanz
- Kapitalbilanz
- Devisenbilanz

Die Leistungsbilanz teilt sich wie folgt auf

Außenhandelsbilanz/Handelsbilanz: Hier werden Exporte und Importe erfasst. Sofern die Exporte über den Importen liegen, spricht man von einer aktiven Handelsbilanz. Im umgekehrten Fall von einer passiven Handelsbilanz.

Dienstleistungsbilanz: In der Dienstleistungsbilanz werden folgende Positionen erfasst:

- Auslandsreiseverkehr
- Transporte
- Telekommunikationsleistungen
- Patente/Lizenzen

Bilanz der Erwerbs- und Vermögenseinkommen: In der Bilanz der Erwerbs- und Vermögenseinkommen werden Einkommen aus unselbstständiger Arbeit (Löhne + Gehälter) erfasst. Ferner werden Zinsen, Dividenden, Mieten und Pachten berücksichtigt.

Übertragungsbilanz: Die Übertragungsbilanz erfasst Leistungen, die keine unmittelbare Gegenleistung aufweisen.

- Zahlungen an internationale Organisationen
- staatliche Entwicklungshilfe

Vermögensbilanz: Die Vermögensbilanz erfasst einmalige Vermögensübertragungen. Hierzu zählen u. a. Schuldenerlasse, Erbschaften, Schenkungen und Vermögensmitnahmen von Aus- bzw. Einwanderern.

Kapitalbilanz: In der Kapitalbilanz werden Kapitalexporte und Kapitalimporte verbucht.
Beispiele:

- Direktinvestitionen
- Wertpapiere
- Finanzderivate
- Kreditverkehr

Devisenbilanz: Die Devisenbilanz zeigt die Veränderungen der Währungsreserven.

b)

- Bilanz der Erwerbs- und Vermögenseinkommen und Devisenbilanz
- Leistungsbilanz (hier: Außenhandelsbilanz) und Kapitalbilanz
- Kapitalbilanz und Devisenbilanz

3.5 Inflation

a)

Nachfrageinflation

Bei einer Nachfrageinflation erfolgen Preisniveausteigerungen in der Hochkonjunktur. Die gesamtwirtschaftliche Nachfrage ist größer als die Produktionskapazitäten. Es handelt sich nicht nur um einen vorübergehenden Nachfrageanstieg. Ferner muss die Zentralbank die Wirtschaftssubjekte mit einer entsprechenden Geldmenge ausstatten, die zum Kauf der Güter notwendig ist.

Angebotsinflation

Im Bereich der Angebotsinflation muss zwischen der Kostendruckinflation und der Marktmachtinflation (Gewinndruckinflation) unterschieden werden. Die Gründe für eine Kostendruckinflation liegen bei den Produktionskosten. Steigen nämlich die Produktionskosten schneller als die Kosteneinsparungsmöglichkeiten durch Rationalisierung, so erhöhen sich die Stückkosten der Produktion.

Dies soll nun am Beispiel der Lohnkosten verdeutlicht werden:

Übersteigen die Lohnforderungen den Produktivitätsfortschritt, so steigen die Lohnstückkosten. Voraussetzungen hierfür sind, dass die Lohnforderungen mit Macht (z. B. mit gewerkschaftlicher Organisationsmacht) durchgesetzt werden und die Lohnforderungen müssen durch eine Ausweitung der Geldmenge „monetär alimentiert" werden. Zur Kostendruckinflation (hier: Lohnkosteninflation) kommt es nur dann, wenn die gestiegenen Lohnkosten auf die Produktpreise übergewälzt werden und die Produkte zu den höheren Preisen von den Konsumenten gekauft werden.

Erfolgen Preissteigerungen aufgrund erhöhter Gewinnerwartungen, so kann eine Marktmachtinflation entstehen. Voraussetzungen sind, dass die Nachfrager auf die Produkte angewiesen sind. Die Anbieter haben ihren Preiserhöhungsspielraum bis dato nicht voll ausgenutzt. Zusätzlich muss eine geringe Wettbewerbsintensität vorliegen, sodass sich die Anbieter dem Monopolpreis annähern können.

b)

Inflationsgewinner

Unternehmer: Unternehmer beziehen Gewinneinkommen.

Sachwertbesitzer: Hierzu zählen Grundstücksbesitzer und Unternehmer, da das Vermögen eines Unternehmens größtenteils aus Sachvermögen besteht.

Schuldner: Die Schuld wird real geringer, da das Nominaleinkommen steigt.

Inflationsverlierer

Arbeitnehmer und Bezieher von Transfereinkommen: Die Löhne und die Transferzahlungen steigen langsamer als die Inflation. Somit sinkt das real verfügbare Einkommen (die reale Kaufkraft sinkt).

Gläubiger: Ob und inwieweit Gläubiger (z. B. Sparer) zu den Inflationsverlierern gehören, hängt insbesondere von der Höhe der Verzinsung des Geldvermögens ab.

Sofern die Inflationsrate größer als die Nominalverzinsung ist, ist die Realverzinsung negativ.

Staat:
Auch die öffentlichen Bediensteten verlangen ein höheres Einkommen. Zusätzlich ist zu berücksichtigen, dass die Preise für in Auftrag gegebenen Infrastrukturinvestitionen steigen.

Strategien
Allgemein lässt sich sagen, dass man so handeln muss, dass man zu den Inflationsgewinnern zählt.

Strategie 1: Kreditaufnahme und Investition des Geldes in inflationssichere Anlagen/ Sachgüter.

Strategie 2: Kreditaufnahme und Tausch des Geldes in wertbeständige Währungen.

Strategie 3: Indexierung, d. h. Kopplung der Löhne/Mieten an einen Preisindex.
Jedoch werden bei einer Indexierung die Ursachen der Inflation nicht bekämpft. Die negativen Folgen werden nur gemildert. Es besteht die Gefahr, dass die Widerstände gegen eine Inflation geringer werden.

3.6 Beschäftigungspolitik – Phillipskurve

a)
Ursprünglich erfolgte eine Untersuchung des Zusammenhangs von Lohnerhöhungen und der Arbeitslosenquote auf empirischer Basis für Großbritannien.

Die Aussagen sind
- Lohnerhöhungen sind umso höher, je geringer die Arbeitslosenquote ist.
- In einer Boomphase konkurrieren die Unternehmer um die wenigen Arbeitskräfte und sind bereit, höhere Löhne zu zahlen.
- Lohnerhöhungen sind umso niedriger, je höher die Arbeitslosenquote ist.
- Der Grund liegt darin, dass in einer Rezession Lohnerhöhungen kaum zu erwarten sind.

b)
Bei der modifizierten Phillips-Kurve wird statt der Lohnsteigerungen die Inflationsrate abgebildet. Somit wird die Zielbeziehung zwischen Inflation und Arbeitslosigkeit dargestellt.

Die Aussagen sind

- Je höher die Inflation, desto geringer die Arbeitslosenquote.

  Eine geringe Arbeitslosenquote (hoher Beschäftigungsstand) kann nur mit einer hohen Inflationsrate erkauft werden.

- Je geringer die Inflation, desto höher ist die Arbeitslosenquote.

  Eine geringe Inflation kann nur mit einer hohen Arbeitslosenquote erkauft werden.

Folgende Kritikpunkte lassen sich erheben

- Der Zielkonflikt der Philipps-Kurve gilt nur bei konjunktureller Arbeitslosigkeit und konjunktureller Inflation.

- Der Zielkonflikt stellt nur einen kurzfristigen Zusammenhang dar.

- Arbeitslosigkeit ist langfristig nicht durch höhere Inflation bekämpfbar.

- Langfristig herrscht Zielharmonie.

Auf Dauer führt eine Inflation zu negativen Auswirkungen (z. B. negative Allokationseffekte). Daher muss langfristig Zielharmonie herrschen:

Ohne Preisniveaustabilität werden keine oder falsche Investitionen getätigt. Ohne Investitionen ist wiederum kein Wachstum möglich. Und ohne Wachstum kann keine Vollbeschäftigung (hoher Beschäftigungsstand) erzielt werden.

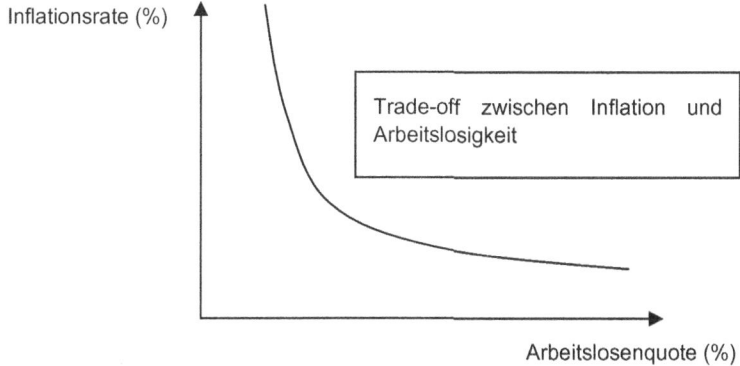

Der Trade-off besagt, dass sich die Arbeitslosenquote und die Inflationsrate gegenseitig in einem negativen Sinne beeinflussen, d. h. es muss eine Abwägung zwischen Inflation und Arbeitslosigkeit erfolgen.

4 Recht

4.1 Kreditsicherheit – Pfandrecht

a)
Herr Clausen hat der Südbank AG die Briefmarkensammlung nach § 1204 BGB in Verbindung mit § 1205 Abs. 1 Satz 1 BGB wirksam verpfändet, wenn die nachstehenden Voraussetzungen erfüllt sind.

- Einigung, dass dem Gläubiger das Pfandrecht zustehen soll.
- Übergabe der Sache, d. h. die Südbank AG müsste den unmittelbaren Besitz
- erwerben.
- Entstehung der zu sichernden Forderung

Alle drei Voraussetzungen sind erfüllt.

Herr Clausen war jedoch nicht der Eigentümer der Briefmarkensammlung und konnte daher nur als Nichtberechtigter handeln. Gemäß § 1207 BGB in Verbindung mit § 932 BGB ist ein gutgläubiger Erwerb möglich. Jedoch ist auch § 935 Abs. 1 BGB zu beachten. Der gutgläubige Erwerb des Pfandrechts ist an gestohlenen Sachen nicht möglich.

b)
Wird zwischen der Bank und Herrn Clausen vereinbart, dass die Briefmarkensammlung weiterhin im Tresor der Mutter bleiben soll, ist die Verpfändung unwirksam. Die wirksame Verpfändung setzt nach §1205 Abs. 1 Satz 1 BGB die Übergabe voraus.

© Springer Fachmedien Wiesbaden GmbH, ein Teil von Springer Nature 2021
T. Mothes, *Abschlussprüfungen,* Prüfungstraining zum Bankfachwirt,
https://doi.org/10.1007/978-3-658-32526-8_32

4.2 Kreditsicherheit – Grundpfandrechte

Kurt könnte einen Anspruch auf Rückzahlung des Darlehens aus dem Darlehensvertrag gemäß § 488 Abs. 1 Satz 1 BGB von Herrn Witt haben. Voraussetzung ist, dass der Anspruch entstanden ist.

Hierzu müssten zwei übereinstimmende und rechtswirksame Willenserklärungen vorliegen. Zwischen Herrn Witt und Kurt gibt es keinen Darlehensvertrag. Somit ist der Anspruch nicht entstanden. Jedoch gibt es zwischen Herrn Witt und Herrn Stein einen Darlehensvertrag. Es könnte sein, dass Herr Stein seine Forderung an Kurt abgetreten hat (§ 398 BGB). Dies ist der Fall. Es liegt eine Einigung zwischen Herrn Stein und Kurt vor. Die Abtretung ist formlos gültig und sie muss nicht offengelegt werden. Ausschlussgründe, die eine wirksame Abtretung verhindern könnten, sind nicht zu erkennen.

Fazit
Kurt ist Inhaber der Darlehensforderung (§ 488 Abs. 1 Satz 1 BGB) geworden. Es könnte aber sein, dass die Verbindlichkeit des Herrn Witt bereits erloschen ist. Er zahlt weiterhin an Herrn Stein. Voraussetzungen zum Erlöschen durch Leistung nach § 362 BGB sind:

- Zahlung durch den richtigen Schuldner,
- Zahlung an den richtigen Gläubiger,
- richtige Leistung,
- Zahlung am richtigen Ort und
- Zahlung zur richtigen Zeit.

Herr Witt hat aber immer Zahlungen an Herrn Stein geleistet, obwohl dieser durch die wirksame Abtretung nicht mehr Gläubiger ist. Es könnte aber sein, dass sich Herr Witt auf § 407 Abs. 1 BGB berufen kann, denn die Abtretung wurde ihm nicht angezeigt. Somit muss Kurt die Zahlungen des Herrn Witt an Herrn Stein gegen sich gelten lassen.

Fazit
Kurt hat keinen Anspruch auf Rückzahlung des Darlehens aus dem Darlehensvertrag gemäß § 488 Abs. 1 Satz 1 BGB von Herrn Witt, da der Anspruch nach § 362 BGB bereits erloschen ist.

Kurt könnte einen Anspruch auf Duldung der Zwangsvollstreckung gegenüber dem Vater aus § 1147 BGB haben. Herr Stein hat die Forderung und somit auch die Hypothek (§ 401 Abs. 1 BGB) an Kurt abgetreten. Nach § 1137 Abs. 1 BGB kann der Vater gegen den neuen Gläubiger (Kurt) diejenigen Einreden erheben, die auch dem persönlichen Schuldner (Herr Witt) gegen diesem zustehen. Kurt kann sich aber auf § 1156 Satz 1 BGB berufen, der die Einrede des § 407 BGB ausschließt.

Fazit
Kurt hat einen Anspruch auf Duldung der Zwangsvollstreckung gegenüber dem Vater aus § 1147 BGB.

4.3 Verzinsung

Die Hessen-Bank AG könnte einen Anspruch auf Zinszahlung von Herrn Berger aufgrund des Darlehensvertrages nach § 488 Abs. 1 und 2 BGB haben. Voraussetzung ist, dass der Anspruch der Hessen-Bank AG entstanden ist.

Zum Abschluss eines Darlehensvertrages sind zwei übereinstimmende Willenserklärung erforderlich. Diese liegen zwischen der Hessen-Bank AG und Herrn Berger vor. Die Vorschriften des Verbraucherdarlehensvertrages (§ 491 ff BGB) finden hier keine Anwendung, denn Herr Berger handelt nicht als Verbraucher, sondern als Kaufmann (§ 1 HGB). Daher bedarf der Vertragsabschluss auch keiner Schriftform. Aufgrund dieser Tatsache hat die Bank einen Anspruch auf Zinszahlung gemäß § 354 Abs. 2 HGB in Verbindung mit dem Darlehensvertrag (§ 488 Abs. 1 und 2 BGB). Da ein beiderseitiges Handelsgeschäft vorliegt, kann die Hessen-Bank AG den gesetzlichen Zinssatz nach § 352 Abs. 1 HGB in Höhe von 5 % p.a. verlangen.

Abwandlung

Herr Berger tritt in diesem Fall als Verbraucher auf. Somit gilt § 354 Abs. 2 HGB nicht als Anspruchsgrundlage. Zwischen der Hessen-Bank AG und Herrn Berger wurde ein Verbraucherdarlehensvertrag nach § 491 BGB abgeschlossen, denn es handelt sich hierbei um einen entgeltlichen Darlehensvertrag zwischen einem Unternehmer als Darlehensgeber (Hessen-Bank AG) und einem Verbraucher als Darlehensnehmer (Herr Berger). Dieser Vertrag bedarf nach § 492 Abs. 1 BGB der Schriftform und muss nach § 492 Abs. 2 BGB die für den Verbraucherdarlehensvertrag vorgeschriebenen Angaben nach Artikel 247 §§ 6–13 des Einführungsgesetzes zum Bürgerlichen Gesetzbuche (EGBGB) enthalten.

Es ist nun zu prüfen, ob der Sollzinssatz eine erforderliche Angabe darstellt. Nach Artikel 247 § 6 EGBGB muss der Verbraucherdarlehensvertrag u. a. die in § 3 Abs. 1 Nr. 1–14 EGBGB genannten Angaben enthalten. Der Sollzinssatz wird unter § 3 Abs. 1 Nr. 5 EGBGB aufgeführt. Somit stellt dieser eine erforderliche Angabe dar.

Nach § 494 Abs. 1 BGB ist der Verbraucherdarlehensvertrag nichtig, wenn eine Angabe fehlt, die in Artikel 247 §§ 6 und 10–13 EGBGB vorgeschrieben ist. Da der Sollzinssatz eine vorgeschriebene Angabe ist, könnte angenommen werden, dass der Vertrag nichtig ist. Es könnte jedoch sein, dass der Vertrag trotz der fehlenden Angabe wirksam ist. Gemäß § 494 Abs. 2 BGB wird der Verbraucherdarlehensvertrag gültig, wenn der Darlehensnehmer das Darlehen empfängt oder in Anspruch nimmt. Der Darlehensbetrag wurde schon an Herrn Berger ausgezahlt. Da die Auszahlung bereits erfolgt ist, ist der Mangel (=fehlende Angabe des Sollzinssatzes) geheilt. Somit liegt ein wirksamer Darlehensvertrag vor. Da jedoch die Angabe des Sollzinssatzes fehlt, ermäßigt sich dieser auf den gesetzlichen Zinssatz (§ 246 BGB) von 4 % p.a.

Die Hessen-Bank AG kann den gesetzlichen Zinssatz nach § 246 BGB in Höhe von 4 % p.a. verlangen.

4.4 Familienrecht

a) Das genehmigungsfreie Geschäft nach § 1813 Abs. 1 Nr. 3 BGB gilt nur für Gelder auf einem Giro- oder Kontokorrentkonto oder für Gelder, die der Vormund nach § 1806 (2. Halbsatz) BGB angelegt hat. Hierbei muss es sich um Verfügungsgelder zur Bestreitung von Ausgaben handeln. Eine solche Geldanlage liegt nicht vor, da der Sperrvermerk mehrmals gefordert wurde. Somit ist die Genehmigung des Gegenvormundes erforderlich.

b) Hierbei handelt es sich nach § 1813 Abs. 1 Nr. 4 BGB um ein genehmigungsfreies Geschäft. Die Zinsen stellen die Nutzungen des Mündelvermögens dar.

c) Nach § 1821 Nr. 1 BGB und § 1822 Nr. 8 BGB sind beide Rechtsgeschäfte genehmigungspflichtig.

d) Die Genehmigung nach § 1812 BGB ist erforderlich. Die Ausnahmeregelung des § 1813 Abs. 1 Nr. 2 BGB ist nicht möglich, da der Anspruch mehr als 3.000,00 EUR beträgt.

e) Nach § 1812 Abs. 1 BGB ist die Genehmigung erforderlich.

4.5 Grundstücksrecht

Herr Eckert könnte gemäß § 894 BGB die Berichtigung des Grundbuchs verlangen. Voraussetzung ist, dass der Inhalt des Grundbuchs in Ansehung eines Rechts an dem Grundstück nicht im Einklang mit der wirklichen Rechtslage steht. Das ist hier gegeben, denn die Einigung nach § 925 Abs. 1 BGB ist nach § 105 Abs. 1 BGB nichtig, da sich Frau Buchwald nach § 104 Nr. 2 BGB in einer Störung der Geistestätigkeit befindet. Somit ist sie nicht Eigentümerin geworden. Daher kann Herr Eckert die Zustimmung zu der Berichtigung des Grundbuchs verlangen.

Zur Sicherheit kann sich Herr Eckert zusätzlich einen Widerspruch gegen die Richtigkeit des Grundbuchs eintragen lassen (§ 899 BGB).

4.6 Zwangsvollstreckung

1. Nicht pfändbare Ansprüche
- bereits valutierte Kredite
- zweckgebundene Darlehen

Eine Pfändung wäre eine vertragswidrige Verwendung.

2. Ansprüche aus Darlehen
- Mit Abschluss des Kreditvertrages erhält der Kreditnehmer einen Anspruch auf Auszahlung des Darlehens.
- Es ist eine Geldforderung.

- Der Auszahlungsanspruch kann gepfändet werden.
- Abhilfe bietet nur die Kündigung durch die Bank nach Nr. 19 III AGB der Banken.

3. Ansprüche aus Dispositionskrediten
- Der Kunde hat einen Anspruch auf Auszahlung der Kreditmittel.
- Dieser Anspruch ist auch pfändbar.
- Er entsteht aber erst bei Inanspruchnahme des Kredites und kann erst dann gepfändet werden.

4. Ansprüche aus Überziehungskrediten
- Überziehungskredite entstehen dadurch, dass der Kunde der Bank einen Antrag macht und die Bank den Antrag durch Ausführung der Überweisung annimmt.
- Auch dieser Anspruch ist pfändbar.
- Er entsteht aber erst bei Inanspruchnahme und Gewährung und kann erst dann gepfändet werden.

Prüfungssatz V

1 Allgemeine Bankbetriebswirtschaft

Bearbeitungszeit 120 min, 100 Punkte

1.1 IAS/IFRS

Die Westbank AG hat sich im Jahr 2019 dazu entschlossen, ihren Konzernjahresabschluss nicht mehr nach den HGB-Vorschriften, sondern nach IAS/IFRS aufzustellen.

a) Nennen Sie sechs Motive, warum die Westbank AG eine Umstellung vorgenommen hat.
b) Zeigen Sie auf, wie die Bewertung bei Forderungen und Wertpapieren nach HGB und IAS/IFRS behandelt wird.

1.2 Kundenkalkulation

Die Sachsenbank eG steht mit Anton Musterhausen in Geschäftsverbindung. Für das Jahr 2020 sind folgende Kalkulationsbausteine zu berücksichtigen:

	Volumen:
• Endfälliges Darlehen mit einem eff. Jahreszins von 5,70 %, p.a.; Laufzeit und Zinsbindung 10 Jahre, Blankoanteil 40 TEUR, Marktzinssatz am Abschlussstichtag 4,50 %	200.000,00 EUR
• Für die Standard-Risikokosten sind folgende Werte zu berücksichtigen: – Ausfallwahrscheinlichkeit 0,1 % – Verlustquote 80 % des Blankoanteils	
• Bearbeitungskosten für das Darlehen im Jahr 2020 – (davon von der Zentrale verursacht 250,00 EUR)	350,00 EUR

© Springer Fachmedien Wiesbaden GmbH, ein Teil von Springer Nature 2021
T. Mothes, *Abschlussprüfungen*, Prüfungstraining zum Bankfachwirt,
https://doi.org/10.1007/978-3-658-32526-8_33

- Fondskäufe über 300.000,00 EUR, Provisionsertrag   15.000,00 EUR

- Abschluss einer Rentenversicherung, Provisionsertrag   4.500,00 EUR

a) Ermitteln Sie den DB 1–3 für das Jahr 2020 für die obige Kundenverbindung.
Herr Musterhausen möchte nun ein weiteres Darlehen über 300.000,00 EUR aufnehmen.
Er ist konditionssensibel geworden und „feilscht" mit Ihnen. Wenn Sie das Geschäft
abschließen möchten, müssten Sie eine Zinskonditionenmarge von 1,20 % akzeptieren.
Standardmäßig sind folgende Komponenten in der Kondition zu berücksichtigen:

Standard-Risikokosten:	0,30 %
Bearbeitungskosten:	0,30 %
Zusätzliche Marge:	0,60 %
Eigenkapitalverzinsung:	?

Bei der Eigenkapital(Eigenmittel)-verzinsung ist das gebundene Kernkapital mit 10 % zu
verzinsen, das Ergänzungskapital verursacht Kosten in Höhe von 8 %; risikogewichteter
Positionsbetrag 300.000,00 EUR. Hinweis: Basis sind die Kapitalquoten gem. Art. 92
Abs. 1 Buchstabe b und c der CRR.

b) Entscheiden Sie, ob Sie das Geschäft mit Herrn Musterhausen abschließen. Beurteilen
Sie Ihre Entscheidung kritisch.

1.3 Großkredite

Die Bayernbank AG ist ein Handelsbuchinstitut, das die Mindestgrenzen des Art. 94
CRR überschreitet. Die Bayernbank AG stellt Ihnen folgende Werte (in Mio. EUR) zur
Verfügung:

Kernkapital	920,0

Die Bank steht mit der Luft AG in Geschäftsverbindung und hat folgende Geschäfte
abgeschlossen:

Darlehen über:	68,0
Darlehen, das von dem Land Bayern vollständig verbürgt worden ist:	27,0
Leasingvertrag über die Gewerbeimmobilie, die in der Bilanz der Bank ausgewiesen wird:	13,0
Realkredit auf einem Wohnobjekt in Höhe von:	18,0

Im Anlagebuch der Bayernbank AG befinden sich Wertpapiere der Luft AG

Der Wert beläuft sich auf:	9,0
Zusätzlich werden im Handelsbestand weitere Anleihen gehalten:	60,0

Ermitteln Sie, ob ein Großkredit vorliegt und ob die Großkreditobergrenze eingehalten worden ist.

1.4 ROI- bzw. ROE – Schema

Der Auszug aus der Gewinn- und Verlustrechnung 2020 der Südbank AG weist folgende Daten auf.

Aufwendungen:	Werte in TEUR
Zinsaufwand	23.200,0
Provisionsaufwand	850,0
Personalkosten	11.000,0
Sachkosten	7.300,0
Abschreibungen auf Sachanlagen	2.500,0
Bewertungsergebnis	3.100,0
Abschreibungen auf Beteiligungen	500,00
sonstige betriebliche Aufwendungen	330,0
sonstige Steuern	100,0

Erträge:	
Zinserträge aus dem Kreditgeschäft	47.300,0
Zinserträge aus festverzinslichen Wertpapieren	800,0
Provisionsertrag	10.100,0
Nettoertrag des Handelsbestandes	1.700,0
sonstige betriebliche Erträge	1.330,0

Durchschnittliches Geschäftsvolumen	875.000,0

Die Eigenkapitalquote betrug 5,15 % und der Steuersatz wurde mit 35 % ermittelt. Ermitteln Sie anhand der gegebenen Daten folgende Kennziffern:

1. Bruttozinsspanne
2. Provisionsspanne
3. Bruttobedarfsspanne
4. Bruttoertragsspanne
5. Teilbetriebsergebnisspanne
6. Nettofinanzgeschäftsspanne

7. Reingewinnspanne vor Steuern
8. Eigenkapitalrentabilität vor Steuern
9. Eigenkapitalrentabilität nach Steuern
10. Kostenhebel beim Bruttoertrag
11. Sicherheitskoeffizient beim Bruttoertrag

1.5 Zinsswaps

Die B-Bank hat am Kapitalmarkt eine Festzinsanleihe zu 4,5 % p.a. aufgenommen. Sie möchte aktuell die Zinsverpflichtungen gegen variabel verzinste Mittel tauschen. Die B-Bank könnte die variabel verzinsten Mittel am Kapitalmarkt zu EURIBOR aufnehmen. Das emissionsfähige Unternehmen P. möchte seine variable Zinsverpflichtung EURIBOR+0,3 % gegen eine Festzinsverpflichtung tauschen. Das Unternehmen P. könnte eine Festzinsanleihe zu 6,2 % p.a. aufnehmen.

Ermitteln Sie die Zahlungsströme sowie die Refinanzierungskosten bei Abschluss eines Zinsswaps. Der Zinsvorteil soll 1:3 zugunsten der Bank aufgeteilt werden. Erläutern Sie im zweiten Teil der Aufgabe, warum Swapgeschäfte gem. der CRR mit Eigenmitteln unterlegt werden müssen.

1.6 Bewertung von Wertpapieren

Die Westbank eG hat zum Bilanzstichtag 31.12.2020 die nachstehenden Wertpapiere im Bestand.

	Name	Nennwert in Mio. EUR / Stück	Anschaffungs-kurs	Ansatz in der Bilanz 2019	Kurs am 31.12.2020
Liquiditäts-reserve	P-Anleihe	50,0 Mio. EUR	97,0 %	97,0 %	95,0 %
Handels-bestand	O-Aktien	60.000 Stück	34,00	32,00	42,00
Anlagever-mögen	S-Anleihe	20,0 Mio. EUR	100,0 %	99,0 %	97,0 %

a) Bestimmen Sie die Kurse, zu denen die Wertpapiere am 31.12.2020 nach HGB-Vorschriften zu bewerten sind. Berücksichtigen Sie bei der Bewertung des Handelsbestandes einen Risikoabschlag von 5 %. Es wird versucht, einen möglichst hohen Jahresüberschuss auszuweisen.

b) Ein Grund, warum einheitliche und internationale Bilanzierungs- und Bewertungsregeln (IAS/IFRS) geschaffen werden, ist der verstärkte Einsatz von Derivaten. Sie
   haben stark an Bedeutung gewonnen und machen oftmals ein Mehrfaches der Bilanzsumme aus. Die HGB-Vorschriften werden diesen Ansprüchen nicht mehr in vollem
   Umfange gerecht. Erläutern Sie, wie Derivate nach IAS/IFRS bewertet und bilanziert
   werden.

2 Betriebswirtschaft

Bearbeitungszeit 120 min, 100 Punkte

2.1 Arbeitsrecht – Tarifrecht

Das Kollektivarbeitsrecht regelt die Rechtsbeziehungen der arbeitsrechtlichen Kollektive. Oberhalb der Unternehmensebene stehen sich Gewerkschaften und Arbeitgeberverbände gegenüber.

a) Erklären Sie die vier Funktionen eines Tarifvertrages.
b) Nennen Sie vier Möglichkeiten, die zu einer Beendigung eines Tarifvertrages führen.

2.2 Arbeitsrecht – Kündigung

Die Änderungskündigung stellt im Bereich der Kündigungen eine Sonderform dar. Sie kann aus verhaltens-, personen- oder betriebsbedingten Gründen gerechtfertigt sein.

a) Erläutern Sie das Wesen der Änderungskündigung und grenzen Sie diese gegenüber einer normalen Kündigung ab.
b) Der Arbeitnehmer hat drei Möglichkeiten, um auf eine Änderungskündigung zu reagieren. Beschreiben Sie diese Möglichkeiten.

2.3 Gewinn- und Verlustrechnung

Die Gliederung der Gewinn- und Verlustrechnung wird durch das HGB geregelt. Sie ist in Staffelform nach dem Gesamtkostenverfahren oder nach dem Umsatzkostenverfahren aufzustellen.

© Springer Fachmedien Wiesbaden GmbH, ein Teil von Springer Nature 2021
T. Mothes, *Abschlussprüfungen*, Prüfungstraining zum Bankfachwirt,
https://doi.org/10.1007/978-3-658-32526-8_34

a) Erläutern Sie fünf Unterschiede zwischen den beiden genannten Verfahren.

b) Zeigen Sie insgesamt fünf Vor- und Nachteile der Verfahren auf.

c) Berechnen Sie das Betriebsergebnis für zwei Monate:
   - nach dem Gesamtkostenverfahren
   - nach dem Umsatzkostenverfahren

Erträge	580.000,00 EUR
produzierte Stückzahl	15.000
verkaufte Stückzahl	13.200
Materialkosten	92.000,00 EUR
Fertigungseinzelkosten	168.000,00 EUR
Fertigungsgemeinkosten	235.000,00 EUR
Kosten für Verwaltung und Vertrieb (Personal)	115.500,00 EUR

2.4 Konsolidierung

Das Unternehmen „Groß GmbH" erwirbt eine 70 % Beteiligung an dem Unternehmen „Klein GmbH". In den Vermögenswerten des Unternehmens „Klein GmbH" sind stille Reserven in Höhe von 60.000,00 EUR enthalten. Die Reserven sind der Bilanzposition Grundstücke zuzuordnen. Der Kaufpreis für die Beteiligung liegt bei 160.000,00 EUR.

Nachstehend sehen Sie die Bilanzen der beiden Unternehmen vor der Konsolidierung.

Bilanz des Unternehmens „Groß GmbH" in TEUR			
Aktivseite		Passivseite	
Grundstücke	50,0	Eigenkapital	205,0
Gebäude	55,0	Fremdkapital	160,0
technische Anlagen	100,0		
Beteiligungen	160,0		
Bilanzsumme	365,0	Bilanzsumme	365,0

Bilanz des Unternehmens „Klein GmbH" in TEUR (ohne stille Reserven)			
Aktivseite		Passivseite	
Grundstücke	90,0	Eigenkapital	135,0
Gebäude	20,0	Fremdkapital	70,0
technische Anlagen	40,0		
Beteiligungen	55,0		
Bilanzsumme	205,0	Bilanzsumme	205,0

Erstellen Sie die Konzernbilanz.

2.5 Kostenrechnung – Maschinenstundensatzrechnung

Die Ahrens AG hat von ihrem Kunden, der Wiebe GmbH, einen Auftrag erhalten. Die Produktion soll mit zwei Maschinen (A und B) durchgeführt werden. Da die Maschine B erst im Jahr 2020 angeschafft worden ist, liegt noch keine Maschinenstundensatzrechnung vor. Der Maschinenstundensatz der Maschine A beträgt: 98,50 EUR.

Für die Maschine B sind Ihnen folgende Daten bekannt:

Wiederbeschaffungswert (WBW):	120.000,00 EUR
kalkulatorischer Zinssatz:	7,5 % p.a
Instandhaltungskosten vom WBW:	3,5 % p.a
Nutzungsdauer:	12 Jahre
Kosten für das Werkzeug:	2,50 EUR je Stunde
Stromkosten:	2,75 EUR je Stunde
kalkulatorische Jahresmiete:	135,00 EUR je qm
Platzbedarf:	75,0 qm
Gemeinkostenmaterial:	0,85 EUR je Stunde
Sonstiges:	68,00 EUR je Stunde

Die Bruttolaufzeit der Maschine wurde ermittelt. Sie beträgt: 50 Wochen zu je 37 h. Die Maschine stand während folgender Zeiten still:

8 Feiertage zu je	7,4 h
28 Urlaubstage zu je	7,4 h
95 h im Jahr wegen Reparatur	
15 h im Jahr wegen sonstigen Störungen	

a) Berechnen Sie den Maschinenstundensatz für die Maschine B.
b) Mit welcher Maschine sollte die Produktion des Kundenauftrages für die Wiebe GmbH erfolgen? Gehen Sie davon aus, dass die Kapazitäten von der Maschine A und B identisch sind.
c) Erläutern Sie die Vorteile einer Maschinenstundensatzrechnung.

2.6 Finanzplanung

Die Projekt-GmbH beantragt zur Finanzierung des Umlaufsvermögens einen höheren Betriebsmittelkredit. Die Produktion soll ausgeweitet werden.

Der Firmenkundenberater der Bank bittet um die Vorlage eines aktuellen Liquiditätsplanes für den Gesamtzeitraum von 2 Jahren.

a) Erläutern Sie die Aufgaben bzw. Ziele der Finanzplanung.

b) Ermitteln Sie rechnerisch die Kapitalbindungsfristen und den Kapitalbedarf der Projekt-GmbH.

	Tage
Lagerdauer der Rohstoffe:	10
Kreditorenziel (Lieferantenziel):	16
Produktionsdauer:	6
Lagerdauer der produzierten Güter:	4
Debitorenziel (Kundenziel):	28

Materialeinzelkosten pro Tag:	5.000,00 EUR
Materialgemeinkosten pro Tag:	1.000,00 EUR
davon auszahlungswirksam:	60 %
Löhne für die Fertigung pro Tag:	3.000,00 EUR
Fertigungsgemeinkosten:	4.500,00 EUR
davon auszahlungswirksam:	80 %
Verwaltungs- und Vertriebskosten	30 %
der auszahlungswirksamen Herstellkosten:	

▶ **Hinweis** Die Kapitalbindungsdauer der Materialgemeinkosten entspricht der Kapitalbindungsdauer der Materialeinzelkosten.

3 Volkswirtschaft

Bearbeitungszeit 120 min, 100 Punkte

3.1 Geldpolitik

Die Abwicklung von Offenmarktgeschäften erfolgt in Form von Standardtendern.

a) Erläutern Sie Unterschiede und Gemeinsamkeiten von Mengen- und Zinstendern.
b) Was spricht aus Ihrer Sicht für die bereits erfolgte Umstellung vom Mengentender auf den amerikanischen Zinstender?
c) Berechnen Sie die Zuteilungen
   – nach dem Mengentender und
   – nach dem Zinstender (amerikanisches Verfahren).

Der Pensionssatz bei dem Mengentender beträgt 4,30 %. Insgesamt steht ein Volumen von 360 Mrd. Euro zur Verfügung.
   Die nachstehenden Gebote wurden abgegeben:

Bank	Gebote in Mrd. Euro	Bietungssatz beim Zinstender
A	100	4,34 %
B	140	4,33 %
C	60	4,32 %
D	160	4,31 %
E	140	4,30 %

© Springer Fachmedien Wiesbaden GmbH, ein Teil von Springer Nature 2021
T. Mothes, *Abschlussprüfungen,* Prüfungstraining zum Bankfachwirt,
https://doi.org/10.1007/978-3-658-32526-8_35

3.2 Magisches Vier-Eck

Der Zielkatalog des Stabilitäts- und Wachstumsgesetzes umfasst insgesamt vier Ziele.

a) Nennen Sie die vier Ziele des Stabilitäts- und Wachstumsgesetzes.
b) Erläutern Sie, warum das Vier-Eck als „magisch" bezeichnet wird.
c) Stellen Sie insgesamt drei mögliche Zielbeziehungen dar und erläutern Sie, warum eine Operationalisierung der Ziele erfolgen muss.

3.3 Volkswirtschaftliche Gesamtrechnung und gesamtwirtschaftliches Gleichgewicht

Ihnen sind folgende Werte aus der Volkswirtschaftlichen Gesamtrechnung in Millionen Euro gegeben.

Bruttoanlageinvestitionen	690
Abschreibungen	230
Staatskonsum/Staatsverbrauch	460
Außenbeitrag zum BIP	−115
privater Konsum	2875
Saldo der Primäreinkommen	−46

a) Berechnen Sie das Bruttoinlandsprodukt.
b) Berechnen Sie das Bruttonationaleinkommen.
c) Nehmen Sie zu der nachstehenden Aussage ausführlich Stellung.
d) „Weil das Bruttoinlandsprodukt pro Kopf gestiegen ist, ist die Wohlfahrt des Staates gestiegen".
e) In einer Volkswirtschaft ohne staatliche Aktivität lautet die Konsumfunktion $C = 80 + 0,8Y$. Die Investitionen belaufen sich auf 200. Berechnen Sie
   – das Gleichgewichtseinkommen.
   – das neue Gleichgewichtseinkommen, wenn sich die Investitionen um 50,0 erhöhen.

3.4 Wechselkurse

Im freien Wechselkurssystem kommt es zu Wechselkursschwankungen.

a) Erläutern Sie die folgenden Bestimmungsgründe für Wechselkursschwankungen im System freier Wechselkurse.
  – Güterwirtschaftlicher Ansatz
  – Finanzmarktwirtschaftlicher bzw. Finanzmarkttheoretischer Ansatz
b) Vergleichen Sie das feste und das flexible Wechselkurssystem hinsichtlich ihrer Vor- und Nachteile.

3.5 Sozialversicherungen

Die Sozialversicherung begleitet den Menschen von der Geburt bis zum Tod. Es erfolgt eine solidarische Vorsorge gegen allgemeine Lebens- und Beschäftigungsrisiken.

a) Nennen Sie drei Zweige der Sozialversicherung und beschreiben Sie
  – die Aufgaben der jeweiligen Sozialversicherung und
  – das von der Sozialversicherung abgesicherte Risiko.
b) Im Rahmen der Sozialpolitik werden verschiedene Prinzipien zugrunde gelegt. Beschreiben Sie fünf Prinzipien der Sozialpolitik.

3.6 Multiplikator/Multiplikatoreffekt

Eine hohe Bedeutung für die nachfrageorientierte Wirtschaftspolitik hat der elementare Multiplikator. Mit ihm lässt sich ein großer Effekt durch einen geringen Anstoß erzielen.

a) Erläutern Sie, was unter dem elementaren Multiplikator zu verstehen ist.
b) Nehmen Sie an, dass Ihnen folgende Funktionen bzw. Werte vorliegen:

$C_a = 150$ (autonomer Konsum)
$c = 0,6$ (Grenzhang zum Konsum)
$I = 250$ (Investitionsgüternachfrage)
$G = 300$ (Nachfrage des Staates)

Bestimmen Sie:

• das Gleichgewichtseinkommen Y
• die Sparfunktion
• den Konsum und die Ersparnis im Gleichgewicht

4 Recht

Bearbeitungszeit 120 min, 100 Punkte

4.1 Handelsrecht

D, E und F sind Gesellschafter der Fun-OHG. Aufgrund von Unstimmigkeiten zwischen den Gesellschaftern ist F aus der OHG ausgeschieden. Die Streitigkeiten haben soweit geführt, dass die anderen Gesellschafter (D und E) vergessen hatten, das Ausscheiden dem Handelsregister mitzuteilen. Nach dem Ausscheiden des F gewährte die Westbank AG der OHG ein Darlehen in Höhe von 150.000,00 EUR. Zur Entlastung der geschäftlichen Situation hatten sich D und E entschlossen, den M als neuen Gesellschafter aufzunehmen (nach der Darlehensaufnahme). Auch dieser Sachverhalt wurde dem Handelsregister nicht mitgeteilt.

Erläutern Sie, ob die Westbank AG von F und M die Rückzahlung des Darlehens fordern kann.

4.2 Kreditsicherheit – Grundschuld

Kreditforderungen können u. a. durch Grundschulden bzw. Hypotheken gesichert werden.

Stellen Sie die Folgen dar, wenn Zahlungen wie folgt geleistet werden:

a) Zahlung durch den Eigentümer, der zugleich persönlicher Schuldner ist.
   – Zahlung auf die Grundschuld
   – Zahlung auf die Kreditforderung der Bank
   – Zahlung auf die Hypothek

© Springer Fachmedien Wiesbaden GmbH, ein Teil von Springer Nature 2021
T. Mothes, *Abschlussprüfungen,* Prüfungstraining zum Bankfachwirt,
https://doi.org/10.1007/978-3-658-32526-8_36   233

b) Zahlung durch den Eigentümer, der nicht der persönliche Schuldner ist.
  – Zahlung auf die Grundschuld
  – Zahlung auf die Kreditforderung der Bank
  – Zahlung auf die Hypothek

4.3 Vertretung – Herausgabeanspruch

Der 15-jährige Peter benötigt für den Sportunterricht eine neue Sporttasche. Sein Vater hat aber nicht genügend Geld im Portemonnaie. Der Vater erlaubt seinem Sohn, dass er den notwendigen Geldbetrag bei der Südbank eG von seinem Konto (V's Konto) abheben soll. Der Vater informiert daraufhin telefonisch seinen Berater bei der Südbank eG und erklärt ihm, dass Peter gleich in der Bank erscheine und einen von ihm genannten (von Peter genannt) Geldbetrag von seinem Konto (V's Konto) abheben darf. Der Vater erläutert seinem Sohn, dass er nur das Geld abheben darf, das er für den Kauf der Sporttasche benötigt. Als Peter in dem Sportgeschäft ist, findet er neben der Sporttasche für 50,00 EUR auch noch passende Schuhe für 80,00 EUR. Daraufhin geht er zur Südbank eG und bittet den Berater um Auszahlung von 130,00 EUR von dem Konto seines Vaters. Nach Erhalt des gewünschten Geldbetrages kauft Peter sich die Tasche und die Schuhe. Abends zeigt Peter seinem Vater die Einkäufe. Der Vater ist mit dem Kauf der Schuhe nicht einverstanden und ruft am nächsten Tag bei der Südbank eG an und verlangt, dass ihm 80,00 EUR wieder gutgeschrieben werden. Er ist der Meinung, dass die Bank seinem Sohn soviel nicht hätte auszahlen dürfen.

Hat der Vater einen Anspruch gegenüber der Bank auf Gutschrift der 80,00 EUR?

4.4 Sachenrecht – mobil

Die Berliner Volksbank eG steht mit Herrn Bock in Kreditverhandlungen. Zur Absicherung des Kreditengagements wünscht sie die Sicherungsübereignung des neu angeschafften PKWs. Daraufhin lässt sich die Volksbank am 22.06.2020 von Herrn Bock den PKW übereignen und den Kfz-Brief aushändigen. Die Übergabe des Fahrzeuges wird durch die Vereinbarung eines Leihverhältnisses (Besitzmittlungsverhältnis) ersetzt. Aufgrund der Verschlechterung der finanziellen Lage bei Herrn Bock kann dieser seine Kreditverpflichtung nicht mehr erfüllen. Bevor die Volksbank das Fahrzeug von Herrn Bock zwecks Sicherheitenverwertung erhält, erfährt sie, dass das Fahrzeug bereits am 20.05.2020 an die Sparkasse Berlin sicherungsübereignet worden ist.

Die Volksbank fordert nun von Herrn Bock die Herausgabe des Wagens. Zu Recht?

4.5 Erbrecht

Das Ehepaar Susanne und Herbert Klein hat bei ihrer Heirat keinen anderen Güterstand gewählt. Somit leben sie im Güterstand der Zugewinngemeinschaft. Ihre Kinder, Klaus und Kathy, sind volljährig und bereits verheiratet. Am 15.10.2020 stirbt Herbert Klein, ohne ein Testament errichtet zu haben.

a) Zeigen Sie auf, wie sich die Erbfolge darstellt.
b) Würde sich an der Darstellung etwas ändern, wenn die Eheleute im Güterstand der Gütertrennung gelebt hätten? Wenn ja, was ändert sich?
c) Klaus möchte nach dem Tode seines Vaters von dessen Sparkonto bei der
d) Ostbank AG 1.000,00 EUR abheben. Darf die Bank die Zahlung an ihn leisten?

4.6 Kreditsicherheit – Bürgschaft

Herr Berger erhält von der Handelsbank einen Kredit in Höhe von 120.000,00 EUR. Abgesichert wird der Kredit durch eine neu zu bestellende Grundschuld (80.000,00 EUR) an dem Grundstück von Frau Berger. Als zusätzliche Sicherheit übernimmt Herr Eggers eine Bürgschaft. Aus dieser befriedigt sich die Handelsbank als Herr Berger in Zahlungsschwierigkeiten gerät.

Stellen Sie dar, welche Rechte Herr Eggers gegenüber Herrn Berger bzw. Frau Berger hat.

Lösungshinweise Prüfungssatz V

1 Allgemeine Bankbetriebswirtschaft

1.1 IAS/IFRS

a)

Globalisierung der Märkte und somit Vergleichbarkeit der Jahresabschlüsse
Unternehmen lassen sich anhand ihrer Jahresabschlüsse vergleichen. Dies ist aber nur möglich, wenn sie nach den gleichen Grundlagen aufgestellt sind. Ziel ist die Schaffung einer internationalen Vergleichbarkeit.

Der Bilanzausweis des Kapitals, der Ergebnisse und die Refinanzierungsstruktur müssen international vergleichbar sein.

Shareholder Value
Die Geschäftspolitik wird immer mehr vom Shareholder Value bestimmt. Dieser fordert einen rentablen Einsatz des Eigenkapitals und eine offene Informationspolitik gegenüber den Gesellschaftern.

True and Fair View
Mit diesem Prinzip ist die Auflösung und Bildung von stillen Reserven nicht vereinbar. Verluste sollen nicht verschleiert werden und Gewinne sollen nicht durch die Reservebildung eliminiert werden.

Einfluss von Rating-Agenturen
Der Einfluss von Analysten und Ratingagenturen ist gestiegen.

Ziel ist die Erzielung eines guten Ratings und die Aufnahme von Kapital am Kapitalmarkt zu günstigen Konditionen.

© Springer Fachmedien Wiesbaden GmbH, ein Teil von Springer Nature 2021
T. Mothes, *Abschlussprüfungen,* Prüfungstraining zum Bankfachwirt,
https://doi.org/10.1007/978-3-658-32526-8_37

Steigende Bedeutung von Derivaten

Derivate haben stark an Bedeutung gewonnen und machen oftmals ein Mehrfaches der Bilanzsumme aus.

Hier ist das HGB den Anforderungen nicht mehr gewachsen.

Anwendung gleicher Regeln

b)

	HGB	IAS/IFRS
Forderungen an Kunden und Kreditinstitute	Möglichkeit der Überkreuz-kompensation von Aufwendungen und Erträgen von Forderungen mit denen der Wertpapiere der Liquiditätsreserve; so werden stille Reserven gelegt und der Gewinn gestaltet	Offene Absetzung der Risiko-vorsorge vom originären Forderungsbestand (i. d. R. in den Notes dargestellt))
		Keine Bildung stiller Reserven erlaubt
		Detaillierte Aufstellung der Risikovorsorge (Entwicklung) in den Notes
	Verdeckte Absetzung der Risiko-vorsorge vom Forderungsbestand	***Originäre Forderungen (Geschäftsmodell „Halten")***
	Grundsätzlich Zuschreibungsgebot nach § 253 Abs. 5 HGB	Wertansatz zu den fort-geführten Anschaffungskosten

Wertpapiere	Möglichkeit der Überkreuz-kompensation von Aufwendungen und Erträgen von Forderungen mit denen der Wertpapiere der Liquiditätsreserve; so werden stille Reserven gelegt und der Gewinn gestaltet	Der Wertpapierbestand inkl. angekaufter Forderungen **wird in Abhängigkeit vom jeweiligen Geschäftsmodell** wie folgt eingeteilt:
	Einteilung der Wertpapiere in Liquidi-tätsreserve, Handelsbestand und Finanz-anlagevermögen	*„Halten" (Finanzielle Vermögenswerte mit Zins und Tilgung)*
		Wertansatz grundsätzlich erfolgs-wirksam zu den fortgeführten Anschaffungskosten
	Es gilt das gemilderte bzw. das strenge Niederstwertprinzip sowie das ein-geschränkte Zeitwertprinzip	*„Halten und Verkaufen" (Finanzielle Vermögenswerte mit Zins und Tilgung)*
		Wertansatz grundsätzlich erfolgsneutral nach dem Fair Value
	Grundsätzlich Zuschreibungsgebot nach § 253 Abs. 5 HGB	**„Andere finanzielle Vermögenswerte"**

Besondere Regelungen bei Wertpapieren, die als Finanzinstrumente dem Handelsbuch zugeordnet sind. Es erfolgt hier eine Bilanzierung zum beizulegenden Zeitwert (Marktwert) mit Berücksichtigung eines Risikoabschlages	Wertansatz grundsätzlich erfolgswirksam nach dem Fair Value
	Der Fair Value entspricht i. d. R. dem Marktwert
Ferner ist in diesem Fall ein Betrag von mind. 10 % der Nettoerträge aus Handelsgewinnen in den Sonderposten für allgemeine Bankrisiken einzustellen. (§ 340 e HGB)	Ferner ist bei den Vermögenswerten der Geschäftsmodelle „Halten" sowie „Halten und Verkaufen" bei Bedarf ein entsprechendes Impairment (Wertminderung) zu erfassen

1.2 Kundenkalkulation

a)

Die Kundenkalkulation für das Jahr 2020 ergibt folgendes Bild:

	ZKB aktiv (5,70 % − 4,50 % = 1,20 % ZK-Marge × 200.000,00 EUR)	2.400,00 EUR
+	Provisionsergebnis	19.500,00 EUR
−	Bearbeitungskosten Zentrale	250,00 EUR
=	**DB 1**	**21.650,00 EUR**
−	Bearbeitungskosten Vertrieb	100,00 EUR
=	**DB 2**	**21.550,00 EUR**
−	Standard-Risikokosten (40.000,00 EUR × 80 % × 0,10 %)	32,00 EUR
=	**DB 3**	**21.518,00 EUR**

> **Wichtig**
>
> Es kann vorkommen, dass in der Aufgabenstellung die Ursprungsvolumenwerte bei Darlehen angegeben werden. In diesem Fall müssen Sie zur richtigen Berechnung die Tilgung bis zum Betrachtungszeitraum berücksichtigen. Wenn in der Kalkulation noch die Verzinsung des gebundenen Eigenkapitals berücksichtigt werden soll, dann erhalten Sie den DB 4 und bei zusätzlicher Berücksichtigung der Verzinsung des ökonomischen Kapitals für die unerwarteten Ausfälle den DB 5.

b)

Hier ist zunächst noch die Eigenkapital (Eigenmittel)-verzinsung zu berücksichtigen. Diese ermittelt sich wie folgt:

300.000,00 EUR * 6 %   = 18.000,00 EUR gebundenes Kernkapital

                                     *10 %

                                = 1.800,00 EUR Verzinsungsanspruch des Kernkapitals

300.000,00 EUR * 2 %   = 6.000,00 EUR gebundenes Ergänzungskapital

                         *8 %

                         = 480,00 EUR Verzinsungsanspruch des Ergänzungskapitals

Der gesamte Verzinsungsanspruch der gebundenen Eigenmittel beträgt 2.280,00 EUR. Im Verhältnis zum Volumen des Darlehns ergibt sich ein Zuschlag in der Kondition in Höhe von 0,76 %.

Daraus folgt, dass die ZK-Marge mindestens 1,96 % betragen muss (0,3 % + 0,3 % + 0 ,6 % + 0,76 %).

Augenscheinlich ist die geforderte Kondition mit einer Marge von 1,20 % nicht realisierbar. Eine positive Entscheidung kann nur unter Berücksichtigung der bisherigen und zukünftigen DB getroffen werden und zielt auf die zukünftige Geschäftsverbindung ab. Positiv könnte ferner angeführt werden, dass die tatsächlichen Bearbeitungskosten von den kalkulierten Bearbeitungskosten abweichen können und die Eigenkapitalverzinsung im Prinzip als „zusätzlicher Ertrag" lediglich beim Gesamtbankergebnis einen Niederschlag findet. Diese Aspekte können dazu führen, dass die DB 1–3 der Kundenbeziehung nicht so stark belastet werden.

Es bleibt eine Einzelfallentscheidung für die es keine allgemeinverbindliche Entscheidung geben kann.

1.3 Großkredite

Darlehen	68,0
Darlehen; durch die öffentliche Hand verbürgt	27,0
Leasingvertrag	13,0
Realkredit	18,0
WP im Anlage- und Handelsbuch	69,0
Summe Engagement	**195,0**

Da die 10 %-Grenze des Kernkapitals (92) überschritten worden ist, liegt ein Großkredit vor.

Die Großkreditobergrenze beträgt 25 % des Kernkapitals, also 230,0 Mio. EUR. Durch Ausnutzung von Anrechnungserleichterungen beträgt der auf die Obergrenze anzurechnende Betrag 150,0 Mio. EUR. Hierbei sind der Realkredit und das verbürgte Darlehen nicht mit zu berücksichtigen. Die Großkreditobergrenze ist demzufolge nicht überschritten.

1.4 ROI- bzw. ROE – Schema

(Abweichungen bei der dritten Nachkommastelle sind auf Rundungsdifferenzen zurückzuführen).

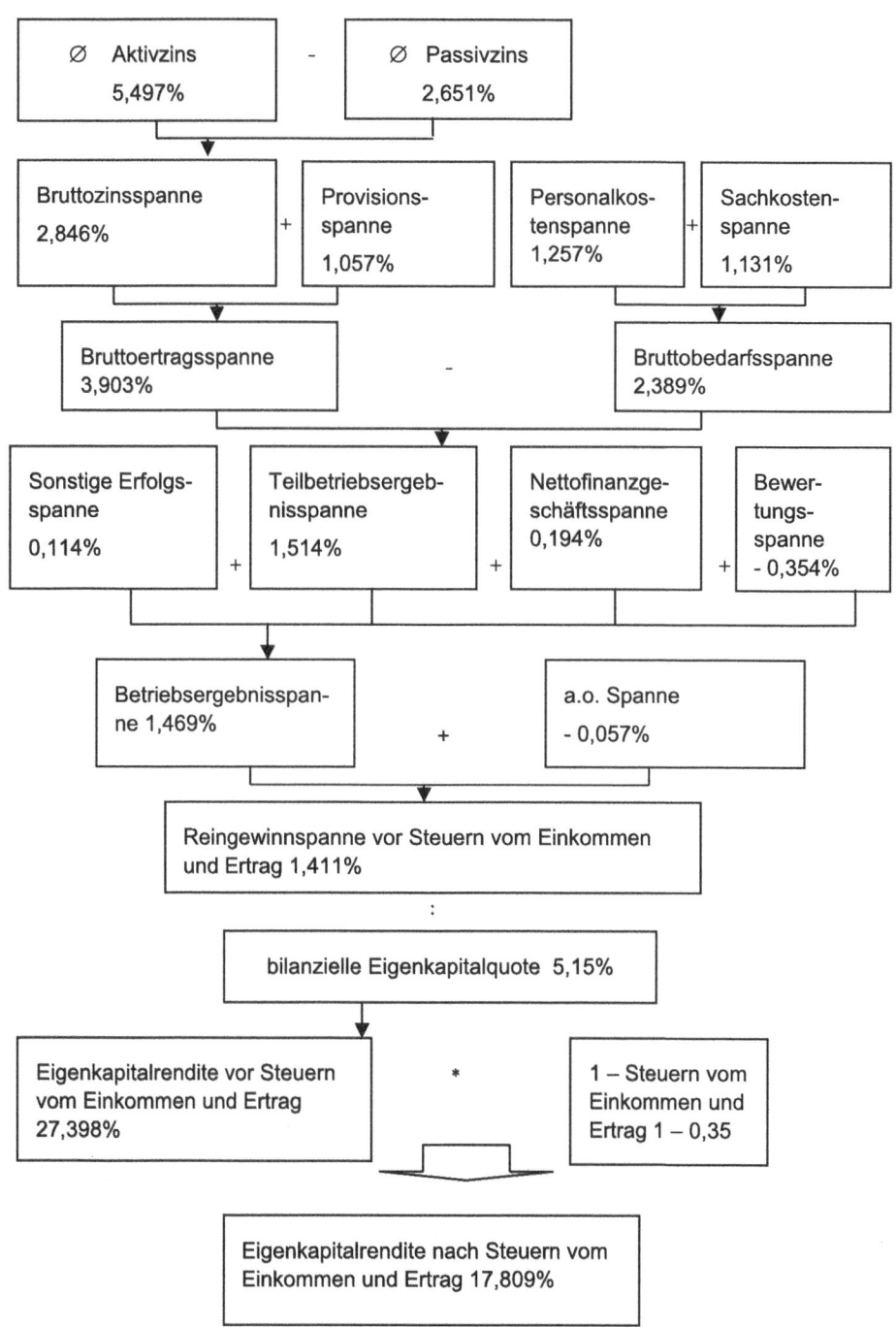

$$Kostenhebel\ beim\ Bruttobetrag = \frac{Bruttoertragsspanne}{Reingewinnspanne\ vor\ Steuern}$$

$$Kostenhebel\ beim\ Bruttoertrag = \frac{3,903\%}{1,411\%} = 2,77$$

Der Kostenhebel zeigt, wie stark sich prozentuale Veränderungen der Bruttoertragsspanne auf die Reingewinnspanne auswirken. Bei der Südbank AG führt ein 10 %-iger
Rückgang des Bruttoertrages zu einer 27,7 %-igen Reduzierung der Reingewinnspanne.
Voraussetzung ist, dass sich die Kosten bei der Südbank AG nicht verändern.

Sicherheitskoeffizient

$$Sicherheitskoeffizient\ beim\ Bruttoertrag = \frac{Reingewinnspanne\ vor\ Steuern * 10}{Bruttoertragsspanne}$$

$$Sicherheitskoeffizient\ beim\ Bruttoertrag = \frac{1,411\% * 100}{3,903\%} = 36,15\%$$

Der Sicherheitskoeffizient zeigt, wie hoch der prozentuale Rückgang der Bruttoertragsspanne sein darf, bevor die Südbank AG in die Verlustzone gerät. Würde sich der Bruttoertrag um 36,15 % reduzieren, so würde die Reingewinnspanne 0,0 % betragen.

Bruttozinsspanne:

	Zinserträge aus dem Kreditgeschäft	47.300,0	
+	Zinserträge aus festverzinslichen Wertpapieren	800,0	
−	Zinsaufwand	23.200,0	
=	Bruttozinsspanne	24.900,0	(=2,846 %)

Provisionsspanne:

	Provisionsertrag	10.100,0	
−	Provisionsaufwand	850,0	
=	Provisionsspanne	9.250,0	(=1,057 %)

Bruttobedarfsspanne:

	Personalkosten	11.000,0	
+	Sachkosten	7.300,0	
+	Abschreibungen auf Sachanlagen	2.500,0	
+	sonstige Steuern	100,0	
=	Bruttobedarfsspanne	20.900,0	(=2,389 %)

Bruttoertragsspanne:

	Bruttozinsspanne	24.900,0	(=2,864 %)
+	Provisionsspanne	9.250,0	(=1,057 %)
=	Bruttoertragsspanne	34.150,0	(=3,903 %)

Teilbetriebsergebnisspanne:

	Bruttoertragsspanne	34.150,0 (=3,903 %)
−	Bruttobedarfsspanne	20.900,0 (=2,389 %)
=	Teilbetriebsergebnisspanne	13.250,0 (=1,514 %)

Betriebsergebnisspanne:

	Teilbetriebsergebnisspanne	13.250,0 (=1,514 %)
+	Nettofinanzgeschäftsspanne	1.700,0 (=0,194 %)
−	Bewertungsspanne	3.100,0 (=0,354 %)
+	sonstige Erfolgsspanne	1.000,0 (=0,114 %)
=	Betriebsergebnisspanne	12.850,0 (=1,469 %)

Reingewinnspanne vor Steuern vom Einkommen und Ertrag:

	Betriebsergebnisspanne	12.850,0 (=1,046 %)
−	a.o. Spanne	500,0 (=0,038 %)
=	Reingewinnspanne vor Steuern vom Einkommen und Ertrag	12.350,0 (=1,411 %)

1.5 Zinsswaps

Teil 1

	Fest	Variabel
Unternehmen	6,20 %	EURIBOR + 0,30 %
B-Bank	4,50 %	EURIBOR
Zinsdifferenz	1,70 %	0,30 %
Differenz	1,40 %	
Vorteile nach Aufteilung	0,35 % für das Unternehmen und 1,05 % für die B-Bank	

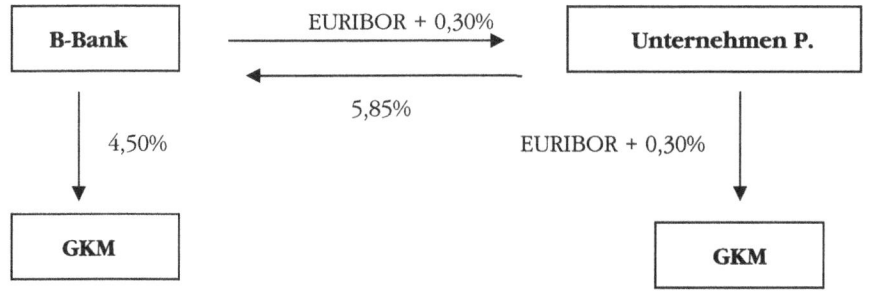

Die Refinanzierungskosten des Unternehmens betragen: 5,85 %

6,20 % mögliche Festzinsanleihe abzgl. Zinsvorteil von 0,35 % = 5,85 %

Die Refinanzierungskosten für die B-Bank betragen:

5,85 % − 4,50 % − (EURIBOR + 0,3 %) = EURIBOR − 1,05 %

Teil 2

Bei einem Ausfall des Swappartners entsteht wieder ein Zinsänderungsrisiko. Dieses Risiko muss durch ein neues Geschäft geschlossen werden. Da ein Swap kein Austausch von Kapitalverpflichtungen ist, sondern nur ein Austausch von Zahlungsverpflichtungen darstellt, entsteht der Ausfall nicht in Höhe des Nominalbetrages, sondern in Höhe der Opportunitätskosten.

1.6 Bewertung von Wertpapieren

a)

P-Anleihe: Liquiditätsreserve

Die Bewertung hat nach dem strengen Niederstwertprinzip zu erfolgen, d. h. die West-bank eG müsste auf 95,0 % abschreiben. Da die Bank aber einen möglichst hohen Jahresüberschuss erzielen will, sollten weitere Abschreibungen vermieden werden. Die Westbank eG kann die P-Anleihe in das Anlagevermögen umwidmen und nach dem gemilderten Niederstwertprinzip bewerten. Bei vorübergehenden Wertminderungen kann, braucht aber keine Abschreibung erfolgen (Abschreibungswahlrecht gem. § 340e Abs. 1 Satz 3 HGB):

- Wertansatz der P-Anleihe (50,0 Mio. EUR) zu 97,0 %.

O-Aktien: Handelsbestand

Nach § 340e Abs. 3 HGB sind die Aktien mit dem beizulegenden Zeitwert abzgl. eines Risikoabschlages zu bewerten. Der Zeitwert stellt den Marktwert dar. Der Risikoab-schlag wird auf Basis der internen Risikosteuerung nach aufsichtsrechtlichen Vorgaben ermittelt und soll in diesem Fall mit 5 % angesetzt werden. Es erfolgt der Wertansatz zu 42 EUR abzgl. Risikoabschlag – also zu 39,90 EUR, mit der Folge, dass ein nicht realisierter Gewinn von 474.000 EUR ausgewiesen wird. Im Gegenzug sind dem Sonder-posten für allgemeine Bankrisiken mit 10 % der Nettoerträge des Handelsbestandes zuzuführen.

S-Anleihe: Anlagevermögen

Bei voraussichtlich vorübergehender Wertminderung darf die Westbank eG abschreiben, muss aber nicht. Sie hat hier also ein Wahlrecht nach § 340e Abs. 1 Satz 3 HGB.

- Wertansatz der S-Anleihe (20,0 Mio. EUR) zu 99,0 %. Die Bank macht hier von dem Abschreibungswahlrecht keinen Gebrauch.

Aber bei voraussichtlich dauerhafter Wertminderung muss zu dem geringeren Kurs bewertet werden.

- Wertansatz der S-Anleihe (20,0 Mio. EUR) zu 97,0 %.

b)

Derivate sind grundsätzlich der Handelsaktiva/Handelspassiva (Handelsgeschäfte) zuzuordnen und werden zum Marktwert (=Fair-Value) bewertet. Die Bewertung erfolgt erfolgswirksam im Handelsergebnis.

Bei der Bewertung ist zu unterscheiden, ob die Derivate am Bilanzstichtag einen positiven oder negativen Marktwert aufweisen. Bei einem positiven Marktwert erfolgt der Ausweis unter der Bilanzposition Handelsaktiva und als Gegenposition dient ein Ertragsposten in der GuV. Bei einem negativen Marktwert erfolgt der Ausweis unter der Bilanzposition Handelspassiva und als Gegenposition dient ein Aufwandsposten in der GuV.

2 Betriebswirtschaft

2.1 Arbeitsrecht – Tarifrecht

a)

Ordnungsfunktion
Es erfolgt eine Vereinheitlichung der Arbeitsverträge.

Schutzfunktion
Die Schutzfunktion sorgt für Mindestarbeitsbedingungen, d. h. sie soll verhindern, dass der Arbeitgeber einseitig die Arbeitsbedingungen festlegt.

Friedensfunktion
Während der Laufzeit eines Tarifvertrages darf es zu keinen Arbeitskampfmaßnahmen kommen.

Verteilungsfunktion
Durch Festlegung von Löhnen und Gehältern werden alle am Sozialprodukt beteiligt.

b)

- Zeitablauf
- ordentliche Kündigung
- außerordentliche Kündigung
- Aufhebungsvertrag der Tarifvertragsparteien

© Springer Fachmedien Wiesbaden GmbH, ein Teil von Springer Nature 2021   249
T. Mothes, *Abschlussprüfungen,* Prüfungstraining zum Bankfachwirt,
https://doi.org/10.1007/978-3-658-32526-8_38

2.2 Arbeitsrecht – Kündigung

a)

Bei der Änderungskündigung kündigt der Arbeitgeber das bisher bestehende Arbeitsverhältnis und bietet dem Arbeitnehmer in diesem Zusammenhang die Fortsetzung des Arbeitsverhältnisses zu geänderten Arbeitsbedingungen an.

Die Änderungskündigung setzt sich daher aus zwei Teilen zusammen:

- Kündigung des bisherigen Arbeitsverhältnisses und
- Angebot der Fortsetzung des Arbeitsverhältnisses mit geänderten und genau beschriebenen Bedingungen nach Ablauf der Kündigungsfrist.

Eine Änderungskündigung kann daher niemals fristlos sein. Im Gegensatz hierzu kann die „normale" Kündigung ordentlich oder fristlos, d. h. außerordentlich sein. Nach Ablauf der Kündigungsfrist bei einer normalen Kündigung hat der Mitarbeiter den Arbeitgeber zu verlassen.

b)

1. Der Arbeitnehmer kann nur die Kündigung annehmen und den Arbeitgeber verlassen.
2. Er kann die Kündigung und den neuen Arbeitsvertrag annehmen. Der Arbeitnehmer verlässt den Arbeitgeber nicht.
3. Er kann das Angebot, d. h. den neuen Arbeitsvertrag, unter dem Vorbehalt annehmen, dass die Änderung der Arbeitsbedingungen nicht sozial gerechtfertigt ist. Diesen Vorbehalt muss er dem Arbeitgeber innerhalb der Kündigungsfrist, spätestens jedoch innerhalb von drei Wochen nach Zugang der Kündigung erklären. Der Arbeitnehmer kann dann Klage beim Arbeitsgericht erheben, dass die Kündigung sozial ungerechtfertigt sei. Sollte die Klage erfolgreich sein, ist der Arbeitnehmer wie bisher beschäftigt. Wird die Klage aber abgewiesen, so arbeitet er zu den Bedingungen des neuen Arbeitsverhältnisses.

2.3 Gewinn- und Verlustrechnung

a)

Unterscheidungsmerkmal	Gesamtkostenverfahren	Umsatzkostenverfahren
Orientierung	Produktionsorientiert	Absatzorientiert
Umfang der Aufwendungen eines Geschäftsjahres	Die gesamten Aufwendungen des Jahres/der Periode werden berücksichtigt.	Nur die Aufwendungen, die auf den Umsatz des Jahres entfallen sind, werden erfasst.

Unterscheidungsmerkmal	Gesamtkostenverfahren	Umsatzkostenverfahren
Gliederung	Gliederung nach Aufwands- arten: • Materialaufwand • Personalaufwand • Abschreibungen	Gliederung nach Funktionen: • Herstellungskosten • Verwaltungskosten • Vertriebskosten
Lagerbestandsveränderungen in der GVR	Lagerbestandserhöhungen erhöhen die Erträge, Lagerbestandsverminderungen erhöhen die Aufwendungen der Periode.	Lagerbestandsveränderungen werden nicht erfasst.
Berücksichtigung aktivierter Eigenleistungen	Aktivierte Eigenleistungen erhöhen die Erträge, da sie gleichzeitig auch in den gesamten ausgewiesenen Auf- wendungen enthalten sind.	Keine Berücksichtigung aktivierter Eigenleistungen.

b)

Kriterium	GVK	UKV
Aussagefähigkeit	Die Gesamtleistung wird den gesamten Aufwendungen gegen- übergestellt. Man erhält einen Einblick in die einzelnen Aufwandsarten.	Das Bruttoergebnis ist oft aus- sagefähiger als der Wert des Betriebsergebnisses.
Aufwand für die Erstellung	Geringerer Aufwand bei der Erstellung, da keine Anbindung an die Kosten- und Leistungs- rechnung erfolgt, d. h. es ist keine ausgebaute Kostenstellen- und Kostenträgerrechnung notwendig.	Höherer Aufwand bei der Erstellung, da eine Anbindung an die Kosten- und Leistungs- rechnung erfolgt, d. h. es ist eine ausgebaute Kostenstellen- und Kostenträgerrechnung notwendig.
Inventur	Zur Lagerbestandsermittlung. ist eine Inventur notwendig.	Es ist keine Inventur nötig, da keine Lagerbestandsver- änderungen erfasst werden.
Schnelligkeit	Keine schnelle Erfolgs- ermittlung.	Schnelle Erfolgsermittlung.
Vergleichbarkeit	Geringere internationale Vergleichbarkeit.	Bessere internationale Vergleichbarkeit, da dieses Verfahren vor allem in angelsächsischen Ländern Anwendung findet.

c)

Gesamtkostenverfahren

Umsatzerlöse:	580.000,00 EUR
zzgl. Mehrbestand:	59.400,00 EUR
=Gesamtleistung	639.400,00 EUR
abzgl. Materialaufwand:	92.000,00 EUR
abzgl. Personalaufwand:	518.500,00 EUR
=Betriebsergebnis	28.900,00 EUR

Umsatzkostenverfahren:

Umsatzerlöse:	580.000,00 EUR
abzgl. Herstellungskosten:	435.600,00 EUR
=Bruttoergebnis v. Umsatz	144.400,00 EUR
abzgl. Vertrieb + Verwaltung:	115.500,00 EUR
=Betriebsergebnis	28.900,00 EUR

2.4 Konsolidierung

Berechnung des Geschäftswertes (GW) und des Anteils anderer Gesellschafter (AaG)

	GW 70 %	AaG 30 %
Kaufpreis	160,0	0,0
– gezeichnetes Kapital (anteilig)	94,5	40,5
– Kapitalrücklagen (anteilig)	0,0	0,0
– Gewinnrücklagen (anteilig)	0,0	0,0
– Bilanzgewinn (anteilig)	0,0	0,0
– Neubewertungsrücklage (anteilig)	42,0	18,0
=Geschäftswert	23,5	
=Anteile anderer Gesellschafter		58,5

	„Groß GmbH"	„Klein GmbH" inkl. stiller Reserven	Summe	Konsolidierung	Konzernbilanz
Aktiva in TEUR					
Geschäfts- / Firmenwert	0,00	0,00	0,00	23,5	23,5
Grundstücke	50,0	150,0	200,0		200,0
Gebäude	55,0	20,0	75,0		75,0
technische Anlagen	100,0	40,0	140,0		140,0
Beteiligungen	160,0	55,0	215,0	−160,0	55,0
Summe	365,0	265,0	630,0	−136,5	493,5

	„Groß GmbH"	„Klein GmbH" inkl. stiller Reserven	Summe	Konsolidierung	Konzernbilanz
Passiva in TEUR					
Eigenkapital	205,0	135,0	340,0	−135,0	205,0
Neubewertungs-rücklage	0,0	60,0	60,0	−60,0	0,0
Anteile anderer Gesellschafter	0,0	0,0	0,0	58,5	58,5
Fremdkapital	160,0	70,0	230,0	0,0	230,0
Summe	365,0	265,0	630,0	−136,5	493,5

Konzernbilanz in TEUR

Aktivseite		**Passivseite**	
Geschäftswert	23,5	Eigenkapital	205,0
Grundstücke	200,0	Anteile a. Gesellschafter	58,5
Gebäude	75,0	Fremdkapital	230,0
technische Anlagen	140,0		
Beteiligungen	55,0		
Bilanzsumme	493,5	Bilanzsumme	493,5

2.5 Kostenrechnung – Maschinenstundensatzrechnung

a)

Ermittlung der Fixkosten p.a.:

kalkulatorische Abschreibung p.a.:	10.000,00 EUR
Kalkulatorische Zinsen vom WBW p.a.:	4.500 EUR
Grundlage: ½ vom Wiederbeschaffungswert	
Raumkosten p.a.:	10.125,00 EUR
Instandhaltungskosten p.a.:	4.200,00 EUR
Summe:	28.825,00 EUR

Ermittlung der variablen Kosten je Stunde:

Werkzeugkosten je Stunde:	2,50 EUR
Stromkosten je Stunde:	2,75 EUR
Gemeinkostenmaterial je Stunde:	0,85 EUR
Sonstiges:	68,00 EUR
Summe:	74,10 EUR

Ermittlung der tatsächlichen Maschinenlaufzeit:

Bruttolaufzeit:	1.850,0
abzgl. Feiertage:	59,2
abzgl. Urlaubstage:	207,2
abzgl. Reparaturkosten:	95,0
abzgl. Ausfall wegen Störungen:	15,0
Summe:	1.473,6

Fixkosten je Stunde Laufzeit:	19,56 EUR
variable Kosten je Stunde:	74,10 EUR
Summe:	93,66 EUR

b)
Die Produktion des Kundenauftrages soll mit der Maschine B erfolgen. Der Maschinenstundensatz der Maschine A mit 98,50 EUR liegt über dem Maschinenstundensatz der Maschine B (93,66 EUR).

c)
Die Maschinenstundensatzrechnung ist aufgrund ihres Verursachungsprinzips genau. Ein einheitlicher Zuschlagssatz hätte zur Folge, dass alle Produkte mit dem gleichen

Zuschlagssatz kalkuliert werden, egal ob sie mit oder ohne die Maschine hergestellt werden. Produkte, die an kostenintensiven Maschinen produziert werden, werden nicht mit den Kosten von Produkten verrechnet, die an weniger kostenintensiven Maschinen hergestellt werden.

2.6 Finanzplanung

a)

Gegenstand der Finanzplanung ist die Aufstellung von Finanzplänen.
Es wird ermittelt, ob Zahlungsmittelüberschüsse oder Zahlungsmitteldefizite vorliegen. Zahlungsströme werden erfasst und dokumentiert.

Bei der Finanzplanung sind zu unterscheiden:

- tägliche Liquiditätsdisposition
- langfristige Kapitalbedarfsplanung

Ziel der täglichen Liquiditätsdisposition ist die Sicherung und Steuerung der Liquidität – Überliquidität vermeiden und Illiquidität verhindern.

Die Zahlungsströme werden täglich überwacht. Hierbei muss eine angemessene Liquiditätsreserve berücksichtigt werden.

Bei der langfristigen Kapitalbedarfsplanung werden der aktuelle und zukünftige Kapitalbedarf sowie die Kapitaldeckungsmöglichkeiten ermittelt.

b)

0	10	16	20	48
Rohstoff-		Fertigung	Lager der	Kundenziel
lagerung			Endprodukte	
10 Tage		6 Tage	4 Tage	28 Tage

Fertigungsmaterial (Einzelkosten, Gemeinkosten):
10 Tage + 6 Tage + 4 Tage + 28 Tage – 16 Tage = 32 Tage (Bindungsdauer)

Fertigung und Fertigungsgemeinkosten:
6 Tage + 4 Tage + 28 Tage = 38 Tage (Bindungsdauer)

Kapitalbedarf:

Fertigungsmaterial:

5.000,00 EUR * 32 Tage   =   160.000,00 EUR

Materialgemeinkosten:

1.000,00 EUR * 32 Tage * 60 %   =   19.200,00 EUR

Fertigungslöhne:

3.000,00 EUR * 38 Tage   =   114.000,00 EUR

Fertigungsgemeinkosten:

4.500,00 EUR * 38 Tage * 80 %   =   136.800,00 EUR

Zwischensumme: =   430.000,00 EUR

zzgl. Verwaltungs- und Vertriebskosten 30 %   =   129.000,00 EUR

=Kapitalbedarf   =   **559.000,00 EUR**

3 Volkswirtschaft

3.1 Geldpolitik

a)

	Mengentender	Zinstender
Volumen	• wird von den Zentralbanken festgelegt	• wird von den Zentralbanken festgelegt
Laufzeit	• wird von den Zentralbanken festgelegt	• wird von den Zentralbanken festgelegt
Zinssatz	• wird von den Zentralbanken vorgegeben	• ein Mindestzinssatz wird von der Zentralbank vorgegeben
Banken	• Banken geben nur Gebote ab	• Banken geben Gebote ab und nennen den Zinssatz
Zuteilung	• übersteigt die Nachfrage das Angebot, so wird anteilig zugeteilt (Repartierung)	• hängt von dem jeweiligen Zinstenderverfahren ab: **Holländisches Verfahren:** Gebote werden nach Höhe der Zinssätze von oben nach unten zugeteilt Zinssatz: Zum einheitlichen Bietungssatz des letzten Gebots, das noch im Rahmen des Volumens liegt **Amerikanisches Verfahren:** Gebote werden nach Höhe der Zinssätze von oben nach unten zugeteilt Zinssatz: individueller Bietungssatz der jeweiligen Bank

© Springer Fachmedien Wiesbaden GmbH, ein Teil von Springer Nature 2021
T. Mothes, *Abschlussprüfungen,* Prüfungstraining zum Bankfachwirt,
https://doi.org/10.1007/978-3-658-32526-8_39

b)

Durch die Einführung des amerikanischen Zinstenders ergaben sich u. a. folgende Vorteile:

- Der Wettbewerb zwischen den einzelnen Banken wird verbessert.
- Hier macht der Markt den Zins (=Marktorientierung).
- Es erfolgen keine Gebote, die höher sind als der gewünschte Betrag, weil hier der Zins zu zahlen ist, der auch geboten wird.

c)

Mengentender

$$Zuteilungsquote: = \frac{360\,\text{Mrd. EUR} * 100}{600\,\text{Mrd. EUR}} = 60\,\%$$

Bank	Gebote in Mrd. Euro	Erhaltene Zuteilung in Mrd. Euro zu 4,30 %
A	100	60
B	140	84
C	60	36
D	160	96
E	140	84

Zinstender (amerikanisches Verfahren)

Bank	Gebote in Mrd. Euro	Erhaltene Zuteilung in Mrd. Euro
A	100	100 zu 4,34 %
B	140	140 zu 4,33 %
C	60	60 zu 4,32 %
D	160	60 zu 4,31 %
E	140	--

3.2 Magisches Vier-Eck

a) Preisniveaustabilität, hoher Beschäftigungsstand, stetiges und angemessenes Wirtschaftswachstum und außenwirtschaftliches Gleichgewicht

b) Die Ziele sind magisch, denn wenn man sich auf ein Ziel konzentriert und dies sich positiv verändert, so ändern sich auch die Ist-Werte der anderen Ziele und entfernen sich von den Zielwerten. Die Ziele sind sehr komplex und bisher gibt es keine Strategie, alle vier Ziele zugleich zu erreichen.

c) Zielbeziehungen:

1. **Zielkomplementarität (Zielharmonie):**
   Maßnahmen zur Verbesserung des Ziels A führen zugleich auch zur Verbesserung
   des Ziels B.
   Beispiel: Wirtschaftswachstum und Beschäftigung

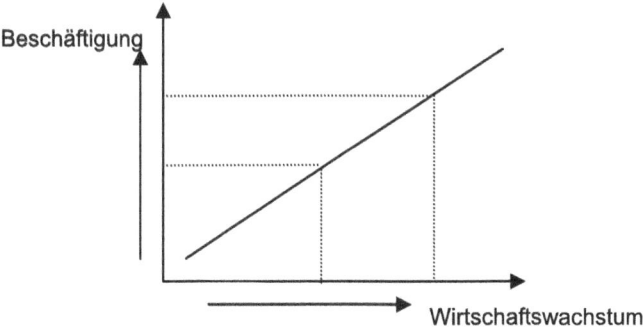

2. **Zielinkomplementarität (Zielkonflikt)**
   Maßnahmen zur Verbesserung des Ziels A führen zugleich zu einer Verringerung
   der Zielgröße des Ziels B.
   Beispiel: Inflation und Beschäftigung; Wachstum und Umwelt

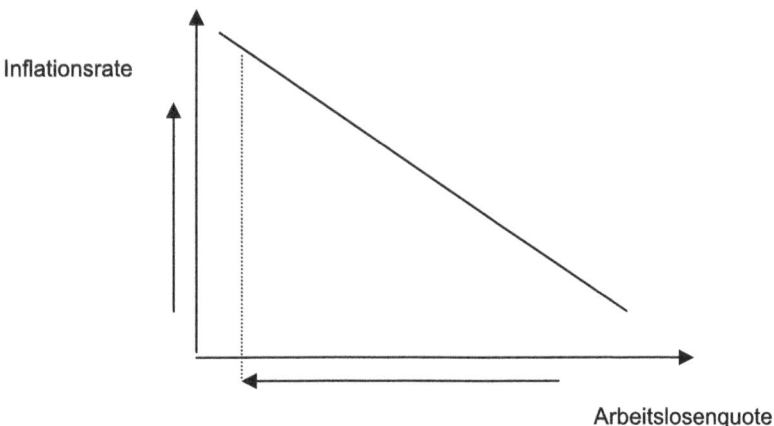

3. **Zielneutralität:**
   Ziel A und Ziel B haben keinen Einfluss aufeinander.
   Beispiel: sektorale Strukturpolitik und Distributionspolitik

Die Ziele des magischen Vier-Ecks sind nicht sehr konkret. Sie müssen daher präzisiert bzw. konkretisiert werden. Diese Präzisierung der Ziele wird als Operationalisierung bezeichnet.

Es ist die Konkretisierung in

- qualitativer Hinsicht (Zuordnung eines oder mehrerer Indikatoren),
- quantitativer Hinsicht (zahlenmäßige Zielvorgaben) und
- zeitlicher Hinsicht (Zeitraum, innerhalb dessen die Ziele zu realisieren sind).

3.3 Volkswirtschaftliche Gesamtrechnung und gesamtwirtschaftliches Gleichgewicht

a) und **b)**

Konsum	Privater Konsum	2.875	3.335
	Konsum des Staates	460	
Bruttoinvestitionen	Bruttoanlageinvestitionen	690	690
	Vorratsveränderungen	0	
	Außenbeitrag zum BIP	−115	−115
= Bruttoinlandsprodukt			3.910

=	Bruttoinlandsprodukt zu Marktpreisen	3.910
+	Saldo der Primäreinkommen	−46
=	Bruttonationaleinkommen zu Marktpreisen	3.864
−	Abschreibungen	230
=	Nettonationaleinkommen zu Marktpreisen	3.634

c)
Es ist erst einmal zu klären, warum das BIP pro Kopf gestiegen ist.

BIP-Veränderungen können durch Mengenveränderungen oder Preisveränderungen hervorgerufen werden. Um reine Mengenveränderungen zu erhalten, müssen die Preissteigerungen herausgerechnet werden.

Es kann jedoch auch sein, dass die Bevölkerungszahl sich verringert hat.

Kritik am BIP ist, dass es kein qualitatives Bedingen erfasst. So werden z. B. Lebensbedingungen, Arbeitsbedingungen und Umweltbedingungen nicht berücksichtigt. So z. B. gibt es ein Erfassungs- und Bewertungsproblem von Umwelt- und Gesellschaftsschäden. Diese Schäden führen mengenmäßig zu einer BIP-Erhöhung. Jedoch heißt das nicht, dass auch gleichzeitig der Wohlstand gestiegen ist. Oft kann nach Schäden nur eine Grundstruktur hergestellt werden. Somit ist das BIP nur ein Produktionsmaß und niemals Wohlstandsmaß. Auch wenn das Inlandsprodukt je Kopf zunimmt, muss es nicht gleich zu einer Steigerung des Lebensstandards und des Wohlstandes kommen. Das Wohlergehen hängt auch von immateriellen Gütern ab. Der Bereich „Schattenwirtschaft, Schwarzarbeit und Selbstversorgung" wird nicht bei der Berechnung des BIPs berücksichtigt. Ferner gibt das BIP auch keine Auskunft über die Einkommensverteilung.

d)

$Y = \frac{1}{(1-0,8)} * (80 + 120)$

$Y = 1400$

$Y = \frac{1}{(1-0,8)} * (80 + 250)$

$Y = 1650$

3.4 Wechselkurse

a)

Wechselkursschwankungen entstehen durch Faktoren, die sich in der Leistungsbilanz niederschlagen. Wechselkursschwankungen entstehen somit durch Güter- und Dienstleistungsbewegungen. Hierbei spielen die unterschiedlichen Inflationsraten (Inflationsdifferenzen) eine wichtige Rolle. Auch unterschiedliche Investitionsinteressen und Produktivitätsentwicklungen führen zu Wechselkursschwankungen.

Zu den Inflationsdifferenzen

Wenn sich der Binnenwert des Geldes des Partnerlandes ändert, kommt es zu Wechselkursschwankungen.

Beispiel

Das Ausland hat eine höhere Inflationsrate als das Inland. Somit sind die Preise im Ausland höher als die Preise des Inlandes. Das führt dazu, dass das Inland viele Exporte tätigen kann (Ausland tätigt Importe). Somit steigt die Nachfrage nach der inländischen Währung bzw. das Angebot der ausländischen Währung steigt. Hierdurch wird die inländische Währung aufgewertet.

Wechselkursschwankungen entstehen durch Vermögensumschichtungen und Kapitalbewegungen. Die Vermögensumschichtungen und Kapitalbewegungen werden durch die Risikoeinschätzung und durch die Ertragserwartung beeinflusst.

Beispiel

Steigendes Zinsniveau im Inland (=sinkendes Zinsniveau im Ausland): Die Erträge von inländischen Anlagen erhöhen sich. Somit steigt die Nachfrage nach inländischen Anlagen. Durch diesen Nachfrageanstieg steigt auch die Nachfrage nach der inländischen Währung.

- Aufwertung der Inlandswährung
- Abwertung der Auslandswährung

b)

Feste Wechselkurse

Vorteile	Nachteile
1. feste Kalkulationsbasis und daher größere Planungssicherheit für Unternehmen.	1. Überschüsse in der Devisenbilanz führen zu einer importierten Inflation und Defizite in der Devisenbilanz führen zum Erschöpfen der Währungsreserven.
2. Planungssicherheit für Güter- und Finanztransaktionen.	2. es ist keine autonome Geldpolitik sowie keine autonome Wirtschafts- und Finanzpolitik möglich.
3. Es sind keine Währungsrisiken und keine Wechselkursunsicherheiten vorhanden.	3. es bestehen immer Interventionsverpflichtungen, die unter Umständen zur importierten Inflation führen können.
4. keine Volatilitäten.	

Flexible Wechselkurse

Vorteile	Nachteile
1. Flexible Wechselkurse führen zu einer höheren Wettbewerbsfähigkeit. Unterliegen inländische Anbieter gewissen Wettbewerbsnachteilen, so können diese durch das System der flexiblen Wechselkurse abgefedert werden.	1. keine feste Kalkulationsbasis für Unternehmen; geringere Planungssicherheit für Güter- und Finanztransaktionen.
2. stets ausgeglichene Devisenbilanz durch Wechselkursanpassungen (Keine importierte Inflation).	2. Währungsrisiken entstehen und Wechselkursunsicherheiten sind vorhanden.
3. es ist eine autonome Geldpolitik sowie eine autonome Wirtschafts- und Finanzpolitik möglich.	3. starke Volatilitäten.
4. außenwirtschaftliche Ungleichgewichte können durch Wechselkursanpassungen abgefedert werden.	

3.5 Sozialversicherungen

a)

Gesetzliche Rentenversicherung
Die gesetzliche Rentenversicherung schützt den Einzelnen und seine Familie. Sie dient der Erhaltung, Verbesserung und Wiederherstellung der Erwerbsfähigkeit.

Die Rentenversicherung gewährt Renten, sofern das Arbeitseinkommen wegfällt (Regelaltersrente, Teilrente, Erwerbminderungsrente).

Abgesichertes Risiko:

- Alter
- Hinterbliebenenversorgung (Hinterbliebenenrenten)
- Erwerbsminderung

Gesetzliche Krankenversicherung
Die gesetzliche Krankenversicherung schützt ebenfalls den Einzelnen und seine Familie. Sie dient der Erhaltung, Verbesserung und Wiederherstellung der Gesundheit.

- Förderung der Gesundheit und Verhinderung von Krankheiten
- Früherkennung von Krankheiten und Behandlung einer Krankheit

abgesichertes Risiko:

- Tod
- Krankheit

Arbeitslosenversicherung
Die Arbeitslosenversicherung bietet Schutz bei Arbeitslosigkeit.

Folgende Aufgaben werden von der Arbeitslosenversicherung übernommen:

- Zahlung von Arbeitslosengeld
- Zahlung der Beiträge an die Kranken-, Renten- und Pflegeversicherung

abgesichertes Risiko:

- Arbeitslosigkeit

Pflegeversicherung

Die Pflegeversicherung bietet Schutz bei Pflegebedürftigkeit. Die Leistungen, die von der Pflegeversicherung gewährt werden, hängen von dem Schweregrad der Pflegebedürftigkeit ab. Es wird bei Leistungen zwischen ambulanter und stationärer Pflege unterschieden.

abgesichertes Risiko:

- ambulante und stationäre Pflege (Pflegekosten)

Gesetzliche Unfallversicherung

Aufgabe der gesetzlichen Unfallversicherung ist die Verhinderung von Arbeitsunfällen und Berufskrankheiten. Ferner dient sie der Wiederherstellung der Leistungsfähigkeit nach einem Arbeitsunfall oder nach einer Berufskrankheit. Die gesetzliche Unfallversicherung übernimmt ferner die Rentenzahlung als Entschädigung an die Versicherten oder Hinterbliebenen.

abgesichertes Risiko:

- Berufsunfähigkeit
- Berufskrankheiten
- Wegeunfälle

b)

Prinzip der Fürsorge

Die Fürsorge umfasst Sach- oder Geldleistungen. In Notlagen hat jeder Bürger einen Rechtsanspruch auf Fürsorge. Der Fürsorgeanspruch wird immer geprüft.

Subsidiaritätsprinzip

Es soll nach dem Subsidiaritätsprinzip gehandelt werden, d. h.

- Hilfe zur Selbsthilfe durch eigene Mittel und
- Selbsthilfe geht vor Fremdhilfe.

Der Staat als übergeordnete Stelle soll erst eingreifen, wenn die dezentrale Planung (das einzelne Wirtschaftssubjekt) das Problem nicht alleine lösen kann.

Prinzip der Solidarität

Das Prinzip der Solidarität bedeutet, dass eine kollektive Risikoabsicherung erfolgt. Die versicherten Personen sind wechselseitig miteinander verbunden und aufeinander angewiesen. Die Risikofinanzierung erfolgt nicht über eine einzelne Person, sondern über alle Versicherten gemeinsam. Die Beitragshöhe richtet sich nach dem Einkommen der versicherten Person und nicht nach dem individuellen Risiko.

Prinzip der Selbstverantwortung
Der Versicherte soll Krankheit und Behinderung vermeiden bzw. die Folgen überwinden.

Versicherung
Die Versicherung ist die Vorsorge für einen künftigen Bedarf.

3.6 Multiplikator/Multiplikatoreffekt

a)
Einkommenserhöhungen, die durch eine Erhöhung einer Ausgabe für eine autonome Größe z. B. Investitionen entstehen, werden mithilfe des Multiplikators erklärt. Er gibt an, um wie viel sich das Einkommen verändert, wenn sich die Ausgaben z. B. für Investitionen ändern. Jede Veränderung der Ausgaben um eine Geldeinheit führt zu einer Änderung des Einkommens um mehr als eine Geldeinheit. Der Multiplikator gibt an, in welchem Umfang sich ein wirtschaftlicher Impuls auf eine zu erklärende Größe auswirkt. Der Multiplikator ist grundsätzlich größer als 1, da der Grenzhang zum Konsum zwischen 0 und 1 liegt.

$$m = \frac{1}{(1-c)}$$

Der Multiplikator wirkt umso stärker, je größer die marginale Konsumneigung (=Grenzhang zum Konsum) ist. Der Multiplikator wirkt umso schwächer, je kleiner die marginale Konsumneigung ist.

b)

$$Y = C + I + G$$
$$Y = 150 + 0,6 * Y + 250 + 300$$
$$Y = 0,6 * Y + 700$$
$$0,4 * Y = 700$$
$$\underline{Y = 1750}$$

$$S = -150 + 0,4 * Y$$

Konsum: $150 + 0,6 * 1750 = 1200$

Ersparnis: $1750 - 1200 = 550$

oder $S = -150 + 0,4 * 1750 = 550$

4 Recht

4.1 Handelsrecht

Die Westbank AG könnte einen Anspruch auf Rückzahlung des Darlehens gemäß § 488 Abs. 1 BGB in Verbindung mit § 128 HGB von F bzw. M haben. Voraussetzung ist, dass der Anspruch entstanden ist. Gemäß Sachverhalt hat eine OHG einen Darlehensvertrag geschlossen. Somit ist eine Gesellschaftsschuld nach § 124 HGB entstanden.

Es könnte jedoch sein, dass auch F für die Verbindlichkeiten haftet. Jedoch ist F vor Darlehensaufnahme aus der OHG ausgeschieden. Somit war er bei der Darlehensaufnahme kein Gesellschafter mehr. Es könnte sein, dass sich die Westbank AG auf § 15 Abs. 1 HGB berufen kann. Voraussetzungen sind:

- das Ausscheiden muss eine eintragungspflichtige Tatsache sein,
- es muss eine fehlende Eintragung und fehlende Bekanntgabe vorliegen,
- der Bank dürfte das Ausscheiden nicht bekannt gewesen sein.

Das Ausscheiden ist nach § 143 Abs. 3 HGB eine eintragungspflichtige Tatsache. Die Eintragung im Handelsregister ist nicht erfolgt. Der Bank war das Ausscheiden des F auch nicht bekannt. Somit kann sie sich auf § 15 Abs. 1 HGB berufen und F galt bei Darlehensaufnahme noch als Gesellschafter und haftet nach § 128 HGB für die Gesellschaftsschulden.

Es könnte auch noch sein, dass M für die Verbindlichkeiten der OHG haftet. Jedoch trat er erst nach Darlehensaufnahme in die Gesellschaft ein. Gemäß § 130 Abs. 1 HGB haftet der eingetretene Gesellschafter nach § 128 HGB für die vor seinem Eintritt begründeten Verbindlichkeiten der Gesellschaft. Die fehlende Eintragung ins Handelsregister steht der Haftung nicht entgegen, da diese Eintragung nur deklaratorische Wirkung hat.

© Springer Fachmedien Wiesbaden GmbH, ein Teil von Springer Nature 2021
T. Mothes, *Abschlussprüfungen,* Prüfungstraining zum Bankfachwirt,
https://doi.org/10.1007/978-3-658-32526-8_40

Fazit

Die Westbank AG kann gemäß § 488 BGB in Verbindung mit § 124 BGB und § 128 BGB und § 15 Abs. 1 HGB die Rückzahlung des Darlehens sowohl von F oder auch von M verlangen, da sie beide gemäß § 128 HGB unmittelbar, unbeschränkt und gesamtschuldnerisch haften.

4.2 Kreditsicherheit – Grundschuld

a)

Zahlung auf die Grundschuld
- Es entsteht eine Eigentümergrundschuld.
- Die Forderung erlischt, da immer zugleich auch auf die Forderung geleistet wird.

Zahlung auf die gesicherte Kreditforderung der Bank
- Die Forderung erlischt nach § 362 BGB.
- Die abstrakte Grundschuld bleibt bestehen (als Fremdgrundschuld).
- Der Grundstückseigentümer hat einen Rückübertragungsanspruch der Grundschuld aus dem Sicherungsvertrag oder auch aus § 812 Abs. 1 BGB.

Zahlung auf die Hypothek
- Es entsteht eine Eigentümerhypothek nach § 1163 Abs. 1 Satz 2 BGB.
- Im gleichen Zeitpunkt verwandelt sich die Eigentümerhypothek in eine Eigentümergrundschuld, da die Hypothek nicht ohne Forderung bestehen kann (§ 1177 Abs. 1 Satz 1 BGB).

b)

Zahlung auf die Grundschuld
- Es entsteht eine Eigentümergrundschuld nach § 1143 Abs. 1 in Verbindung mit § 1192 Abs. 1 BGB.
- Die Kreditforderung der Bank bleibt bestehen.
- Der Grundstückseigentümer hat einen Anspruch auf Abtretung der Forderung nach § 398 BGB aus dem Sicherungsvertrag. Der Grundstückseigentümer kann die Forderung gegenüber dem Darlehensnehmer geltend machen.

Zahlung auf die gesicherte Kreditforderung der Bank
- Die Forderung erlischt nach § 362 BGB.
- Die abstrakte Grundschuld bleibt bestehen (als Fremdgrundschuld).
- Der Grundstückseigentümer hat einen Rückübertragungsanspruch der Grundschuld aus dem Sicherungsvertrag oder auch aus § 812 Abs. 1 BGB.

Zahlung auf die Hypothek
- Die Forderung geht auf den Grundstückseigentümer nach § 1143 Abs. 1 BGB über.
- Die Hypothek geht nach § 401 Abs. 1 BGB, § 412 BGB und § 1153 BGB auf den Grundstückseigentümer über und wird gemäß § 1177 Abs. 2 BGB zur Eigentümergrundschuld.

4.3 Vertretung – Herausgabeanspruch

Der Vater könnte einen Herausgabeanspruch (Wiedergutschrift) der 80,00 EUR von der Südbank eG wegen einer ungerechtfertigten Bereicherung gemäß § 812 Abs. 1 Satz 1 BGB haben. Voraussetzung ist, dass die Südbank eG durch Leistung etwas ohne rechtlichen Grund erlangt hat.

Etwas erlangt
Die Südbank eG könnte eine Befreiung von der Verbindlichkeit gegenüber dem Vater erlangt haben, d. h. der Vater hätte einen verringerten Rückzahlungsanspruch aus dem Girovertrag gegenüber der Südbank eG. Es ist zu prüfen, ob die Südbank eG durch die Auszahlung der 130,00 EUR an Peter befreit wurde. Hierfür bedarf es einer wirksamen Weisung des Vaters zur Auszahlung. Der Vater hat jedoch gegenüber der Südbank eG keine Willenserklärung zur Auszahlung abgegeben.

Es ist zu prüfen, ob sich der Vater die Willenserklärung von Peter gemäß § 164 Abs. 1 BGB zurechnen lassen muss. Voraussetzung ist, dass Peter, der beschränkt geschäftsfähig ist (vgl. § 165 BGB), eine eigene Willenserklärung abgibt. Die Auszahlung des Geldbetrages basiert auf einer eigenen Entscheidung von Peter. Somit hat er eine eigene Willenserklärung abgegeben und handelt nicht als Bote seines Vaters. Ferner muss die Willenserklärung im fremden Namen erfolgen. Dies ergibt sich daraus, dass Peter eine Vollmacht hat und diese nach § 167 Abs. 1 BGB dem Berater der Südbank eG mitgeteilt wurde. Schließlich muss Peter noch innerhalb der Vertretungsmacht handeln. Die Beschränkung, dass Peter nur die Sporttasche kaufen dürfe, gilt nur im Innenverhältnis. Im Außenverhältnis wurde die Vollmacht nicht beschränkt. Somit liegen die Voraussetzungen des § 164 Abs. 1 BGB vor, sodass sich der Vater die Willenserklärung von Peter zurechnen lassen muss.

Durch Leistung
Leistung ist die bewusste und zweckgerichtete Mehrung fremden Vermögens. Da sich der Vater die Willenserklärung von Peter zurechnen lassen muss, ist ihm auch zuzurechnen, dass Peter die Forderung des Vaters gegenüber der Südbank eG zum Erlöschen gebracht hat.

Ohne Rechtsgrund

Für die Voraussetzungen des § 812 Abs. 1 Satz 1 BGB müsste die Leistung ohne Rechtsgrund erfolgt sein. Da Peter jedoch eine wirksame Willenserklärung (Anweisung zur Auszahlung) abgegeben hat, stellt diese einen Rechtsgrund für das Erlöschen der Verbindlichkeit der Südbank eG dar.

Fazit

Die notwendigen Voraussetzungen des § 812 Abs. 1 Satz 1 BGB liegen nicht vor. Der Vater hat daher keinen Anspruch auf Wiedergutschrift der 80,00 EUR von der Südbank eG.

4.4 Sachenrecht – mobil

Die Volksbank könnte einen Anspruch auf Herausgabe des Fahrzeuges von Herrn Bock nach § 985 BGB haben. Voraussetzung ist, dass die Volksbank Eigentümer und Herr Bock Besitzer ist. Außerdem dürfte Herr Bock keine Einwendungen nach § 986 Abs. 1 BGB geltend machen können. Herr Bock ist unmittelbarer Besitzer und ursprünglich war Herr Bock Eigentümer. Es könnte sein, dass Herr Bock sein Eigentum verloren hat. Die Sparkasse könnte am 20.05.2020 Eigentum erworben haben. Voraussetzung nach § 930 BGB ist die Einigung und Vereinbarung eines Besitzmittlungsverhältnis sowie die Berechtigung des Herrn Bock. Die Einigung zwischen der Sparkasse und Herrn Bock liegt vor. Auch das Besitzkonstitut wurde vereinbart. Herr Bock war ferner der Berechtigte. Somit hat die Sparkasse das Eigentum an dem Fahrzeug erworben.

Es könnte jedoch aber auch sein, dass die Volksbank Eigentum erworben hat. Die Einigung und das Besitzkonstitut nach § 930 BGB liegen vor. Jedoch war Herr Bock nicht mehr Eigentümer. Somit kommt nur ein gutgläubiger Erwerb nach § 933 BGB infrage. Nach § 933 BGB muss der Erwerber die Sache körperlich von dem Veräußerer übergeben bekommen. Das ist in diesem Fall nicht geschehen. Durch die alleinige Übergabe des Kfz-Briefes wird kein Eigentum übertragen.

Fazit

Die Volksbank hat also kein Eigentum an dem Wagen erworben. Ein Anspruch auf Herausgabe nach § 985 BGB besteht nicht.

4.5 Erbrecht

a) Da Herr Herbert Klein keine letztwillige Verfügung getroffen hat, liegt die gesetzliche Erbfolge vor. Nach §§ 1931 Abs. 1 und Abs. 3 BGB in Verbindung mit § 1371 BGB erbt die Ehefrau 1/4 sowie zusätzlich 1/4 als Zugewinnausgleich. Somit erbt sie insgesamt 1/2. Die Kinder erben je 1/4.

b) Auch hier liegt keine letztwillige Verfügung vor. Somit gilt hier auch die gesetzliche Erbfolge. An der Darstellung ergeben sich aufgrund der vereinbarten Gütertrennung Veränderungen. Nach § 1931 Abs. 4 BGB erben alle drei Personen zu gleichen Teilen, d. h. jeder erbt 1/3.

c) Klaus könnte einen Anspruch auf Auszahlung des Guthabens aus dem Sparvertrag (§ 952 BGB) aufgrund der Gesamtrechtsnachfolge (Gläubigerwechsel–Grundsatz der Universalsukzession) nach § 1922 BGB gegenüber der Ostbank AG haben.

Voraussetzung ist, dass ein Anspruch entstanden ist. Hierzu müsste er Gläubiger, d. h. Erbe geworden sein. Da keine gewillkürte Erbfolge vorliegt, gilt die gesetzliche Erbfolge. Klaus ist ein Abkömmling von Herbert und daher Erbe.

Nach § 2032 Abs. 1 BGB bildet er zusammen mit Kathy und Susanne eine Erbengemeinschaft (Gesamthandgemeinschaft). Nach § 2039 BGB kann die Ostbank AG die Zahlung nur an alle Erben gemeinsam leisten. Klaus hat keinen alleinigen Anspruch auf Auszahlung des Guthabens.

4.6 Kreditsicherheit – Bürgschaft

1. Innenverhältnis zwischen Herrn Berger und Herrn Eggers

Im Innenverhältnis liegt ein Auftragsverhältnis zwischen Herrn Berger und Herrn Eggers gemäß § 662 BGB vor. Nach § 670 BGB kann Herr Eggers Ersatz von Aufwendungen verlangen.

2. Außenverhältnis

Im Außenverhältnis (= Legalzession) erfolgt ein gesetzlicher Forderungsübergang nach § 774 Abs. 1 BGB. Herr Eggers tritt im vollen Umfang in die Rechte und Pflichten des bisherigen Gläubigers ein. Er hat einen Rückgriffsanspruch in Höhe der geleisteten Zahlung.

3. Übergang von Sicherheiten auf den Bürgen

Die gestellte Grundschuld stellt eine abstrakte Sicherheit dar. Ein automatischer Übergang der Grundschuld auf den Herrn Eggers gemäß § 401 Abs. 1 BGB scheidet aus. Herr Eggers kann aber die Übertragung der Grundschuld verlangen. Diese Übertragung muss aber ausdrücklich durch einen Vertrag (i. d. R. durch eine Abtretung nach § 398 BGB) erfolgen. Nach Rechtsprechung des BGH besteht eine gesamtschuldähnliche Beziehung zwischen mehreren Sicherheitengebern, die auf gleicher Stufe stehen.

Die Vorschriften des § 426 Abs. 1 BGB sind entsprechend anzuwenden, sodass Herr Eggers die Übertragung der Grundschuld zu 50 % verlangen kann.

4. Ausgleichsanspruch des Herrn Eggers gegenüber Frau Berger

Herr Eggers hat nach § 426 Abs. 1 BGB einen Ausgleichsanspruch gegen Frau Berger. Bei der Sicherung der Kreditforderung durch die Bürgschaft und der Grundschuld stehen die beiden Sicherheitengeber auf gleicher Stufe. Es ist zu beachten, dass Herr Eggers nur einen anteiligen Ausgleichsanspruch gegenüber Frau Berger geltend machen kann.

The manufacturer's authorised representative in the EU is Springer
Nature Customer Service Centre GmbH, Europaplatz 3, 69115 Heidelberg,
Germany. If you have any concerns regarding our products, please
contact ProductSafety@springernature.com

Printed and bound by CPI Group (UK) Ltd, Croydon, CR0 4YY
28/04/2026
02098499-0009